Räuchern
— im Rhythmus des Jahreskreises

CHRISTINE FUCHS

Räuchern
— im Rhythmus des Jahreskreises

Die Kraft der Natur durch
achtsam gestaltete Räucherrituale
im Jahreslauf erfahren.

KOSMOS

Rhythmus ist Leben

Zu guter Letzt

Die acht Feste im Jahreskreis

Porträts von 60 Räucherpflanzen

Rhythmus ist Leben

Die unsichtbaren Kräfte hinter den Dingen erspüren

Unter Rhythmus verstehen wir so etwas wie gleichmäßig wiederkehrende Bewegungen, einen fließenden Wechsel von unterschiedlichen Qualitäten oder eine regelmäßige Wiederkehr bestimmter Ereignisse. In unseren Breiten zeigen sich die Rhythmen der Natur unter anderem in den vier Jahreszeiten Frühling, Sommer, Herbst und Winter; unabhängig davon aber auch ganz deutlich im Wechsel von Tag und Nacht oder – auf einer biografischen Ebene – im Werden und Vergehen, im Leben und Sterben. Auch ein Wechsel von Wärme und Kälte oder Ruhe und Tatkraft kann rhythmisch erfolgen, wie bei einer Massage oder in einem bewusst geführten Arbeitsleben.

Aus anthroposophischer Sicht ist gerade das Leben als solches, dazu gehören die körperlichen Vorgänge wie auch eine seelische Weiterentwicklung, nichts anderes als das harmonische Ineinandergreifen unzähliger Rhythmen. Rhythmen sind, so betrachtet, das Ursprüngliche, allem zugrunde Liegende und alles Sichtbare Bildende überhaupt. Natur kann man dabei auch verstehen als das

➤ *Die Natur ist ein vollkommener, sich aus Weisheit heraus selbst erhaltender Kreislauf.*

◄ *Werden und Vergehen bilden eine kreisende Einheit – durchzogen von unzähligen Rhythmen.*

äußerlich Gewordene der im Urgrund der Dinge webenden Rhythmen. Der Begriff *Natur* enthüllt diese geheimnisvolle Verbindung zwischen im Verborgenen wirkenden Kräften und den Dingen der sichtbaren Welt: Er kommt aus dem Lateinischen und bedeutet *entstehen* oder *geboren* werden.

Unserer gesamtes menschliches Sein gründet auf den Lebensgesetzen der Natur, die – durch die Kräfte der ihr innewohnenden Rhythmen – die mysteriöse Fähigkeit besitzt, sich selber zu regulieren und in einem Gleichgewicht zu halten. Die Natur kann uns, heute mehr denn je, lehren, das Geheimnis der webenden und Materielles formenden Rhythmen zu verstehen. Sie sind es, die letztlich auch unsere körperliche wie seelische Gesundheit erschaffen und erhalten. Umgekehrt kann man manche Erkrankung so verstehen, dass die darunter Leidenden immer wieder oder sogar ständig über längere Zeiträume hinweg gegen das uralte und göttlich-perfekte Handwerk der Naturkräfte lebten.

Einer der wichtigsten Naturkräfte und Rhythmen kommt im Atem zum Ausdruck. Er ermöglicht Leben und Gesundheit. Auch der Puls, der ständige, ebenso vollkommen automatisch ablaufende Rhythmus des Blutkreislaufes, zählt zu dem, was wir unser ureigenes rhythmisches System nennen können. Alle anderen Prozesse in unserem Körper hängen von solchen rhythmischen Kräften ab. Unsere gesamte Physiologie wie beispielsweise das Immunsystem oder die wundervollen Abläufe in unserem Gehirn funktionieren nur dann richtig, wenn der Körper richtig „schwingt". Chronobiologen und Chronomediziner wissen, wie diese so genannten Biorhythmen unserem Organismus zugrunde liegen.

Natur und Kosmos sind rhythmisch geformte Harmonie

Den allergrößten Teil ihrer Entwicklung ließen sich die Menschen durch die naturgegebenen Abläufe von Jahr und Tag tragen. Sie waren unendlich vertraut mit der Natur und lebten in vollkommener Hingabe an die sichtbaren und unsichtbaren Rhythmen der Umwelt: Der Auf- und Untergang der Sonne und des Mondes oder das immer wiederkehrende Wechselspiel der Jahreszeiten prägten das gesamte Leben der Gemeinschaften. Die Gesetzmäßigkeiten der natürlichen, und das heißt auch der kosmischen Abläufe, waren in der Steinzeit und noch Jahrtausende danach wie die Grundmelodie des Lebens. Die Menschen waren ein Teil des sich ständig erneuernden Kreislaufes der Natur, ganz damit verschmolzen. Es war selbstverständlich, im Einklang mit dem Lauf der Jahres- und Tageszeiten zu sein, ein Teil davon zu sein.

Die frühzeitlichen Menschen nahmen das Leben nicht wie wir Heutigen wahr. Sie mussten nicht analysieren – sie waren vielmehr selbst der Gang der Sonne und der Sterne, sie spürten in sich, wie der Mond ab- und wieder zunahm, sie wurden und vergingen, so wie die gesamte Natur um sie herum.

▲ *Feuer, Rauch und Duft sind die ältesten Begleiter der Menschheit.*

Die Geburt eines Kindes fand einfach statt, ebenso wie das Sterben und der Tod. Jugendliche Stärke und Kraft waren genauso da wie die fortschreitende Schwäche des Alters. Alles das war Leben und wurde nicht hinterfragt. Es war selbstverständlich, dass bei einer bestimmten Himmelskonstellation die Tage kürzer und das Wetter kälter wurden und dann die Tierherden und Vogelschwärme wegzogen. Brach die Nacht herein, war es Zeit, sich in den Schutz der Behausungen zurückzuziehen und die Gemeinschaft zu pflegen.

Geschichten und Wissen wurden im Kreis um das wohl älteste irdische Sinnbild der Menschheit, das Feuer, weitergegeben. In solchen Augenblicken mag sich unseren Vorfahren die Beseeltheit der Natur besonders deutlich gezeigt haben. Der aufsteigende Rauch duftender Hölzer, Harze und Kräuter nahm Stimmungen auf und führte auf eine andere Bewusstseinsebene und in die geistige Welt. Das Räuchern ist so vielleicht neben dem Feuer das zweitälteste, uralt-archaische Sinnbild überhaupt – von Gemeinschaft, von Beseelung, von einer gelebten Verbindung mit der Geistwelt der Götter und Ahnen.

Der Mensch löst sich aus der Verbindung

Je mehr Bewusstsein über die Dinge der Welt, je mehr individuelles Denken und damit Abgrenzung entstand, desto mehr Bedeutung erlangten das eigene Wissen, die ersten Erfindungen und später auch Technologien. Die Menschen entfernten sich nun mehr und mehr von den natürlich gegebenen Rhythmen, machten die Nacht zum Tag, den Winter zum Sommer.

Diese zunehmende äußere Unabhängigkeit von den Gesetzen der Natur setzte sehr spät in der Menschheitsgeschichte ein, vermutlich erst mit der Entstehung des Ackerbaus und damit der ersten Hochkulturen und der „Erfindung“ von Städten. Eine Zahl mag das verdeutlichen: Das Feuer konnten die Menschen bereits vor etwa zwei Millionen Jahren handhaben, doch erst vor etwa 12.000 Jahren gelang es unseren Vorfahren mit der Sesshaftwerdung, auch sichtbaren Einfluss auf die natürlichen Gegebenheiten zu nehmen. Es entstand das, was wir eine Kulturlandschaft nennen. Vor ungefähr 7000 Jahren lernten sie, mit Metallen wie Kupfer und Bronze umzugehen, dann sehr viel später auch mit dem Eisen. Damit einher ging ein riesiger Sprung in Richtung komplexe Gesellschaft und eine individuellere Entwicklung des Einzelnen. Schnell folgten weitere Quantensprünge, gerade in den vergangenen 4000 Jahren.

Heute leben wir radikal anders als noch vor 500, 2000 oder gar 40.000 Jahren. Die hochtechnisierte und mittlerweile immer künstlich-virtueller werdende Welt entfremdet uns Jahr für Jahr mehr von der tiefen Verbundenheit mit der Natur und unserer Sehnsucht danach. Die technischen Möglichkeiten geben den Takt und die Richtung vor und überfrachten unsere Seele mit Eindrücken, die wir eigentlich gar nicht mehr in einer gesunden Weise verarbeiten können. Wir fühlen uns heute scheinbar unabhängig und kennen zumindest in der westlichen Zivilisation kaum Mangel. Und dennoch ist zu beobachten, dass viele Menschen unter der ständigen Übersättigung leiden – körperlich wie seelisch. Das Seltsame dabei: Diese macht nicht satt. Im Gegenteil, der Hunger und Durst der modernen Seele nach geistig-spiritueller Anbindung wird immer größer. Um diese wieder zu finden, hält die Natur einiges für uns bereit ...

◄◄ Steinwerkzeuge aus Urzeiten: Die Steinzeitmenschen gingen vollkommen in der Natur auf.

◄ Grabstele unserer keltischen Vorfahren: In dieser hohen Kultur ist die Verbindung zu den natürlich-kosmischen Kräften noch immer sehr eng.

Unsere Sehnsucht nach einem einfachen, gesunden Leben

Manche Menschen spüren gerade in Krankheitsphasen ganz deutlich, wie es sie in die Natur als Kraftquelle für Gesundung und Heilung zieht. Körperliche Erkrankungen oder seelische Krisen sind in ihrer Tiefe und manchmal auch Härte oftmals wie Lehrmeister, die sich als Sehnsucht nach dem Einfachen, dem Natürlichen bemerkbar machen und als inneres Gefühl in uns anklopfen. Wer den Mut hat, hinter eine Erkrankung, welcher Art auch immer, zu blicken, erkennt in ganz vielen Fällen, dass der Grund dafür in einem Leben gegen die natürlichen Rhythmen liegt.

Dass dann die Verbindung mit der Natur heilsam ist, mag für manche eine neue Erfahrung sein. Für immer mehr Menschen ist das aber eine ganz selbstverständliche Einsicht, die in früheren Zeiten ohnehin tiefe Überzeugung und Wissen war. Für Zeitgenossen, die die Verbindung zur Natur halten, ist das auch so. Mittlerweile ist auch die Wissenschaft darauf gekommen: Der Aufenthalt im Grünen verbessert beispielsweise nachweislich das Befinden von Demenzkranken. Immer mehr Verantwortliche in Pflegeheimen bemühen sich deshalb um eine heilsame Umgebung, um Gärten und Parkanlagen. Medizinern und Psychotherapeuten zufolge beugt das Grün der Pflanzen dem geistigen Abbau vor. Es stimuliert die Sinne und verringert Stress, Angstzustände und aggressives Verhalten bei den Patienten.

Die heutige, in unserer Gesellschaft nicht mehr zu übersehende Sehnsucht nach einem einfachen Leben mit und in der Natur zeigt sich immer offensichtlicher – beispielsweise in ständig neuen Versionen von „Land-Glück-Zeitschriften“ am Kiosk. Auch das urbane Gärtnern, die Vergrünung städtischer Flächen, erobert als moderne Schrebergarten-Version die Herzen der Großstädter. Viele Eltern

➤ *In Kräutergärten und durch die eigene Zubereitung natürlicher Heilmittel finden viele wieder in die Natur.*

sind an naturpädagogischen Angeboten wie der Betreuung des Nachwuchses in Waldkindergärten interessiert. Auch das wachsende Angebot von Heilkräuter-Ausbildungen zeigt eindrücklich, dass heute immer mehr Menschen außerhalb der verwissenschaftlichten und technisierten Welt nach Möglichkeiten suchen, die Heilkräfte der Pflanzen und der gesunden Natur für sich zu entdecken.

Auch ein Besinnen auf die feierlichen Traditionen unserer Vorfahren wie die keltisch-germanischen Jahreskreisfeste ist ein Ausdruck dieser Sehnsucht. Durch die Anbindung an alte Kraftfelder des kollektiven Gedächtnisses lassen sich gleich mehrere Bedürfnisse ausleben: der Wunsch nach Gemeinschaft, die Stärkung durch die Kraftquelle der Natur, die spirituelle Weiterentwicklung. Gleichgesinnte kommen zusammen, verbinden sich bei jedem der Jahreskreisfeste immer wieder aufs Neue mit der Natur und pflegen eine gemeinsame Geisteshaltung. Auf diese Weise entsteht ein Kreis, der archaische Erinnerungen an die Feuerrunde unserer Vorfahren lebendig werden lässt. Es fällt leichter, sich über Themen, die den innersten Seelenkern berühren, jedoch vom Alltag oft überdeckt werden, auszutauschen. Gerade die Annäherung an die Rhythmen der Natur und an die geistige Welt offenbart sich mithilfe des Räucherns und kann auf diese Weise immer mehr vertieft werden.

▲ *Draußen zu sein bedeutet tiefe Erholung – für den Körper wie für die Seele.*

Die Ungeister des modernen Lebens erkennen

In der modernen Welt sind wir also sprichwörtlich aus dem Rhythmus gekommen, herausgefallen aus der Heimat der Natur. Wir richten uns schon lange nicht mehr nach ihr, stellen dagegen eigene Gesetzmäßigkeiten auf, nach denen unser Leben und unser Körper zu funktionieren haben: Wir sind entrhythmisiert. Unsere Lebensgewohnheiten bewegen sich in einem mehr oder weniger starren Takt, der meist von äußeren Bedingungen wie der Arbeitswelt vorgegeben ist. Dieser Takt besitzt oftmals keinen lebendigen, fließenden Rhythmus mehr. Er ist einförmig und eintönig, blutleer, oftmals sogar sinnentleert.

Dank einer scheinbar niemals versiegenden Stromquelle machen wir die Nacht problemlos zum Tag. Licht und Energie sind fast überall verfügbar und billig zu haben. Eine Folge davon sind die verheerenden Auswirkungen der steigenden Lichtverschmutzung, wie es Naturschützer beklagen. Nicht nur sterben dadurch zahllose Insekten, sondern es ist heute an vielen Orten auch kaum noch möglich, das überwältigende Erlebnis zu haben, auf einen dicht mit Sternen übersäten Nachthimmel zu blicken.

Die allerneueste Verhaltensweise des modernen *Homo sapiens* ist es, sich rund um die Uhr in das Internet einzuklinken, wann und wo immer möglich – mittlerweile sogar in Wäldern, Parks und an Orten, an denen wir bisher noch etwas Wildnis, Ruhe und Stille finden konnten. Die virtuelle Welt

➤ *Die virtuelle Welt birgt zahllose Möglichkeiten der Beschäftigung – und die Gefahr, aus den Rhythmen der Natur herauszufallen.*

lockt und lockt, gerade die Heranwachsenden. Wer gibt hier den „Rhythmus" vor? Mit dem oftmals täglichen Aufenthalt in dieser künstlichen Scheinwelt geht etwas wesentlich Menschliches verloren: Wir verzichten dabei darauf, im Herzschlag eines Gegenübers mitzuschwingen. Welch Verlust ist es, nicht mehr im gegenseitigen Herzensrhythmus zu leben ...

Eine andere Erscheinung unserer Zeit ist, dass die Zahl der Beschäftigen, die in Spät- und Nachtschichten arbeiten, zunimmt: beispielsweise im Versandwesen, das damit wirbt, jede Bestellung binnen kürzester Zeit zum Kunden zu bringen. Dank wirkungsvoller Mittelchen aus der Pharmaindustrie lässt sich der natürliche Rhythmus von Schlafphasen mit Erholung und regsamer Wachheit überlisten, zumindest für eine gewisse Zeit. Selbst Krankheits- und die dadurch natürlicherweise ausgelösten Gesundungsprozesse sind aus dem Rhythmus gekommen. Ein Schnupfen dauerte zu Urgroßmutters Zeiten so um die 14 Tage. Heute unterdrücken viele „Hochleistungsmenschen" dank leicht verfügbarer und schnelle Gesundheit versprechender Medikation jeden grippalen Infekt. Die natürlichen Funktionen des Körpers – Ausreinigung und Genesung – können im Kampf gegen Viren und Bakterien gar nicht mehr ihre stärkende und befreiende Wirkung entfalten. Dagegen entfaltet sich, meist schleichend, die körperliche wie seelische Abhängigkeit von den Medikamenten.

Selbst den weiblichen Zyklus hat es erwischt: Der Monatsrhythmus, der mit dem Mondrhythmus schwingt, wird bei vielen modernen Frauen aufgrund zahlreicher, oft hormonell wirkender Hilfsmittel entweder völlig unterdrückt oder gnadenlos in einen planbaren, künstlich herbeigeführten 28-Tage-Modus gepresst. Was muss das für ein Erlebnis gewesen sein, als der Menstruationsrhythmus der Frauen eines Stammes für alle gleichzeitig stattfand? Wie müssen das diese Frauen als eine allen gemeine Kraft und Stärke empfunden haben!

▲ *Das uralte Ritual des gemeinsamen Essens ist heute wichtiger denn je und steht für seelische Nähe, Geborgenheit und einen geregelten Tagesablauf.*

Sogar die einfachsten Dinge haben sich verändert. Das ritualartige gemeinsame Essen am Familientisch, das den Tagesrhythmus noch vor gar nicht so langer Zeit wesentlich bestimmte, ist oftmals von Fast Food und Hochleistung versprechender Super-Food-Küche verdrängt. Wir missachten die körperlichen Rhythmen von achtsamer Zubereitung naturbelassener Lebensmittel, bewusster Nahrungsaufnahme und anschließender entspannter Verdauung – und auch die damit verbundenen Bedürfnisse unserer Seele. Denn Essen sollte mehr als nur Nahrungsaufnahme sein: Es sollte die Gemeinschaft mit anderen Menschen, den warmen und lebendigen Kontakt, die gefühlte Verbindung, die geistige Anregung durch Gespräche und natürlich auch das Zur-Ruhe-Kommen und die Entschleunigung fördern.

Auch die zweimal im Jahr fest eingetaktete Zeitumstellung von Sommer- auf Winterzeit und wieder zurück darf man in diesem Zusammenhang nicht vergessen. Sie ist fast das Urbild einer sinnlosen und unweisen Vernunftentscheidung, die letztlich dem Bruttosozialprodukt dienen soll.

➤ *Zartes Pflänzchen mit unvorstellbarer Kraft. Gegen die Härte des gefrorenen Bodens und die Kälte des Schnees setzt es sich durch.*

➤➤ *Der Zauber des Winters schenkt Ruhe, Erholung und Entschleunigung, um dann im Frühjahr wieder „durchzustarten".*

Die verrückte Zeitumstellung bringt Mensch und Tier gehörig aus dem jahres- wie tageszeitlichen Rhythmus. Bauern beklagen immer wieder die unangenehmen Folgen, die sie nach der Umstellung im Stall beobachten können. Ein Gipfel dieser technokratischen Lebenshaltung ist die traurige Tatsache, dass Legehennen im Winter mithilfe von Tageslichtlampen der Sommer vorgegaukelt wird, damit sie weiterhin Eier legen. Denn der Winter ist ihre Ruhezeit, in der sie natürlicherweise eine Legepause einhalten.

Wir gönnen aber auch uns selbst kaum noch eine Winterpause. Die natürliche, wundervolle Zeit des Rückzugs und der Stille füllen nicht wenige Zeitgenossen mit ähnlichen Aktivitäten wie im Sommer: Die Arbeit ist oftmals genauso erdrückend wie das restliche Jahr über, der Druck im Weihnachtsgeschäft lässt einen vielleicht sogar zu Hochtouren auffahren, nach den Feiertagen geht es schnell ab ins Skigebiet oder zum Urlaub in exotische, warme Gefilde mit einem vollkommen anderen Lebenspuls. Die uns subtil beeinflussende Werbeindustrie flüstert uns in einem ewig tönenden Mantra das „Ab-in-den-Süden" ein. Wer will noch dem „trüben" Winter in der mitteleuropäischen Heimat ausgesetzt sein? Falls trotz ständigem Leistungswillen dann doch irgendwann die Wintermüdigkeit spürbar wird – ein vollkommen natürlicher Wunsch von Körper und Seele nach Erholung und ungestörtem Auftanken –, wird der unerlaubte „Durchhänger" gerne mit allerlei Arzneien und Globuli bekämpft. Eine andere Variante ist es, mit den zunehmend beliebten Tageslichtlampen die Leistungsfähigkeit auch in den dunklen Monaten des Jahres aufzupeppen.

Und im Frühjahr? Da ereilt viele die so genannte „Frühjahrsmüdigkeit". Wer hat diesen Begriff erfunden – gab es früher dieses Phänomen eigentlich auch schon? Im Frühling schlapp zu werden, ist ein einziger Widerspruch zu dem, was in der Natur vor sich geht. Dort explodieren die Kräfte förmlich. Neueste Erkenntnisse aus der Chronobiologie weisen nun darauf hin, dass wir uns einfach zu wenig Rückzug und Auszeit im Winter gönnen und deswegen im Frühjahr erschöpft sind. Jedem, der auf seinen Körper und seine Seele hört und gesunden Menschenverstand besitzt, sollte das vollkommen klar sein. Die Tiere, deren natürliche Lebensweise meist nicht von Kultur überlagert ist, sind da um einiges schlauer als der moderne Mensch: Sie ziehen sich mit den nachlassenden Kräften der Umgebung zur Winterruhe zurück, vermindern ihre Aktivität und sammeln – ihren Instinkten folgend – neue Kraft fürs neue Jahr.

Der Arbeitsmarkt, die Pharmaindustrie, die Werbestrategen und der Konsum scheinen uns fest im Griff zu haben: Selbst die kalendarisch festgelegten und noch vor wenigen Generationen monatelang herbeigesehnten Jahreshöhepunkte zu Ostern und Weihnachten sind aus ihrem Rhythmus gerissen worden. Der Übergang in den Supermarkt-Regalen von Schoko-Nikoläusen über Faschingskonfetti bis zum Zuckerguss-Osterhasen ist fast fließend. Unserer körperlichen wie seelischen Verdauung wird keine Pause mehr gegönnt. Die ehemals jahreszeitlichen Höhepunkte verflachen. Alles wird zu einem Brei, der von einer bestimmenden Minderheit des öffentlichen Lebens in einem endlosen mechanisierten Kreislauf gehalten wird. Diese Aussage mag hart klingen. Doch mag ein jeder selbst das moderne Leben daraufhin anschauen – und prüfen, an welcher Stelle heute noch die gesunden natürlichen Rhythmen ihre Kräfte entfalten dürfen.

Aus eigener Bewusstwerdung in die Veränderung gehen

Eine wesentliche Frage unserer Zeit drängt sich förmlich auf: Hat die rasant zunehmende Zahl von Menschen, die an Leib und Seele erkranken, mit dem Verlust von Rhythmen, mit der fortschreitenden Entfremdung von der Natur zu tun? Der offene Blick in die moderne Gesellschaft regt an, nachzuhaken. Was ist die tiefere Ursache des Ausgebranntseins, von Stress, Depressionen, Angstzuständen, dem chronischen Erschöpfungssyndrom, von Süchten, Schlaflosigkeit, einem ständigen Gefühl der Überforderungen in Familie wie im Beruf oder einer Versagensangst, die einem Tag für Tag im Nacken sitzt? Was löst die äußerlich oftmals unauffälligen, gerne übersehenen Beschwerden wie andauernde Traurigkeit und Schwermut, Lebensüberdruss und Lebenssorgen, begleitet von Empfindungen wie Sinnlosigkeit und Einsamkeit aus? Die Psychotherapeuten wissen nur allzu gut, dass davon auch immer mehr Jugendliche und sogar Kinder betroffen sind. Hinzu kommt, dass kritische biografische Übergangsphasen wie Pubertät, Wechseljahre oder der Eintritt in die Zeit des Alters in ihren Auswirkungen von vielen Menschen immer heftiger erlebt werden.

Leider müssen wir dieses Szenario noch ausweiten, wenn wir ehrlich und ohne rosa Brille auf den Zustand der heutigen Zeit blicken. Die Erde zeigt ebenfalls unübersehbare Krankheitssymptome. Diese scheinen mit den vielfältigen Erkrankungen von uns Menschen parallel abzulaufen.

▼ Immer mehr moderne Menschen, auch Kinder und Jugendliche, verlieren sich in dunklen Gedankenwolken und in Schwermut.

Einige wenige Stichworte sollen genügen: Vergiftung der Gewässer, radikale Abholzung der Wälder, Überfischung und Überweidung, zunehmende Erdbeben, Tsunamis und Stürme, Ausrottung von Pflanzen und Tieren ... Die traurige Liste ist noch viel länger. Die Gründe kennen wir: So wie der moderne industrialisierte und bürokratisierte Mensch oftmals die Gesetzmäßigkeiten der eigenen Lebensrhythmen missachtet, so missachtet er auch den Rhythmus von Natur und Erde.

Wir sägen bereits seit Generationen fleißig an jenem Ast, auf dem wir alle sitzen. Wir sind nicht mehr Teil der Natur. Der Mensch hat sich von der Natur langsam, doch stetig entfremdet – und heute sieht es so aus, als wenn er von ihr vollkommen getrennt wäre. Gerade wir Mitteleuropäer mit einem starken Gefühl für den Wald und einem Gemüt der Naturnähe, empfinden das. Umso mehr steht die brennende und auf Veränderung gerichtete Frage vor Augen: Wie können wir uns mit den ureigenen Rhythmen verbinden und zurückfinden in die heilsamen Kräfte der Natur?

Von einer naturnahen Lebensweise lernen

Der Blick auf eine naturverbundene Lebensweise gibt viele Anregungen für die Antwort darauf. Gehen wir noch etwas mehr in die Tiefe, als bereits

➤ *Wer die Natur mit allen Sinnen erlebt und ihre Schönheit wahrnimmt, kann Heilung erfahren.*

◄ *Die gesamte Natur war für unsere Vorfahren beseelt. Gerade an Kraftorten sprachen die Wesenheiten zu den Menschen.*

oben angedeutet. Wie lebten unsere Vorfahren, bevor es zu der heutigen Entfremdung von der Natur und den darin lebenden unsichtbaren Kräften oder beseelten Wesenheiten und Göttern kam?

Forschungen untermauern, dass für die Menschen der Altsteinzeit, die Jäger und Sammler, die Natur vollständig beseelt und voller Geistwesen war. Die Erde sorgte für das Überleben. Tiere, Pflanzen, bestimmte Orte wie Felsen oder Quellen wurden als lebendige Wesen angesehen. Die Menschen traten intuitiv mit ihnen ins Gespräch und waren darauf bedacht, die Ordnung der beseelten Natur und der verschiedenen Wesenheiten in ihrem alltäglichen Tun zu berücksichtigen.

Unter den ältesten Funden von Statuetten, die aus dieser Zeit stammen, finden sich fast ausschließlich Frauen-Figurinen mit dickem Bauch und großen Brüsten. Sie waren das Bild für Natur, für Erde und Fruchtbarkeit und werden heute als *Ahnenmütter* gedeutet. Die Gesetze der kreisläufigen Erneuerung, des Werdens und Vergehens, waren ganz selbstverständlich bekannt und das eigene Leben war Teil dieses Rades von Geburt, Tod und Wiedergeburt. Die Menschen der Altsteinzeit glaubten an ein Jenseits und bestatteten die Toten aufwändig, um die Reise in die Anderswelt mit Beigaben von Pflanzen und Nahrung möglichst angenehm zu gestalten – so die Vermutung. Der Ort der Wiederkehr und Erneuerung war der Schoß der Frau. Aus ihm wurde das Leben neu geboren – ganz analog zum Leib der Erde, der die Fülle der Pflanzen und Tiere hervorbrachte und irgendwann wieder in sich aufnahm. Im Mittelpunkt der Verehrung stand das Weibliche.

➤ *Früheste kultische Verehrung der natürlichen Kräfte – ausgedrückt in üppigen Frauenfigurinen*

Mit der Sesshaftwerdung vor etwa 11.000 Jahren reden wir von der Jungsteinzeit: Das Gefühl des Einsseins mit der Natur löste sich ab diesem Zeitpunkt mehr und mehr auf. Unsere Vorfahren begannen dafür, die Umgebung nach ihren Ideen zu formen. Aus den Jägern wurden Bauern und diese lebten von der Tierzucht und dem Acker- und Gartenbau. Nun waren Tiere, Pflanzen und Örtlichkeiten nicht mehr vom Menschen unabhängige Gefährten, sondern wurden zu Besitz.

Mit dem Leben in einer bäuerlichen Gemeinschaft wurde das Diesseits komplexer – und mit ihm auch das Jenseits. Neue Fragen kamen auf: Welcher Zeitpunkt eignet sich für die Aussaat? Wie bleiben Herde und Felder fruchtbar? Was ist zu tun, um Krankheiten zu vermeiden? Welche Maßnahmen sind notwendig, um sich vor gewaltsamen Auseinandersetzungen zu schützen? Solche Fragen wurden überlebensnotwendig und waren nicht nur an die Mitmenschen gerichtet, sondern auch an die geistige Welt. Denn in dieser gab es Spezialisten: beispielsweise Götter der Fruchtbarkeit, des Schutzes oder der Heilkraft. Die Anbetung der Menschen konzentrierte sich auf menschenähnliche Göttergestalten und nicht mehr auf die Geistwesen der Natur.

Da die Verbindung mit den in der Natur webenden Geistwesen und Urkräften immer schwächer wurde, setzte eine große gesellschaftliche Veränderung ein. Auch die ursprüngliche Bedeutung der Statuetten wandelte sich. Aus den Mutterfigürchen mit schützender Funktion entwickelten sich göttinnenähnliche weibliche Gestalten mit mehreren Zuständigkeitsbereichen. Die Urahnin wurde dabei zur Mutter Erde, zur Erdgöttin. In der Antike waren das die verschiedenen Erd- und Fruchtbarkeitsgöttinnen, die uns – beispielsweise aus den alten Überlieferungen – unter Namen wie *Demeter, Innana, Isis* oder *Gaia* geläufig sind.

Zur weiblichen Urkraft der großen Göttin und ihren verschiedenen Abbildern gesellten sich erst nach und nach die männlichen Aspekte. Irgendwann huldigten die Menschen mit ihren Ritualen, Zeremonien und Festen auch männlichen Gottheiten. Auf diese Weise, so sehen es die heutigen Wissenschaftler, entstanden die polytheistischen, die Vielgötter-Religionen mit den jeweils regionalen Kulten wie Pflanzen-, Tier- oder gar Menschenopfern. Die Gegenleistung dafür: Fruchtbarkeit, Regen und Siege – sowie Macht über andere. Der Blick auf die Natur-Geistwesen der Jäger und Sammler war sicherlich auch noch da, wurde aber immer unbedeutender. Die nahe Natur als solche entseelte sich in dem Maß, in dem die Götter eine entfernte himmlische Welt bevölkerten.

Ein extremer Übergang von der innigen geistig-spirituellen Verbundenheit mit der Natur hin zu einer einzigen entfernten männlichen Göttergestalt war der israelitische *Jahwe*-Kult. *Jahwe* war und ist der Stammesgott Israels und wurde als Garant einer stabilen kosmischen Ordnung betrachtet. Religionswissenschaftlicher sind sich heute weitgehend einig, dass er ursprünglich ein Berg- und Wettergott war, in dessen Machtbereich Regen und Fruchtbarkeit der Vegetation fielen. Sein Segen bewirkte „Milch und Honig“ für ein Leben im

Überfluss. In der späten Bronze- und frühen Eisenzeit traten jedoch die Aspekte der Fruchtbarkeit bei *Jahwe* in den Hintergrund, da kriegerische Auseinandersetzungen zunahmen: Er wurde zum Sturm- und Kriegsgott. Er war der mächtigste Gott unter vielen Göttern. Er hatte zwar ursprünglich eine weibliche Gefährtin, *Aschera,* die als vorderorientalische Muttergöttin bekannt ist. Doch verschwand *Aschera,* die weibliche Göttin an seiner Seite, irgendwann von der Bildfläche.

Die Struktur der Gesellschaft hatte sich verändert: Einst baten die Menschen bei ihren Göttinnen um Fruchtbarkeit der Erde – jetzt sollte der eine Gott zum Sieg über die Nachbarvölker verhelfen. Nach der Rückkehr aus der Babylonischen Gefangenschaft wurde der Gott Israels zum alleinigen Gott, der keine weiteren Götter neben sich duldete und sogar ihre Existenz verneinte.

Später dann begann der Aufstieg der christlichen Religion. Das Christentum schloss jeglichen Glauben an andere Götter aus. Er prallte damit frontal gegen die Gepflogenheiten der heidnischen Völker, die (wie im alten Griechenland) in ihren Tempeln oder (wie in Germanien) an heiligen Orten in der Natur noch eine Vielzahl von Gottheiten, unter ihnen auch viele weibliche, verehrten. Einerseits übernahmen manche Völker wie die Kelten Irlands von sich aus und aus Überzeugung den christlichen Glauben, was sich beispielsweise im keltischen Christentum mit seinen Keltenkreuzen zeigt: Der heidnisch geprägte Jahreskreis ist hier symbolisch mit dem Kreuz verbunden. Andererseits kam es an anderen Orten zu dramatischen Auseinandersetzungen zwischen den Missionaren der Kirche und den jeweiligen Einheimischen, die ihre Natur-Gottheiten weiter verehrten.

Ein bekanntes Beispiel ist das Fällen der Donareiche bei Geismar im Jahr 723. Der zum Katholizismus konvertierte, einst iro-keltische Mönch *Bonifatius* bewies damit, dass sein Gott mehr Macht hatte als die einheimischen Götter, die die Germanen in den heiligen Hainen oder in den Bäumen anbeteten. Welch einen dramatischen Bruch in der geistigen Verbindung mit den Naturwesen und Naturgöttern das Fällen der Eichen für die germanische Kultur bedeutete, lässt sich für uns heute wohl nur noch ganz schwach erahnen.

Mit der fortschreitenden, römisch geprägten Verstaatlichung des Glaubens wurden im offiziellen, äußeren Christentum die Zwänge immer größer. Eine hierarchisch-männlich geprägte Form des Christentums entstand, die mit dem lebendigen Glauben der Urchristen immer weniger zu tun hatte. Die Riten wurden von Priestern vorgegeben, die direkte Verbindung zur Christuswesenheit oder zu anderen Geistwesen wie Engeln oder Erzengeln war nicht mehr erwünscht oder wurde sogar als Ketzerei bezeichnet. Mit der Niederwerfung jener christlichen Bewegungen wie den Katharern oder den Templern, die stets eine individuelle Religiosität lebten, setze sich schließlich eine Staatskirche vollkommen durch.

▼ Bäume wurden bei den Kelten und Germanen verehrt. Besondere Baumpersönlichkeiten waren heilige Stätten für bestimmte Rituale und Opferzeremonien.

▲ *Die Christen bauten ihre Kirchen gerne bei oder auf den alten Kultstätten wie Höhlen und heiligen Hainen. Der christlich-religiöse Kult findet nicht mehr draußen, sondern in festen Häusern statt.*

Die Dämonisierung einer lebendigen Religiosität, in der neben Christus, anderen Geistwesen und Heiligen auch Naturwesenheiten verehrt wurden, ging einher mit der zunehmenden Machtfülle des Klerus im Katholizismus. Diese gipfelte in jüngster Zeit mit dem Unfehlbarkeitsdogma, das für den jeweiligen Papst einen gottähnlichen Gültigkeitsanspruch formulierte. Was eine solche Entwicklung noch mit christlichen Werten zu tun hat, kann jeder nur für sich selbst beantworten.

Wo ist die geistige Welt geblieben?

Und heute, im 21sten Jahrhundert – wie hält es der europäische Zeitgenosse mit der Religion? Wer empfindet noch eine innige Verbindung mit einer göttlich-geistigen Welt? Oberflächlich betrachtet und in den Augen vieler dominieren die Staatskirchen noch immer. Wenn wir uns aber in die moderne Lebensstimmung vieler Menschen hineinversetzen, müssen wir hingegen feststellen: Wir leben mittlerweile nicht mehr in einer monotheistisch geprägten Gesellschaft, sondern in einer atheistischen. Das Göttliche ist mehr oder weniger abwesend.

Ein Grund dafür mag sein, dass die ursprünglichen, sinnstiftenden Botschaften von Jesus Christus im Lauf der Jahrhunderte durch zahlreiche Vertreter der Amtskirche gehörig missbraucht wurden. Es gibt jedoch positive Ausnahmen, gerade wenn man an Persönlichkeiten wie Hildegard von Bingen oder Franz von Assisi denkt. Doch die offiziellen, autoritätsbasierten Dogmen und Regeln der beiden großen christlichen Konfessionen des Westens können ganz offensichtlich die Sehnsüchte der modernen Seele nicht mehr stillen.

Welches geistig-spirituelle Lebensgefühl bleibt den kulturell zur europäischen Zivilisation Zugehörigen noch? Die Anbindung an eine höhere, geistige Welt ist für die meisten Menschen verloren gegangen. Gründe dafür finden sich neben dem Missbrauch der urchristlichen Botschaften durch ein institutionalisiertes Priestertum auch im Siegeszug der Aufklärung, der Naturwissenschaft und der damit verbundenen technischen Erfolge. Die Herrschaft des Verstandes und die kühlen Erkenntnisse aus der Naturwissenschaft haben die unmittelbaren religiösen Gefühle, die für die Menschen des Mittelalters noch alltagsbestimmend waren, verdrängt. Die heutigen Götzen heißen iPhone und iPad, Kommerz und Konsum. Sie leben in eigenen Tempeln: in der virtuellen Welt des Internets und in den fast überall präsenten Einkaufszentren. Das Versprechen an diesen Orten lautet: ewige Ablenkung und ewiges Glück.

Da damit die wahren Bedürfnisse nicht abgedeckt, sondern eher verdeckt werden, gleichzeitig das System der Staatskirchen immer mehr als veraltet und überlebt empfunden wird, wenden sich viele Menschen den verschiedenen esoterisch-spirituellen Angeboten zu: einem schillernden Markt, in dem sich nicht wenige manipulierende Heilsversprecher tummeln, die mit immer neuen Methoden geistig Suchende in Abhängigkeit bringen und an deren seelischem Ringen und Leiden verdienen. Hier lauern viele Enttäuschungen, denn eine Spiritualität ohne eigene Verbindung zur Natur bleibt nicht nur abstrakt und seelenlos, sondern birgt die altbekannte große Gefahr in sich, nun von modernen Gurus, Neo-Schamanen oder selbst ernannten Heiligen an die Leine genommen zu werden. In der entzauberten und entmythologisierten Gesellschaft, in der wir heute leben, scheinen wir in einer geistig-seelischen Sackgasse gelandet zu sein.

◄ *Die alten Naturrituale mit Speise- und Trankopfer wandelten sich und bekamen eine neue, christliche Form.*

Die Wurzeln unserer Kultur erkennen und ehren

Enttäuscht von leeren Konsumversprechungen und einer überholten Staatsreligion blicken viele Zeitgenossen auf die eigenen kulturell-religiösen Wurzeln. Das Interesse für die mythisch-spirituellen Vorstellungen und Kulte unserer Vorfahren erwacht. Die Anbindung an den allem Lebendigen zugrunde liegenden Natur-Rhythmus und seine geistig-spirituellen Kräfte kann dabei ein guter Weg sein, die Seele wieder zu nähren. Denn gewisse Grundbedürfnisse sind heute dieselben wie früher: Wir alle brauchen eine seelische Anbindung und streben nach Sinn und einer tragenden Gemeinschaft. Wesentlicher Unterschied zu früher ist allerdings die persönliche Freiheit, die gerade in der deutschsprachigen Kultur gepflegt wird, wie die kulturstiftenden Schriften von Schiller, Novalis, Fichte oder Goethe zeigen.

Eine moderne Spiritualität zeigt sich in der Sehnsucht, in ganz individueller Weise die geistig-seelischen Kräfte in der Natur zu erfahren. Das schließt Erfahrungen in und mit einer Gruppe Gleichgesinnter in keiner Weise aus. Doch finden heute in unserer Kultur eher Menschen mit seelisch ähnlichen Bedürfnissen zusammen und nicht mehr, wie früher, Menschen von gleicher verwandtschaftlicher Herkunft oder aus einer hierarchisch geprägten Religiosität. Das ist das Neue.

Wir können uns also beispielsweise Anleihen und Anregungen darüber holen, wie unsere Vorfahren die Anbindung an die geistig-spirituelle

▼ Das Räuchern ist ein ausgezeichnetes Medium, um sich geistig-spirituell zu öffnen. Nicht nur im Heidnischen, sondern auch im Christlichen greifen die spirituell Suchenden bis heute darauf zurück.

Welt konkret gelebt hatten, um auf dieser Grundlage später einen eigenen Zugang zu pflegen. Allerdings ist der Blick zurück nicht ganz einfach, denn gerade Überlieferungen zu Naturverehrung und jahreszeitlichen Kulten der Kelten und Germanen sind äußerst spärlich. Immerhin ist die Quellenlage des volkskundlichen Brauchtums besser – und manche Bräuche und Riten, wie beispielsweise das Ausräuchern des Stalles, konnten sich in manchen Regionen sogar bis zum heutigen Tag halten.

Sich an die keltischen Ursprünge erinnern

Die Kelten in Europa zeichneten sich durch eine recht einheitliche Kultur aus, auch wenn sie in losen Stammesverbänden lebten. Ihre Mythologie war geprägt von einer ungewöhnlichen Fülle an Gottheiten wie etwa Fruchtbarkeitsgöttinnen. Es gab auch Götterpaare, die über bestimmte Eigenschaften und Zuständigkeiten verfügten: Themen waren beispielsweise Schutz, Hilfe, Ackerbau, Fortpflanzung, Liebe, Handwerk, Verteidigung, Krieg oder Tod. Ein und dieselbe Göttergestalt wurde im einen Kult vielleicht um Schutz gebeten, im anderen um eine gute Ernte.

Belenos, einer der Urgötter der keltischen Religion, wurde als Heil- und Quellgottheit und sogar als Orakelgott angerufen. Der Name *Belenos* ziert als Beinamen sogar *Apollon*, einen der Hauptgötter in der griechischen und römischen Mythologie und zuständig für Frühling, Heilung und Weissagung. *Belenos* war eine berühmte Steinschale gewidmet, die kultischen Räucherzwecken diente. Seine häufig erwähnte Rolle als Sonnengott ist allerdings von den Quellen her nicht nachweisbar. *Cernunnos*, häufig mit Hirschgeweih dargestellt, war der Gott der Natur, Tiere und Fruchtbarkeit. Die Attribute von *Epona*, Göttin der Pferde, waren Früchte und Füllhörner. Wichtige Handwerksgötter waren *Argenta* für die Silberschmiede, *Carpentus* für die Zimmerleute oder *Sucellus*, Gott der Unterwelt und der Toten sowie Gott der Metallschmelzer.

◄ Grabanlage eines keltischen Fürsten: Die keltische Kultur lebt noch immer in den Landschaften und in den Seelen der Mitteleuropäer.

Als göttliches Paar zeigen sich beispielsweise der römische *Mercurius* und *Rosmerta*, seine keltische Partnerin. Sie ist als Göttin des Wohlstands mit Geldbeutel und Füllhorn dargestellt. *Sirona*, die keltische Göttin der Heilung, taucht an der Seite von *Apollon* auf. Geschmückt mit Früchten und Ähren verehrten sie die Kelten an Heilquellen.

Doch trotz der Vielfalt im Götterhimmel war die Vorstellung von Muttergottheiten, später *Matronae* genannt, allgegenwärtig. Die *großen Mütter* oder Matronen waren segensspendende weiblich-göttliche Wesen und Namensgeberinnen für Bäume und Gewässer. Das zeigen beispielsweise die Weiheinschriften für die Matronen an Flüssen, was auch auf ihre Funktion als Schutzpatroninnen der Schifffahrt und des Handels hinweist. Im Altbachtal bei Trier sind die *Matronae* mit Obstkörben, Brot, Fischen und Kindern dargestellt, was darauf hindeutet, dass in ihnen die geistige Beziehung zu Natur und Fruchtbarkeit weitergelebt hat.

Die Druiden waren als Priester Mittler zwischen dem Volk und den Gottheiten. Sie hatten die Aufgabe, sich um die kultischen Handlungen zu kümmern, in denen eine starke Verbindung mit der geistbeseelten Natur sichtbar war – und sie zu bewahren. Sie waren auch Heilkundige, Kenner der pflanzlichen Heilkräfte in Verbindung mit den kosmischen Rhythmen. Außerdem vertraten sie die Lehre der Wiedergeburt der Seele, die innere Überzeugung, dass die Geistseele des Menschen wie der gesamte aus Geist gewordene Kosmos unzerstörbar seien.

Im Jahresverlauf war das keltische Leben in vier Feste gegliedert, die immer zugleich den Übergang einer Jahreszeit in die nächste versinnbildlichten: *Samhain* im Herbst, *Imbolc* im Winter, *Beltane* im Frühling, *Lughnasad* im Sommer. Die Feste orientieren sich stets an den jahreszeitlichen Rhythmen, da dies für eine durch den Ackerbau geprägte Gesellschaft überlebenswichtig ist. Als höchst bedeutende Ereignisse fanden sie unter Vorsitz des jeweiligen Stammesfürsten statt und waren mit ganz bestimmten Zeremonien, Kulthandlungen, Festmahlen, Spielen, Wettkämpfen und Handel verbunden.

So wurde beispielsweise *Beltane* nicht nur im alten Irland gefeiert, sondern auch auf dem Kontinent in Form der römischen *ludi florales*. *Flora*, die Göttin der Pflanzenblüte, die bei den Griechen der Göttin *Ceres* entsprach, wurde Ende April sechs Tage lang als Vegetationsgöttin verehrt. Die Verteilung von Erbsen und Bohnen, eine Hasen- und Ziegenhetze sowie Wettläufe mit blumentragenden Teilnehmern waren wohl Teil der Feierlichkeiten. Feuerkulte, die an *Beltane* üblich waren, standen dazu in enger Beziehung. Das Vieh zwischen zwei Feuern hindurchzutreiben, wendete Krankheiten ab. Heute würde das den Tierschutz auf den Plan rufen, doch damals war es ein existenzieller Reinigungskult zur Gesunderhaltung der Herden.

Die Lebenskraft der Germanen schätzen lernen

Von den Festen der germanischen Volksstämme wissen wir ebenfalls nicht allzu viel. Snorri Sturluson (1179–1241), ein altisländischer Dichter, Historiker und Politiker, erwähnt in einem Werk über

➤ *Künstlerischer Keltenkult in Formvollendung: aufwändig gestalteter, wunderschöner Schmuck, mit dem Stammesfürsten an Zeremonien und Festen beschenkt wurden*

die alten germanischen Könige Norwegens drei große Jahresfeste: je eines im Frühjahr, im Herbst und im Mittwinter. Mit den jahreszeitlich bedingten Kultfesten gingen Opferungen von Waffen, Goldgefäßen, Frauenschmuck, Tränken, Feldfrüchten sowie Ziegen, Schafen, Rindern, Schweinen, Pferden und sogar Menschen einher, um auf diese Weise die Verbindung mit den Göttern zu stärken. Die heute in Skandinavien beliebte Feier der Sommer-Sonnenwende dagegen hat wohl eher einen späteren, christlichen Ursprung.

Überliefert ist der Kult um die Muttergöttin *Nerthus*. Ihr zu Ehren feierten die Germanen im Frühjahr ein Fest, das eine Verbindung zur römischen *terra mater*, der Mutter Erde, nahelegt. Der Ursprung wurzelt wahrscheinlich in der jungsteinzeitlichen *magna mater*, der Großen Mutter, und ihrer Verehrung. Hiermit sind die Darstellungen der Muttergottheiten aus der Zeit von 10.000 bis 2000 vor Christus gemeint. Die Interpretationen der Wissenschaftler weisen heute übereinstimmend auf die Fruchtbarkeit einer Ur- oder Allmutter hin. Die kultische Handlung um *Nerthus* umfasste die rituelle Waschung ihres heiligen Steines vor den Toren Roms am 27. Februar eines jeden Jahres. In der nordischen Mythologie findet sich auch die weibliche Sonnengottheit *Sol*, die Licht und Sonne symbolisierte, sowie *Balder*, der männliche Gott der Sonne und des reinen Lichtes sowie des Frühlings, des Guten und der Gerechtigkeit. Zur Zeit der Sommer-Sonnenwende können wir uns an ihn erinnern.

Die prominenten germanischen Göttergeschlechter sind die *Wanen* und die *Asen*. Unter den Göttern und Göttinnen der *Wanen* finden sich Gottheiten des Herdfeuers und des Ackerbaus. Ihnen wurden Eigenschaften wie Fruchtbarkeit, Erdverbundenheit und Wohlstand zugeschrieben. *Freya* ist die wichtigste Göttin, Göttin der Liebenden und Lehrerin der Magie. *Freyr*, ihr Bruder, ist der bedeutendste Fruchtbarkeits- und Vegetationsgott und Gott der Ernte und des Wohlstands.

▲ *Die germanischen Seherinnen waren hoch angesehene Frauen mit einer tiefen Verbindung zu den Geheimnissen der Natur. Aus dem Quellen und Strudeln des Wassers weissagten sie.*

Die *Asen* werden als kriegerisch und herrschsüchtig beschrieben. Sie sind das jüngere Göttergeschlecht und größer als die *Wanen*. *Odin*, auch *Wotan* oder *Wodan* genannt, war ihr Anführer und die vielschichtigste Gottheit: Gott der Ekstase, des Schutzes, der Magie und der Runen, daneben auch des Krieges und der Toten. Er verkörpert außerdem den Aspekt der Herrschaft der Kraft, die den Sieg verleiht. Im göttlichen Krieg siegten die *Asen* über die *Wanen*, bei denen eher die weiblichen Gottheiten das Sagen hatten. *Odin* gewann immer mehr an Bedeutung. Fast könnte man sagen, seine „Vormachtstellung" unter den Göttern baute sich aus.

Teil des kulturellen Lebens der Germanen war das Deuten von Zeichen, um darin den göttlichen Willen zu erfahren. Schilderungen antiker Schriftsteller wie Cäsar und Tacitus zufolge übernahmen die germanische Seherinnen, die *Veledas*, die Losbefragung und Weissagung.

Selbst der berühmte Cäsar ließ sich von ihnen aus den Strudeln von Flüssen den besten Zeitpunkt für eine Schlacht vorhersagen. Aus dem Wiehern der Pferde, die sie für die Vertrauten der Götter hielten, sowie aus dem Flug der Vögel und ihrem Gesang schlossen die *Veledas* auf die Zukunft. Neben dem Beobachten und Deuten von bestimmten Zeichen in der Natur war die Losbefragung mithilfe geschnittener Stäbchen aus Eichen- und Buchenzweigen von großer Bedeutung. Die Stäbchen hießen *Tenos, Losstäbchen* oder *Runen*. Laut Cäsars Bericht über den Feldzug von Ariovist schoben die Germanen die entscheidende Schlacht hinaus, weil die Götter durch die Losbefragung und Weissagung den Kampf erst nach dem nächsten Neumond empfahlen.

Den Ursprung der christlichen Feste verstehen

Mit der Ausdehnung des Christentums im Mittelalter ging auf der einen Seite der Versuch einher, die Menschen immer mehr von der beseelten Natur zu trennen. Gerade die mächtigen Kirchenfürsten im Katholizismus schürten die Angst vor einem strafenden Gott. Doch gab es immer auf der anderen Seite auch ein anderes Christentum, wenngleich eher versteckt und heute geschichtlich vernachlässigt. Es speiste sich aus der Kraft des ursprünglichen Christentums wie es die iro-schottischen Keltenchristen gelebt haben oder auch die Gruppierungen der Katharer oder Templer, die noch eine Verbindung zu den Kräften der Natur hielten. Für sie war es kein Widerspruch, sondern die ganz natürliche geistig-spirituelle Weiterentwicklung, wenn sie sich neben der Verehrung der Christuswesenheit auch mit der beseelten Natur verbanden – beispielsweise als Heiler, Ärzte oder Alchemisten. Diese Christen, die die Verbindung der einzelnen Seele in die Geistwelt pflegten und selbst in materieller Bescheidenheit lebten, wurden von der katholi-

▲ Die Gottesmutter Maria vereint in sich die Aspekte der archaischen Muttergottheit, darunter Liebe, Geborgenheit, Schutz, Fürsorge und Fruchtbarkeit.

➤ Die Vielzahl der keltischen und germanischen Götter spiegelt sich wider in den christlichen Hierarchien der Engel und in bestimmten Heiligen.

schen Kirche gnadenlos verfolgt und als Ketzer verbrannt oder anderweitig ermordet. Das sollte immer bedacht werden, wenn ganz allgemein vom *Christentum* die Rede ist.

Für das einfache Volk waren aus der alltäglichen Lebenserfahrung als Leibeigener, Bauer, Schäfer oder Metzger die geistigen Wesenheiten aber ohnehin stets da und selbstverständlicher Teil der beseelten Natur. Die Erde war zumindest für manche Menschen stets etwas Lebendiges und Wirkliches. So lebten im Volk die keltischen und germanischen Gottheiten auch nach der großen Missionierung durch Bonifatius weiter. Das beste Beispiel dafür ist *Maria,* auf die Attribute einer Muttergottheit projiziert wurden und die als Muttergottheit gerade in ländlichen Gegenden bis heute verehrt wird. Sie schenkt Geborgenheit, fördert eine gute Ernte und heilt Krankheiten.

Das Volk pflegte an bestimmten Tagen seine Opferkulte, feierte uralt überlieferte Feste oder verehrte bestimmte Orte wie heilige Felsen oder Haine. Die Verbindung dieses alteuropäischen keltisch-germanischen Brauchtums mit dem urchristlich geprägten Christentum war innig und ein – heute leider weithin unbekannter – kultureller Gipfel einer gelebten friedlichen Synthese. Doch der katholischen Kirche waren die heidnischen Riten ein Dorn im Auge, wenngleich sie den Volksglauben nicht endgültig verbieten konnte, da er stark in den Herzen der Menschen verankert war. So ging sie den goldenen Mittelweg: Sie nahm bestimmte Götter und Feste in ihren kultischen Kanon auf und verpasste ihnen ein christianisiertes Gewand. Das Weibliche wurde in der katholischen Hierarchie im Großen und Ganzen in die hinteren Reihen verbannt. Die Ausnahme war und ist die Gottesmutter *Maria,* für die ein eigener Marienkult entstand. Ihr wurden immer mehr Aspekte, wie sie dem Volk aus alten Zeiten vertraut waren, zugeschrieben: etwa die Aufgabe, für die Fruchtbarkeit der Felder zu sorgen. In ihr lebten die alten Göttinnen und auch die Urgöttin weiter – wenn auch in einer neuen Weise. Im urchristlich inspirierten Christentum wie auch im tiefen katholischen Glauben der Laien wird sie mit Eigenschaften wie Milde, Demut und Liebefähigkeit beschrieben.

Maria erfüllte den starken Wunsch nach einer Muttergottheit, die sich den Nöten der Menschen annahm. Was verloren ging und in der katholischen Kirche als dämonisch galt, war die triebgesteuerte fleischliche Liebe, ein ekstatisches Lustempfinden oder ein sich auslebendes Sexualleben. In vielen religiösen Vorstellungen ist es eine Aufgabe für die menschliche Höherentwicklung, die Triebnatur des Menschen zu überwinden. In der katholischen Auslegung entstand daraus über Jahrhunderte hinweg ein System aus Macht, Druck, starren Verboten und der Androhung von ewiger Strafe.

Heute können wir uns daraus lösen, empfinden doch viele Menschen, dass dieser Weg von Machtausübung und Bevormundung sicherlich nicht der richtige ist. Gleichzeitig kann man entdecken, wie *Maria* mit ihrer Ausstrahlung von Menschenliebe und Hilfsbereitschaft im Kern der christlichen Botschaft für einen zukunftsweisenden Weg der kulturell-religiösen Entwicklung steht, wie es in einer Legende anklingt: *Maria* sät die Perlen des Rosenkranzes über ein Feld, woraufhin dort überall Heidelbeeren wachsen. Auch andere Beispiele verdeutlichen ihre Stärke als Gottesmutter und ihre Verbindung zum seelischen Wachsen und Gedeihen: So gilt der Apfel als ihre Frucht – doch nicht als Apfel der Sünde, sondern als Liebesapfel, der Leben schenkt und Menschen verbindet statt trennt. *Mariä Himmelfahrt* am 15. August ist bis heute ein wichtiger Feiertag für viele Kräuterfrauen. Die Tradition von Blumen- und Kräuterweihen an diesem Tag geht auf die Legende zurück, dass bei der Öffnung von Marias Grab statt eines Leichnams Lilien gefunden wurden und dem Grab ein wunderbarer Kräuterduft entstieg. Sich den dem Urchristentum innewohnenden Botschaften zu öffnen, kann also eine durchaus spirituell weiterführende Haltung sein.

Eigene spirituelle Impulse setzen

Sich auf den Weg zu machen, auf Grundlage unserer so reichen Kultur eine zeitgemäße Form der Spiritualität zu entwickeln, gibt unserer Seele die Nahrung, die sie braucht. Ein Beispiel für einen *neuen* Umgang mit Riten und Bräuchen zeigt sich im achtspeichigen Jahresrad. Der heute bekannte Jahreskreis mit seiner Einteilung in acht Feste ist nämlich nicht überliefert. Aus dem keltischen Brauchtum sind lediglich vier Feste nachvollziehbar. Es sind die erwähnten Hochfeste *Samhain, Imbolc, Beltane* und *Lughnasad,* auch *Lammas* genannt. Allein sie waren die Feste, an denen im Lauf des Jahres die Veränderungen in der Natur am deutlichsten wurden. Für die Ackerbau und Viehzucht betreibenden Kelten war die Qualität der Übergangszeiten die ausschlaggebende, um das Wohl und Wehe der nächsten Monate einschätzen zu können.

Erst im Jahr 1958 wurden die vier vom Sonnenlauf geprägten Feste, die beiden Sonnwendfeiern im Hochsommer und im Hochwinter sowie die beiden Tag-und-Nacht-Gleichen im Frühling und Herbst hinzugenommen. Interessant ist, dass diese vier Feste wahrscheinlich einen germanischen Ursprung haben. Ausgangspunkt einer Verbindung von Kelten- und Germanentum zu einem achtspeichigen Jahreskreis war die von Gerald Gardner (1884–1964) gegründete Naturreligion *Wicca.* Grundlage dafür war eine äußerst naturverbundene Spiritualität. Daraus haben sich bis heute verschiedene Richtungen entwickelt, die als synkretistisch bezeichnet werden. Das bedeutet, ihre Anhänger nehmen Aspekte ganz unterschiedlicher naturreligiöser Richtungen auf und formen diese dann zu etwas Neuem.

Gleichzeitig gibt es auch urchristlich geprägte Formen, sich der Natur und den dahinterliegenden

➤ Im Kreis offenbart sich nur die Urkraft von Werden und Vergehen – in der höheren Form der Spirale zeigt sich darüber hinaus die Entwicklung der Erde und aller Wesenheiten.

Rhythmen zu nähern. Die alten Rosenkreuzer oder auch Angehörige verschiedener Mönchsorden suchten früher, ebenso wie heute viele Anthroposophen, ein Verstehen und Empfinden der Naturvorgänge über ein geschultes und waches Bewusstsein. Was in den Schriften von Mystikern wie Meister Eckhart und Johannes Tauler oder im Werk Rudolf Steiners anklingt, sind sehr tiefgründige und ermutigende Beispiele dafür. Sie zeigen, dass in jedem von uns die Fähigkeit schlummert, innere Sinnesorgane für eine höhere Bewusstseinsebene zu öffnen und sich in ganz individueller Weise mit der spirituellen und geistigen Welt zu verbinden. Dass mehr ist zwischen Himmel und Erde, als uns das rationale Dogma der Wissenschaftlichkeit weismachen möchte, zeigen letztlich auch Forschungen wie jene von Rupert Sheldrake. Laut den von ihm postulierten morphogenetischen Feldern hängen alle Erscheinungsformen der Welt energetisch zusammen, so dass wir durch das menschliche Bewusstsein – als einer Form von Energie – sogar Einfluss auf Naturvorgänge und Gewohnheiten nehmen können.

Unterm Strich kommt es nicht auf Richtungen oder Namen an. Ob sich jemand als Heide, Jude oder Christ fühlt, ist natürlich eine ganz persönliche Empfindung und Frage. Auch, ob jemand nur das Messbare und Zählbare als Wirklichkeit zulassen möchte oder ein darüber hinaus führendes Weltbild besitzt, ist Privatangelegenheit. Wesentlich für ein spirituelles Erleben ist – wie in allen Zeiten der Menschheitsentwicklung – letztlich die innere Haltung der geistig-göttlichen Welt gegenüber. Das setzt voraus, dass man diese als jene höhere Wirklichkeit akzeptiert hat, aus der wir einst alle geschöpft wurden. Dann zählt die Verbindung, die man in ganz persönlicher Weise für sich in diese Welt pflegt, ohne allerdings dabei anderen Menschen Vorschriften über ein spirituelles Leben zu machen oder gar eine elitäre Hoheit über religiöse Fragen für sich zu beanspruchen. Der Garant für spirituelle Unabhängigkeit und den eigenen Entwicklungsweg ist das klare Bewusstsein über das, was man fühlt, denkt und als Handlung in die Welt bringt – sowie die Hingabe an die natürlichen Rhythmen des Kosmos und den darin wirkenden geistigen Kräften. Das Räuchern unterstützt dabei immer wieder ganz wunderbar, denn es verbindet mit dem innersten Wesenskern und legt von dort die Spur, um sich geistig und spirituell wieder anzubinden.

Duft und Rauch helfen dabei, hemmende Muster hinter sich zu lassen und für eine gewisse Zeit zu vergessen. Sie führen zu neuen Motiven und Erkenntnissen, die den tiefen Bedürfnissen der Seele entspringen, ganz losgelöst von Erwartungshaltungen oder ungeliebten privaten und beruflichen Situationen. Das Räuchern vermittelt und fördert den zielgerichteten Blick in die eigene Innenwelt. Daraus können sich Impulse für heilsame Veränderungen ergeben.

▲ *Egal welcher Formen und Utensilien man sich bedient: Heute zählt eine Religiosität, die vom Einzelnen ausgeht und ohne Autoritäten und Hierarchien auskommt.*

Eine neue Spiritualität entwickeln

Es gibt einen wesentlichen Unterschied zwischen Bräuchen und Ritualen. Im Brauchtum drückt sich eine Tradition aus, die durch ein bestimmtes Tun erhalten und weitergegeben wird. Sie stärkt den inneren Zusammenhalt einer Gruppe, festigt das Wir-Gefühl. Bräuche sind im Vergleich zu Ritualen weniger symbolhaft auf ein „höheres Ziel" ausgerichtet. Prozessionen zu bestimmten Festtagen wie Pfingsten entspringen dem Brauchtum, während eine Hochzeit mit den fest in den Ablauf eingefügten Elementen des „Ja"-Sagens und dem Anstecken der Ringe ein Ritual ist. Ein Ritual kann, streng ausgelegt, als eine Zeremonie und ein ganz bestimmter, festgelegter religiöser Brauch verstanden werden. Der Wortstamm *ritus* geht auf den indogermanischen Ursprung *fügen* zurück. Ein Ritual sorgt also dafür, dass sich etwas in die rechte Ordnung fügt. Oft spielen dabei bestimmte Wortformeln und festgelegte Gesten und Abläufe eine wichtige Rolle, gerade in zeremoniell-religiösen Zusammenhängen.

➤ *Modernes Räuchern im urbanen Umfeld. Düfte sind eng mit Erinnerungen verbunden und lassen vor dem inneren Auge besondere Gelegenheiten wieder aufleben.*

Hier wirkt die Kraft des Immer-Gleichen. Sich wiederholende Abläufe ermöglichen es, in einem Zeitenstrom zu stehen und die Gegenwart mit Vergangenem und Zukünftigem zu verknüpfen. Erfahrungen aus dem Hier und Jetzt verbinden sich mit solchen früherer Generationen. Insofern wiederholt sich nicht zwingend in einem Ritual in stets absolut gleicher Weise etwas Altes, sondern es kann auch Weiterentwicklungen, Veränderungen geben. Was zumindest für eine gewisse Zeitspanne zählt, sind eine feste äußere Struktur, gemeinsam ausgeführte, vorgegebene Handlungen mit einem klar bestimmten Anfang und Ende, ein gemeinsamer Fokus und die Verbindung der Beteiligten.

Jedes Ritual folgt dabei einem bestimmten Rhythmus und nimmt auf diese Weise die allem zugrunde liegende Kraft der natürlichen Rhythmen auf. So ist zu verstehen, dass Rituale untrennbar zur menschlichen Natur gehören. Sie sind wie ein sozialer, religiöser oder seelischer Kitt, der uns hilft, Gemeinschaft zu erfühlen und dadurch beispielsweise leichter Krisen zu bewältigen. Um die Wirkung wirklich zu spüren, müssen sie sinnlich erfass- und erfahrbar sein. Das Räuchern erfüllt hier eine wichtige Aufgabe, denn der Duft vermittelt eine unmittelbare Erfahrung von Gefühlen im Körper und verbindet diese mit dem Seelischen. Außerdem hilft der Rauch, sich in die unsichtbare feinstoffliche und geistige Welt zu bewegen.

◄ *Natürliche „Deko" für das Räuchern mit archaischem Anklang: Feuersteine ermöglichten unseren Urahnen einen freien Umgang mit dem Element des irdischen Feuers.*

Im Kern des Ganzen stehen also vielfältige Sinneseindrücke: Im Auge lebt durch eine bewusste und gepflegte Gestaltung der Umgebung das Schöne auf, beispielsweise mit einer besonderen Räucherschale, einer jahreszeitlich inspirierten Dekoration mit Naturmaterialien und dazu passenden Farben und Symbolen. Bereits bei der Zubereitung des Räucherwerks, beim Mörsern und Mischen, entstehen ganz bestimmte Fühleindrücke an den Händen – später auch beim Verteilen des Rauches in der Luft mit einer Feder. Natürlich riechen wir sofort jene Düfte, die sich entfalten, wenn wir das Räuchergut ernten, trocknen und zubereiten und später dann auflegen: Ganz unmittelbar macht das etwas mit uns.

Schnell und meist vollkommen unbewusst sind wir bereits auf der seelischen Ebene, im Innenraum angelangt. Denn was wir äußerlich mit den Sinnen wahrnehmen, ist eigentlich niemals äußerlich. Unsere Seele fängt sofort die Eindrücke aus den Augen, Händen und aus der Nase auf und kleidet sie in das, was wir persönliches Empfinden nennen können. Gerade mithilfe eines Räucherrituals lässt sich beispielsweise der feine Übergang zwischen objektivem sinnlichen Reiz und subjektivem seelischen Erleben mit etwas Übung immer besser wahrnehmen.

Unsere Seele ist also der mysteriöse, wundersame Raum, in dem sich das Ritual erst entfalten kann. Das persönliche Erleben und Erspüren sind die Ebene der Wirkung, auf die es ankommt und die uns prägt. Mit dem Verstand können wir niemals erfassen, was ein Ritual wirklich ist. Auch reichen Worte dafür in keiner Weise aus. Wir dürfen einfach unbefangen spüren und uns vom Bann eines Räucherrituals einnehmen lassen. Eines ist sicher: Danach „ist irgendetwas anders" ...

Feuer und Rauch in den Alltag holen

Das Räuchern hat unsere Vorfahren sicherlich begleitet, seit sie mit Feuer umgehen konnten. Eine archäologisch als sicher datierte Feuerstelle liegt im Norden Israels und ist ungefähr 790.000 Jahre alt. Die Fähigkeit, das Element Feuer zu beherrschen, war für die Entwicklung der menschlichen Kultur ein Quantensprung.

Das erste Feuerzeug muss man sich folgendermaßen vorstellen: Durch das Aufeinanderschlagen zweier Steine – Feuerstein und Pyrit – entstanden Funken, mit denen der steinzeitliche Mensch Zundermaterial wie trockene Gräser und Kräuter oder Brösel des Zunderschwammes entflammen konnte. Dadurch veränderte sich unglaublich viel im Leben unserer ältesten Ahnen: Wärme stand ab jetzt bei Bedarf zur Verfügung, sie konnten sich erfolgreicher vor wilden Tieren schützen, die Nahrung veränderte sich und wurde besser verdaulich und nicht zuletzt entstand eine neue Form der Gemeinschaft – der Austausch und die Verbindung im Kreis um das Lagerfeuer.

Das Feuer ist nicht nur eine Form der Energie, sondern es verbindet das Grobstoffliche, das Materielle, mit dem Feinstofflichen, dem Spirituell-Geistigen. Es ist in der Lage, Diesseits und Jenseits zu verknüpfen. Es gibt nichts, was den Wandel anschaulicher darstellt als das Feuerelement: Flammen und Glut verwandeln die Materie in Asche und Rauch, wobei gewissermaßen das geistige Prinzip, aus dem einst das Materielle geworden war, als im Rauch eingeschlossener Geist für eine gewisse Zeit räumlich sichtbar wird. Die Wirkung des jeweiligen Geistigen in der festen *Materie,* der *Mater,* der Ur*mutter* Erde, nahmen die naturverbundenen Urmenschen bereits den Tag über während des Sammelns der Kräuter und Harze wahr. Sicherlich auf einer viel tieferen Ebene als wir heute dazu fähig sind, vielleicht einer traumartig-intuitiven. So waren sie eins mit den sie umgebenden Naturwesen, ein Teil der Natur – so wie ein Tropfen Wasser Teil eines Sees oder Baches ist.

Die neue Kunst, an jedem Ort und zu jeder Zeit gezielt Funken schlagen zu können, ermöglichte es, getrocknetes Pflanzengut auch unabhängig vom Lagerfeuer zum Glimmen zu bringen. Das Räuchern konnten die Steinzeitmenschen nun ganz gezielt und mit zunehmender Bewusstheit im Alltag wie auch bei Kulten und Ritualen einsetzen. Die Kunst des Räucherns förderte im Lauf der Zeit auch die Kreativität: Manche räucherten auf in der Glut des Feuers erhitzen Ziegelsteinen, um den Göttern im fernen Himmel zu huldigen. Andere verwendeten Räucherpfannen, -kästchen und sogar -altäre aus Kalkstein, reichhaltig verziert mit geometrischen Mustern und Bildelementen.

➤ Rauch und Ruch hängen nicht nur in ihrer Sprachwurzel zusammen. In manchen früheren Kulturen war bekannt, dass jeder Gott auch seinen eigenen „Geruch" hatte.

Die freigesetzten Düfte waren viel mehr als nur angenehme Riecherlebnisse. Sie standen für eine erwünschte Erfahrung der göttlichen Welt. Im Duft offenbarte sich die Nähe des Göttlichen. So wie jeder Mensch einen einzigartigen Eigengeruch besitzt, so war jeder Gottheit ein Duft zugeordnet: Der Kosmos besaß ein vielfältiges Weltenaroma. Verströmten besondere Menschen – große Menschheitsführer, Impulsgeber für das gesellschaftliche Leben oder „Göttersöhne" – einen besonderen Wohlgeruch, so standen sie im *Ruch der Heiligkeit.*

Wohlgeruch war immer ein Zeichen von gesundem Leben. Sobald er wahrgenommen wurde, wies dies auf die Anwesenheit der Leben spendenden Götter hin. Der Weihrauch spielte eine entscheidende Rolle, wie wir aus den alten Dokumenten und Inschriften wissen: Schon in der Pyramidenzeit der alten Ägypter stand der Begriff *stj-ntr* für *Geruch Gottes.* Das Verb *sntr* bedeutet *räuchern* und das dazugehörige Hauptwort *stnr* heißt *Weihrauch.* Beide Begriffe führen auf den Wortstamm *ntr* zurück, was *Gott* oder *göttlich sein* meint. Kein Wunder also, dass man in altägyptischen Zeugnissen immer dann dem Weihrauch begegnet, wenn es um den Umgang mit den Göttern ging. In den Tempelkulten am Nil war dieses wertvolle Harz das wichtigste Räucherwerk.

◄◄ *Jedes Volk der Erde kannte und kennt das Räuchern. Kräuter und Harze zu verräuchern ist das älteste, die Vielfalt der Völker und Kulturen verbindende Ritual.*

◄ *Gerade Weihrauch öffnet den Weg in göttliche Sphären. Sein Duft steht seit jeher für die Erscheinung des Göttlichen in der menschlichen Seele.*

In allen Kulturen der Welt wurde und wird teilweise noch immer rituell geräuchert. Räuchern ist damit vielleicht das – unterbewusst in uns allen verankerte – beste völkerverbindende Medium. Druiden, Seherinnen, Priesterinnen, Pfarrer, Schamanen und Medizinmänner: Alle setzten und setzen bis heute Räucherwerk ein, um das Bewusstsein zu erweitern und sich geistig mit der göttlichen Welt zu verbinden. Rauch und Geist sind eben eng verknüpft. Nur so ist zu verstehen, dass Menschen, Bauwerke oder bestimmte Ritualgegenstände mit duftendem Rauch gesegnet und gereinigt wurden. Der Rauch begünstigte die Kunst des Orakelns, unterstützte die Heilung Kranker oder bannte dunkle Geister und Dämonen. Die Wohldüfte empfingen Gäste, sorgten für eine gute Stimmung oder zauberten eine erotische Atmosphäre.

Vor allem war Räuchern das ständig präsente Medium in die geistige Welt. Rauchopfer garantierten die Zuwendung der Götter. Die althebräische Kultur überliefert uns das besonders deutlich: *Ruach* war der schöpferwirksame, weibliche Geist *Jahwes*. *Ruach* bedeutet *Hauch, Luft, Wind, Atem, Geist, Heiliger Geist,* daneben auch *Feuernebel* oder *Feuerluft*. In der Anthropologie finden wir dafür Begriffe wie *Lebenskraft, Entfaltung, Gemüt, Wille, Geist* oder *Ich*. *Ruach* steht in Verbindung mit dem Handeln Gottes, da dieser Geist die Schöpfung in Bewegung bringt und die Triebkraft für Verwandlung ist. Er setzt Prozesse in Gang: für Heilung, Befreiung, Liebe, Wahrheit, Heiligung.

Aus anthroposophischer Sicht wird eine sprachliche Verwandtschaft mit dem *Rauch*, auch mit *Ruch, ruchbar* und *Geruch* gesehen – und darunter auch eine Bezeichnung für die so genannte Verstandes- und Gemütsseele verstanden. Ob in der Natur wie bei den Kelten und Germanen oder im Tempel wie bei den alten Ägyptern, Hebräern oder Griechen: Rauch und Duft sind immer mit dem Erscheinen des Göttlichen verbunden.

Die Jahreskreisfeste für heutige Bedürfnisse erschließen

Aus moderner Sicht sind kultische Räucherakte für gläubige Menschen mit folgenden Erlebnissen verbunden: Sie richten sie klar auf die göttliche Welt aus und sind getragen von der innigen Absicht, sich ganz mit dieser geistigen Welt zu verbinden.

▲ *Ein Platz im Freien hilft dabei, die jeweilige jahreszeitliche Qualität zu erspüren.*

➤ *Die einen lassen sich dabei von archaisch anmutenden Räucherutensilien inspirieren …*

Darüber hinaus findet derjenige Erholung und seine verwirrten Gedanken und Gefühle lösen sich auf, der den spiralförmig aufsteigenden Rauch bis zur Grenze seiner Auflösung verfolgt. Schließlich nimmt man mit jedem Atemzug die Botschaften der verräucherten Pflanzen auf – die Seele geht damit in einen Klang, geht in Einklang.

Über das Räuchern im Lauf des Jahreskreises können wir, gerade wenn wir kultische und rituelle Aspekte einbeziehen, eine tiefere Verbindung mit der Erde und eine geistige Anbindung zugleich finden. Das ist vielleicht die vorherrschende Sehnsucht in unserer modernen Zeit überhaupt – ob man sich dessen bewusst ist oder nicht, sei dahingestellt. Es geht um einen ganz freien, individuellen und bewussten Zugang zur Natur und den darin webenden geistig-göttlichen Kräften: als Quelle von Kraft und Heilung und bestehend aus unendlich vielen Qualitäten und Energien, die Körper wie Seele stärken können.

Wichtig dabei ist, innezuhalten. Im hektischen Alltag genau das zu tun, ist oftmals eine Herausforderung. Doch damit beginnt bereits der erste Schritt, sich mit den Rhythmen der Natur zu verbinden – in voller Aufmerksamkeit. Die Seele beginnt aufzuatmen. Was bisher durch den Lauf der Jahreszeit vielleicht nur unbewusst wahrgenommen wurde, fühlen und spüren wir mit Aufmerksamkeit möglichst klar und bewusst: Es kommt im Herzen wie auch im Kopf an. Wer sich im Gefühl nicht einfach zurückversetzt in die mythische Urzeit, sondern dies mit klarem Kopf tut, verbindet sich auf zeitgemäße Weise seelisch mit dem Ursprung von allem und dem Sinn des Menschseins. Dabei zu räuchern, verstärkt die seelisch-geistige Dimension. Auf eine tiefe Weise ist das Einssein mit einem größeren, übergeordneten Ablauf zu spüren. Ein vertrautes Gefühl von Geborgenheit und innerer Stabilität kann entstehen.

Bei der Verwendung von Räucherpflanzen werden auch die Botschaften des Pflanzenwesens für uns leichter zugänglich. Bei der Ernte trägt die

◄ … während die anderen eher das häusliche Umfeld sowie klare Formen und eine modern-urbane Ansprache bevorzugen.

Pflanze ja ganz unmittelbar die örtlichen und jahreszeitlichen Energien in sich. Durch das Verräuchern enthüllt sie ihre Seele – Pflanzenseele trifft auf Menschenseele. Verbindung und Verstehen gehen miteinander einher. Räuchern dient dazu, jene Botschaften zu entschlüsseln, die eine Pflanze für uns bereithält. Darüber hinaus ist die innere Resonanz, in die wir mit Rauch und Duft gehen, ein einzigartiger Zugang zu uns selbst. Wir finden zu unserer seelisch-geistigen Ebene.

Dadurch erhalten innere und äußere Veränderungen den Raum, den sie benötigen, um sich zu entwickeln. Nachdenken über Lebensthemen, sich aus bestimmten Beziehungen zurückziehen oder Zweifeln an dem, was man vielleicht die letzten Jahre getan hat, sind Beispiele dafür. Genauso wie die Erfahrung, sich wieder motiviert zu fühlen oder die Einsicht, dass es an der Zeit ist, tatkräftig ein neues Projekt anzugehen. Wenn wir uns mit dem Kraftfeld des Jahresrhythmus bewegen, kommen die stimmigen Veränderungswünsche von ganz alleine, Entwicklung und Bewegung entstehen fast „wie von selbst“.

Aus der Quelle der natürlichen Rhythmen Kraft schöpfen

Sich einen festen, eigens gestalteten Platz – drinnen wie draußen – für den bewussten Umgang mit den jahreszeitlichen Qualitäten einzurichten, verdeutlicht bereits eine innere Absicht und bewirkt etwas. Eine ganz zeitgemäße Idee ist, wenn Sie sich zuhause oder auch im Büro einen Altarplatz schaffen. Dazu gehört, sich von kirchlichen Assoziationen des Begriffes zu lösen.

Altar bedeutete schon seit jeher nichts anderes als einen Ort zu pflegen, an dem geehrt oder geopfert wird und ein ungestörtes Innehalten stattfinden kann. Man könnte auch sagen: an dem die persönliche Verbindung mit dem inneren Seelenraum Ausdruck findet. Unter „Opfer" können Sie etwas Persönliches und Materielles verstehen, das Sie der geistigen Welt und der Natur in Ehrerbietung darbringen – verbunden mit der Bitte um Kraft, Heilung, Einsicht oder einer anderen Thematik der „Gegengabe". Ihr ureigenster Altar muss nicht unbedingt groß und auffällig sein. Je nach Möglichkeit und Vorstellung reichen eine kleine Nische, eine Jahreszeitenecke im Wohnzimmer oder sogar ein paar Quadratzentimeter im Büro aus.

▼ *Feuer ist das einzige Element, das die Fähigkeit besitzt, die Dinge zu verwandeln. Niemand kann sich der ihm innewohnenden Kraft und Ausstrahlung entziehen.*

Schön ist es, die Gestaltung dem natürlichen Wandel draußen anzupassen: in Form bestimmter Farben, Symbole, Blüten oder Äste. Auch Fotos und eine Abwechslung des Räucherwerkes passen gut dazu. So nehmen Sie teil am Jahresrad, gerade an den gefühlten Übergängen von einer Jahreszeit in die nächste. Sie spüren solche Übergänge viel inniger als zuvor, wenn Sie die aktuellen Naturstimmungen auf Ihren Kraftplatz zaubern. Ihr Verstand und ihr Gefühl werden Teil des großen Naturrades, das sich da draußen immer weiter und weiter dreht. Durch Ihre Bewusstheit und klare Aufmerksamkeit entscheiden Sie dabei in jedem Augenblick selbst und ganz frei, welche Themen sie zurücklassen und ob etwas Neues hinzukommt. Beispiele dazu finden Sie in den acht Kapiteln über die Jahreskreisfeste.

Der Ursprung der Naturverehrung galt einst dem Weiblichen. Heute können wir das so fassen, dass damit die weiblichen Aspekte des Menschseins gemeint sind, sich also gerade auch Männer durch die Hingabe an die Qualitäten des Jahres seelisch öffnen und entwickeln können. Widmen Sie sich mutig Ihrer Innenwelt, den Gefühlen, Gedankenmustern, Handlungsimpulsen, der Intuition und vor allem auch Ihren inneren seelischen wie körperlichen Rhythmen. Der Zugang zur Weisheit des Herzens wird sich Ihnen mehr und mehr öffnen. Sie erkennen immer deutlicher tiefe Wünsche, Sehnsüchte, auch Ihre besonderen Fähigkeiten und Talente oder bisher versteckte Absichten Ihrer Seele, die im innersten Wesenskern schlummern und angeschaut werden wollen. Das müssen keine großen Themen und Projekte sein. Oft sind es gerade kleine Veränderungen in Beziehungen, im eigenen Verhalten oder in einer veränderten Wahrnehmung, die eine große Zufriedenheit bescheren. Jede bewusst durchgeführte Veränderung bedeutet letztlich Entwicklung und Reife und weist auf die Absicht Ihrer Seele im Leben hin.

Noch immer ist es so, dass an der Natur orientierte Feste überwiegend von Frauen gestaltet und besucht werden. Frauen können in ihrem Frausein dann ungenierter als sonst in die geballte weibliche Kraft eintauchen. Der lebendige Kontakt mit anderen Frauen prägt den Gemeinschaftssinn und führt in neue Herausforderungen. Auf diese Weise ist es möglich, die Schätze der schlummernden weiblichen Urqualitäten wieder zu heben. Die Freude am Dasein, pure Lebenskraft und der Kontakt zu den eigenen Gefühlen – um nur einige wenige Ausdrucksformen des Weiblichen zu nennen – können sich im Zusammenspiel zu einer Kraft formen, um gestärkt und motiviert die am Herzen liegenden Themen anzugehen.

Sich nicht nur mit den weiblichen, sondern auch den männlichen Urkräften im Rahmen der Jahreskreisfeste zu beschäftigen, kann den Alltag überaus vielfältig und tief machen sowie freud- und lustvoll bereichern. Der erste Schritt dazu besteht darin, den Zugang zur eigenen Intuition und Kreativität freizulegen und sich bei der jahreszeitlichen Ausgestaltung die Leitfrage zu stellen: „Wie fühlt es sich für mich gut an?“ Ein Richtig und Falsch gibt es dabei nicht. Dagegen zählen Hinweise, Ideen, Impulse. Auf was es vor allem ankommt, ist die feste Absicht, sich die jahreszeitlichen Qualitäten und Wendepunkte ins Bewusstsein zu rücken und so zu gestalten, dass es sich authentisch anfühlt.

Um der Seele und dem Körper den „Weltenwechsel“ zu signalisieren, ist es hilfreich, den Einstieg in ein Ritual immer mit den gleichen äußeren Handlungen zu begleiten. Das kann zum Beispiel die Abräucherung des Körpers mit immer derselben Räuchermischung sein, die Sie sich selbst zusammenstellen. Auch ein Räucherstab aus Weißem Salbei oder ein selbst hergestelltes Räucherbündel eignen sich dafür besonders gut. Beginnen Sie Ihre körperlich-seelische Reinigungsräucherung am besten an den Fußsohlen und lassen Sie den Rauch an Ihrem gesamten Körper entlanggleiten. Nehmen Sie sich dafür zehn bis 15 Minuten Zeit. Das ist ein wunderbarer Einstieg in Ihre persönliche Räucherauszeit. Der Duftimpuls aktiviert das Duftgedächtnis, Sie lassen los, was noch zum Alltag gehört und im Ritual außen vor bleiben soll.

▲ Vertraute Gruppe aus Gleichgesinnten als Sinnbild unserer Kultur: Die Wärme und das Licht des Feuers verbinden sich mit der Wärme und dem Licht seelenverwandter Menschen – in Liebe und Freiheit.

Zum Auftakt des wie auch immer gestalteten Hauptteils des Rituals können Sie ganz bewusst über eine symbolische Schwelle treten. Sie können beispielsweise über einen Ast oder einen imaginär gezogenen Kreis schreiten und auf diese Weise den inneren heiligen Kultraum betreten. Überlegen Sie sich zu guter Letzt einen fest bestimmten Abschluss. Danken Sie den herbeigerufenen Naturkräften, hilfreichen Geistwesen oder anderen Energien, die sich gezeigt haben, und verabschieden Sie sie würdig. Dazu können Sie ihnen beispielsweise ein kleines Speise- oder Trankopfer in einer eigens dafür gestalteten Nische Ihres Gartens oder an einem Baum im Wald darbringen.

Die acht Feste im Jahreskreis

Mariä Lichtmess, Imbolc

Den Sprung ins Licht wagen

Das neue Jahr fängt bei den meisten Menschen erst richtig wieder mit dem Arbeitsbeginn nach dem Feiertag am 6. Januar an: an den *Heiligen Drei Königen* oder *Epiphanias*. Nach der Auszeit über *Weihnachten* und den *Raunächten* heißt es, wieder in den „Alltagstrott“ zu finden. Der Januar ist oft noch still, leise und manchmal klirrend kalt. Er schenkt uns die Möglichkeit, uns langsam auf das neue Jahr einzustellen und die Eindrücke und Stimmungen aus den Raunächten nachklingen zu lassen und zu verdauen.

Unter der Erdoberfläche herrscht bereits Hochbetrieb. Die Samen bereiten sich auf das Keimen vor, sie fangen an, auszutreiben. Das alles passiert noch „im Geheimen“, im Dunkeln, unter der Erdoberfläche. Die Kräfte, die dort am Wirken sind, müssen gewaltig sein. Wie sonst können es so feine und zarte Gewächse wie das Schneeglöckchen schaffen, sich durch das gefrorene Erdreich zu bohren? An der Oberfläche angekommen, verkünden sie eine wunderbare Botschaft: das Ende des Winters und den baldigen Beginn des Frühling. Auch Winterlinge und Primeln gehören zu den ersten Frühblühern.

Die Pflanzenwelt zeigt uns jetzt einen beeindruckenden Vorgang, ein Wunder des Lebens: Im Samen ist bereits die gesamte Pflanze angelegt, in ihm steckt das Bild, wie sie aussehen wird. Der allererste Schritt in der wundersamen Verwandlung vom Samen zur fertigen Pflanze ist das Entfalten des Keimlings. Das ist ein Weitungsvorgang in Schüben, denn kalte Wintereinbrüche wechseln sich ab mit Phasen, in denen Sonnenstrahlen den Boden erwärmen. Die kleine Pflanze hält ihre Entfaltung im Einklang dazu immer wieder an. Sie hält inne, kehrt jedoch nicht wieder um, sondern übt sich im steten Wachsen und Werden. Geduldig erwartet sie die für sie beste Harmonie von Wärme, Nährstoffangebot und Licht, um dann irgendwann ihre Einzigartigkeit und ganze Schönheit ins Außen zu bringen.

Der Januar ist noch ein Monat des Überganges. Doch Anfang Februar wird die Veränderung in der Natur deutlich. Es scheint, als ob die Luft klarer ist, die Wärmekraft der Sonnenstrahlen nimmt zu. Das Tageslicht ist jetzt gegenüber der Winter-Sonnenwende etwa eine Stunde länger. Volkstümliche Redewendungen wie „Lichtmess – bei Tag ess!“ machen deutlich, dass nun wieder bei Tageslicht zu Abend gegessen wird. Bei den Bauern beginnt die Arbeit auf dem Feld – auch ein Zeichen der sich regenden Naturkräfte.

◄ Die ersten Wochen des beginnenden Jahres sind normalerweise von Stille und mildem Licht geprägt. Wir dürfen ruhen und einfach sein.

➤ *Die Märzenbecher neigen sich dem Boden zu. Die Pflanzenwelt ist noch verhalten – aber sie ist da!*

Datum:
2. Februar oder Vollmond um den 1. Februar

keltisches Hochfest:
Imbolc; Mondfest

christlich:
Mariä Lichtmess, Mariä Reinigung

Der Februar markiert also in mehrfacher Hinsicht einen Umschwung in einen neuen Abschnitt des Jahrlaufes, auch wenn der Winter noch immer da ist, kämpft und sich aufbäumt. So schnell will er sich nicht der Wärme und Milde beugen. Er kann sich durchaus überraschend in einem ordentlichen Sturm ausleben. Morsches Geäst, abgestorbene Zweige und alles, was seinen Kräften nicht standhält, fegt er hinweg. Es ist eine Zeit der Reinigung. Das ist wörtlich zu nehmen, denn *Februar* geht auf das lateinische *februare* zurück, was *reinigen* bedeutet. Im Deutschen gibt es für diesen Monat auch den Begriff *Hornung*. Jetzt ist die Zeit, in der die Hirsche ihr „Gehörn“, die Geweihe, abwerfen, damit ein neues, größeres wachsen kann.

Den eigenen Jahreskreis-Altar richten

Weiß und helles Gelb zusammen mit unterschiedlichen Brauntönen dominieren die Natur. Vollständig ausgegrabene und mit Moos dekorierte Schneeglöckchen sowie die gelblich aufgeblühte Zaubernuss erfrischen, zusammen mit gelben und weißen

◄ *Das sanfte Licht der Sonne im Februar wärmt manchmal eher von innen als von außen.*

Kerzen, das Auge beim Blick auf den geschmückten Tisch oder Altar. Wenn uns der Winter noch fest im Griff hat und sich draußen noch gar nichts tut, hilft ein Besuch im Blumenladen. Schön ist es auch, sich Postkarten oder Zeichnungen mit blühenden Frühjahrspflanzen ins Heim zu holen.

Die ursprüngliche Symbolik der „Farbe" Weiß finden wir im Ei. Es geht um den Uranfang, das Entstehen der Welt und des Lebens, um die Fruchtbarkeit. Das Ei als Sinnbild ist also nicht erst an *Ostern* bedeutsam, sondern kann bereits jetzt als sehr sinnstiftender Ritualgegenstand eingesetzt werden. Auch die weiße Farbe der Birkenrinde steht für den Neuanfang und gehört damit zu *Imbolc:* entweder als Bestandteil einer Räuchermischung oder als Rindenstück für eine Dekoration.

Hellgelb ist die lichteste und hellste echte Farbe. Sie hat etwas Strahlendes und Warmes und weckt die Erinnerung an das Sonnenlicht. Gelb wirkt als eine lebensentfaltende, anregende, erweckende und aktive Kraft. Es unterstützt wirklichkeitsgetreue, lebensnahe und fröhliche Gedanken, die sich auf die aktuelle Lebenssituation beziehen. Um ein neues Vorhaben in die Welt zu bringen und die Anfangsenergie zu nutzen, sind die Farben Weiß und Gelb also die perfekten Unterstützer.

Fehlen noch die Brauntöne. Sie versinnbildlichen die Erde, Bodenhaftung und Ruhe. In den noch winterlich anmutenden, braun-rötlichen Zweigen fließen zwar schon die Säfte. Doch noch treiben sie keine Blätter – und so kann der Blick unverstellt an der Fülle der Brauntöne verweilen und sich entspannen.

Passende Farben: Weiß, Hellgelb und Braun

◄ *In der Natur herrschen gedämpfte und gedeckte Farben vor. Der eigene Hausaltar steht dazu im Einklang.*

Die Reinigung steht im Mittelpunkt

Es gab zahlreiche Versuche, der Entstehung des keltischen Festes *Imbolc* auf die Spur zu kommen. Im Ursprung ist es wohl kein Fest des Jahresbeginns gewesen. Der Begriff *Imbolc* macht lediglich deutlich, dass es um die rituelle Reinigung von den Härten des Winters ging. Die etymologische Deutung von *in der Bauchhöhle* mit dem Hinweis auf die noch ungeborenen Lämmer im Bauch der Schafe, scheint auf die fehlerhafte Interpretation eines irischen Sprichworts zurückzugehen. Glaubwürdiger dagegen ist die Auslegung des französischen Linguisten Joseph Vendryes für die irischen Wortteile *imb*, was *um*, und *folc*, was *waschen, baden, reinigen* bedeutet: als Hinweis auf *Reinigung* oder eine *Rundum-Waschung*. Die wenigen volkskundlichen Überlieferungen machen zumindest eines deutlich: Die alten Rituale bezogen sich in vielen Fällen auf einen Hauskult, in dessen Mittelpunkt eine intensive Reinigung stand. Erst wenn alles sauber und ordentlich war, wurde die keltische Göttin *Brigid* eingeladen. An sie wurde die Bitte gerichtet, für die kommenden zwölf Monate das Haus und den Hof zu schützen. In manchen Regionen fertigten die Keltenchristen zu diesem Zeitpunkt aus Strohhalmen kunstvoll das sogenannte *Sankt-Brigids-Kreuz*.

In der irischen Mythologie steht die Göttin *Brigit* oder *Brigid* an *Imbolc* im Mittelpunkt. Sie war die Göttin des Feuers, des Herdes, der Heilung und Geburt. *Brigid* bringt das Eis zum Schmelzen und erwärmt mit ihrem Feuer die gefrorene Erde. Als Schutzheilige des Schmiedehandwerks wachte sie über das formbare Eisen ebenso wie über die ab *Imbolc* zu schmiedenden Pläne und Vorhaben der Menschen. Diese müssen bereits jetzt innerlich reifen, wenn es im Herbst eine Ernte geben soll. In Darstellungen umlodern Feuerzungen *Brigids* Kopf – ein Sinnbild dafür, dass sie das innere Feuer und die Intuition entfachte.

Die Züge der uralten Muttergöttin, die in jeder Kultur eine Selbstverständlichkeit waren und für Fruchtbarkeit und Schutz sorgten, setzen sich in ihr fort. Ihre Ausprägung als „dreifache“ Göttin teilt sie mit vielen anderen Göttinnen und auch mit den bekannten keltischen Matronen, *Matres* oder *Matronae* genannt. Im Kult um die dreifaltige Göttin verkörpern sich immer die Aspekte Leben, Tod und Wiedergeburt oder auch die Jungfrau, die Mutter und die Alte. In den Darstellungen der Matronen auf keltischen Weihealtären lebt der Charakter der Dreifaltigkeit ebenfalls fort. Sie stehen stets für das Mütterliche, die Verbundenheit mit der Natur und den Schutz. Oftmals sind sie von Natur- und Fruchtbarkeitssymbolen wie Früchten, Brot oder Kindern umgeben.

Eng verbunden mit der Göttin *Brigid* ist die Birke mit ihren Frühjahrskräften. Wie kein anderer Baum steht sie für Reinigung und Neubeginn. Sowohl *Brigid* als auch *Birke* gehen beide auf den Wortstamm *glänzend* oder *hell* zurück, was sich bei *Brigid* auf ihre frühlingshafte Erscheinung bezieht

▼ *Wie einst die keltische Naturgöttin Brigid das Eis des Winters zum Schmelzen brachte, so kann die Glut der Räucherkohle helfen, innere Kälte in Wärme zu verwandeln.*

◄ *Ein schönes und achtsam verwendetes Räucherbündel auf einem modernen Weihealtar. Der Weiße Salbei unterstützt Reinigungsprozesse sehr effektiv.*

und bei der Birke auf ihren hell glänzenden Stamm. Der Trend, im beginnenden Frühjahr den Stoffwechsel mit den reinigenden Kräften von Birkensaft und den ersten Kräutern wie Löwenzahn, Gänseblümchen oder Brennnessel zu aktivieren, knüpft damit gewissermaßen an die Tradition des reinigenden *Imbolc*-Festes im Sinne der Bedeutung einer Rundum-Reinigung an.

Im frühen Mittelalter und im Zuge der Christianisierung Irlands verlagerten sich die Funktionen der keltischen *Brigid* auf die *Heilige Brigitte,* die am 1. Februar gestorben war. Die Verehrung hatte jedoch nichts mehr mit *Imbolc* zu tun, sondern fand im Kult um eine zum Christentum konvertierte einstige Heidin ihren Ausdruck. Als eine der drei wichtigsten Schutzheiligen Irlands wurden ihr herausragende Leistungen zugeschrieben, die an die göttliche *Brigid* erinnern: die Vermehrung von Speisen, Met und Gerste, die Segnung von Apfelbäumen, die Förderung von Ehe und Mutterschaft sowie die Aufgabe als Helferin bei den Geburten und in Notsituationen.

Mitte Februar wurden im römischen Reich die *Lupercalien* gefeiert, ein Reinigungs- und Fruchtbarkeitsfest zu Ehren des Gottes *Faunus* – bis hinein in die Spätantike: Tieropfer sollten gewährleisten, dass das Land, die Menschen und die Herden fruchtbar blieben. Frauen wurden dabei spielerisch mit den in Streifen geschnittenen Fellen der geopferten Tiere geschlagen, was reichen Ehesegen bringen sollte.

Auch im katholischen Christentum ging es hauptsächlich um Reinigung, nicht dagegen um Fruchtbarkeit. Am 2. Februar werden traditionell die Tannenbäume aus den Kirchen geräumt und die Krippefiguren wieder bis zum nächsten Weihnachtsfest verstaut. Dieser Tag markiert das letzte Fest, das sich noch auf die Weihnachtszeit bezieht und diese abschließt. Der biblische Bezug dafür stammt aus dem Alten Testament: Frauen galten demnach 40 Tage nach der Geburt eines Sohnes und 80 Tage nach der Geburt einer Tochter als unrein. Sie mussten sich im Tempel einer kultischen Reinigung, die das Opfern eines Lammes oder einer Taube umfasste, unterziehen. Ab dem 25. Dezember gerechnet, ist das Ende der 40 Tage genau am 2. Februar erreicht.

Lichtmess veränderte die Bedeutung von *Imbolc.* Das Fest wurde nicht mehr aus dem Wechsel der jahreszeitlichen Kräfte abgeleitet, sondern errechnet. Die reinigende Kraft der jahreszeitlichen Stimmung wurde kultisch mithilfe eines kirchlichen Rituals hervorgehoben, das mit der weiblichen Unreinheit nach einer Geburt begründet wurde und nicht mit den erwachenden Körpersäften im Frühjahr. Der heidnische Vorläufer, der die Wiederkehr des Lichtes feierte, war eine Sühneprozession, die ursprünglich im alten Rom abgehalten wurde. Mittelpunkt dieses Festes waren das Weihen von Kerzen und eine Lichterprozession. Daraus leitete sich dann *Mariä Lichtmess* ab. Die Kerzen wurden als Sinnbild für das Licht geweiht, das Marias Sohn Jesus als Christus in die Welt brachte. Beim innigen Beten oder bei Unwettern zündeten die Gläubigen eine geweihte Kerze an, um göttlichen Beistand oder Schutz zu erbitten.

➤ *Der Fünfstern ist ein altes magisches Schutzsymbol – für Menschen wie für Tiere.*

Ein weiteres heidnisches *Lichtmess*-Symbol, das im christlichen Brauchtum weiterlebte, war das Aufhängen eines aus Wachs geformten *Drudensternes*, eines *Pentagrammes*. In der altdeutschen Mythologie werden unter Druden weibliche Nachtgeister verstanden, die auf den Menschen heilsam oder verderblich wirken können. Der *Drudenfuß* oder das *Drudenkreuz*, auch *Fünfstern* genannt, sollten vor bösen Druden oder Geistern schützen. Er war ein Symbol für Gesundheit und hielt, über der Stalltür angebracht, die Tiere gesund.

Die Ursprünge von Fasching und Karneval

Im weiteren Verlauf des Februars treffen wir noch auf *Fasching*, *Fasnacht* oder den *Karneval* und auf die *Fastenzeit*. Die Vorläufer des heutigen *Karnevals* gehen zurück bis auf das alte Mesopotamien, dem Land mit den ersten Stadtkulturen. Etwa bereits 3000 vor Christus feierten die Mesopotamier ein siebentägiges Fest zu Ehren eines Gottes. In dieser Zeitspanne schwanden alle gesellschaftlichen Unterschiede: Bei den wilden Festivitäten war die Sklavin ihrer Herrin gleichgestellt, ebenso der Sklave seinem Herrn. Bis heute ist es das charakteristische Merkmal des *Karnevals*, dass dann alle Menschen gleichgestellt sind.

Auch in vielen Kulturen des Mittelmeerraumes gab es ähnliche Feste. Alle beziehen sich auf das Erwachen der Natur im Frühling. Die Ägypter feierten zu Ehren ihrer Muttergöttin Isis, der Erd- und Regengöttin, ein ausgelassenes Fest, ebenso wie die Griechen zu Ehren ihres Gottes Dionysos. Er war der Gott des Weines, der Trauben, der Fruchtbarkeit und der Ekstase und wurde auch als „Sorgenbrecher" bezeichnet. Er war mit seinem Gefolge immer laut und lärmend unterwegs. In Rom wurden dann, hunderte Jahre später, ab 45 nach Christus die *Saturnalien* begangen, zwar im Dezember, jedoch mit derselben Absicht. Sie bezogen sich auf Saturn, jenen Gott, der für die Fruchtbarkeit der Felder zuständig war und den Bauern die Kunst des Acker- und Weinbaus brachte. Auch bei den *Saturnalien* war der wichtigste Aspekt die Aufhebung der Standesunterschiede.

Sowohl in der keltischen als auch beispielsweise der griechischen Kultur ging es also nicht um das Austreiben des Winters, sondern darum, die schlafende Natur zum Leben zu erwecken und die Fruchtbarkeit von Mensch und Erde wachzurütteln. In den *Fasnachts*-Bräuchen der Alpenregion zeigt sich jedoch deutlich, wie sich christliche Sichtweisen und damit das duale Prinzip von Gut und Böse mit vorchristlichen Kulten verbanden. Das Austreiben der Winterdämonen spielt eine große Rolle. Die ursprüngliche Verehrung der Fruchtbarkeit schimmert aber noch immer durch und zeigt sich in den lodernden Flammen der Funkenfeuer, die im Allgäu, in Oberschwaben, im Schwarzwald und auch in der Schweiz noch immer Brauch sind. Das Feuer bringt Licht und Wärme und lässt die winterliche Kälte vergessen. Und an der Höhe der Flammen lässt sich das Maß der Fruchtbarkeit für das kommende Jahr ablesen. Die über die Felder gestreute Asche gilt als besonders heilkräftig.

Sich persönliche Fragen stellen

Die Zeitqualität, die uns diese Jahreszeit zur Verfügung stellt, ist geprägt von zwei Aspekten: Es ist die Zeit des Umschwungs oder Neubeginns und des Reinigens. Es stehen uns also jetzt Kräfte für einen Wechsel und Neuanfang zur Verfügung. Wir können die sich erneuernde Qualität des beginnenden Frühjahrs vielfältig nutzen: beispielsweise für äußeren wie inneren Aufbruch, für Inspiration oder für Klarheit, in welche Richtung uns das laufende Jahr führen könnte. Damit können seelische und kreative Samen, die in uns am Keimen sind, gut wachsen und gedeihen.

◄ Die Schönheit und Ausstrahlung der Räucherutensilien hilft dabei, sich mit bestimmten Fragen auf eine Seelenreise zu begeben.

FRAGEN ZUR JAHRESZEITLICHEN QUALITÄT

- » Welche Samen – Pläne, Vorhaben, Ideen, Projekte – schlummern in mir, die ich zum Keimen bringen möchte?
- » Welchen Themen in meinem Leben möchte ich mehr Form und Kraft geben?
- » Was kann ich aus den jetzt sichtbaren Kräften in der Natur für mich ableiten? Welche Kräfte in dieser Jahreszeit könnten mir in meinem Leben gut tun?
- » Welches innere Licht möchte ich in den kommenden Monaten ins Außen bringen? Ist es ein Wunsch, den ich umsetzen möchte, ein Talent, das ich fördern will? Möchte ich etwas Neues lernen? Oder mich auf die Spur machen, die Absicht meiner Seele im Leben zu ergründen?
- » Gibt es etwas, das ich schon lange tun will? Was brauche ich, um alle meine Kräfte auf die Verwirklichung auszurichten?
- » Wo braucht mein Leben Erneuerung? Gilt es, in einem bestimmten Bereich die Richtung zu ändern? Im Beruf, in meiner Beziehung, in Freundschaften? In der Art und Weise, wie ich mich organisiere und die Schwerpunkte lege in meinem Leben?
- » Welche lange gehegten Pläne und Impulse möchte ich nun endlich in Angriff nehmen und dafür auch die Eigenverantwortung übernehmen?
- » Was ist so stimmig, dass es mein Herz freudig schneller schlagen lässt? Womit kann ich mich und andere begeistern?

➤ *Im wohnlichen Umfeld für Klarheit zu sorgen, ist gerade an Lichtmess sehr sinnvoll und entlastend.*

Der Aspekt des Reinigens kann sich auf unterschiedliche Ebenen beziehen: Die körperliche, die seelische und die räumliche. Frühjahrskuren zur körperlichen Entschlackung sind seit Jahren sehr beliebt. Es gibt viele hilfreiche Rezepte mit den ersten heimischen Kräutern, die die Leber entgiften und die Galle- und Nierentätigkeit anregen. Auch ist im Februar oder März die ideale Zeit, um im Haus alles einmal wieder so richtig auf Vordermann zu bringen – der klassische Frühjahrsputz ruft. Beides, die körperliche wie die räumliche Reinigung, haben einen guten Grund: Wir verscheuchen die letzten Überreste und Schlacken des Winters, um dem Neuen Platz zu machen, das mit dem jetzt zunehmenden Licht einziehen möchte.

Diese Formen der Entschlackung wirken in nicht zu unterschätzender Weise wiederum auf die seelische Ebene. Das Reinemachen und Entrümpeln im Außen sortiert das Innere und schenkt Wohlbefinden und Leichtigkeit. Ihre Erlebnisse, Träume und Sehnsüchte, die sich in den *Raunächten* gezeigt haben, konnten im Januar nachklingen.

Die Fragestellungen im Kasten mögen zwar manchmal ähnlich klingen, doch kann die jeweilige Wortwahl oder thematische Schwerpunktsetzung seelisch etwas Eigenes anregen. Es ist weniger wichtig, alle Fragen zu beantworten als vielmehr, sich eine oder zwei herauszunehmen und sich in diese zu vertiefen. Sie könnten dazu folgenden Versuch ausprobieren: Lassen Sie die Antworten von Ihrem Kopf in den Bauch rutschen und versuchen Sie, diese zu fühlen und körperlich zu spüren. Mit welchem Gefühl, Geschmack, Geruch geht die Antwort einher? Macht sie Sie weit, verleiht sie Ihnen Flügel, zaubert sie Ihnen ein Lächeln ins Gesicht?

Und noch ein kleiner „Trick“: Sprechen Sie die Antworten auf Ihre Fragen mehrfach laut aus – am besten kurz und knackig! Worte sind Schwingung. Diese Schwingung erreicht den Körper und berührt Sie bis auf Zellebene. Immer, wenn Sie Ihre Antworten laut wiederholen, wird etwas in Ihrem Körper angestoßen. Wenn Sie geschickt sind im Skizzieren und Zeichnen, dann können Sie Ihre Antworten natürlich auch sehr gut in diese Form bringen. Möglicherweise finden Sie eigene Symbole, die für Sie stimmig sind und Sie seelisch bereichern. Auch das Plastizieren oder eine musikalische Form des Umganges kann ein Thema auf ganzheitliche Art vertiefen.

Selbst gestaltete Rituale mit Räucherwerk begleiten

Geeignete Räucherstoffe für die jetzige jahreszeitliche Kraft finden Sie auf der Seite 168. Alternativ passen auch folgende Räucherstoffe: Elemi, Dammar, Weißer Salbei, Eukalyptusblätter und -rinde, Lorbeerblätter, Eisenkraut, Alantwurzeln und -blüten, Johanniskrautblüten, Thymian, weißer Copal, Sal. Was Sie außerdem brauchen, sind ein hartgekochtes Ei, einen Filzstift sowie kleine Zettel, um darauf Ihre Visionen, Wünsche, Ideen und Vorhaben festzuhalten. Zudem noch einen Mörser und Räucherutensilien.

Die Ritualeröffnung erfolgt wie üblich mit einer Abräucherung mit Salbei oder reinigendem Räucherwerk nach Wahl. Sie können die Kräfte rufen, die Ihnen wichtig oder nahe sind: Die vier Elemente, die vier Himmelsrichtungen und besonders die Kraft des Lichtes. Das könnte sich etwa so anhören: „Ich rufe die Kraft des neugeborenen Lichtes in meinen / unseren Kreis. Bitte nähre mich / uns mit deinen hellen Strahlen." Vertiefen Sie sich während der Reinigungsräucherung in eine oder mehrere der obigen Fragen. Sie müssen diese aber nicht überformal „abarbeiten". Falls sich ein anderes, Sie jetzt und hier bewegendes Thema zeigt, das mit der *Lichtmess*-Qualität betrachtet werden möchte, widmen Sie sich diesem. Gehen Sie stets mit der jeweiligen Energie, die sich in Ihrem Inneren zeigt.

Wenn lange gehegte Wünsche oder Sehnsüchte auftauchen oder Gedanken und Impulse, die eine Anziehungskraft haben, dann nehmen Sie diese in Ihr Blickfeld. Möglicherweise gelingt es Ihnen, diese in klare Worte zu fassen. Halten Sie sie auf den kleinen Zetteln fest. Als Formulierung ist es immer besser, nicht nur ein Hauptwort festzuhalten, sondern es mit einem Verb, einem Tun-Wort, zu ergänzen: beispielsweise „neue Stelle suchen". Das macht Ihr Vorhaben lebendiger und vertieft die Wirkung.

Nehmen Sie dann Ihr hartgekochtes Ei in die Hand und beschriften Sie es mit dem Stichwort oder einem Sinnbild dafür, was Sie an Kräften, Eigenschaften, Verhaltensweisen oder Unterstützung von außen benötigen, um Ihr Vorhaben „das Licht der Welt erblicken" zu lassen. Danach schälen Sie die Eierschale ab. Die Schale sollte innen nicht mehr feucht sein. Falls das dennoch so sein sollte, ziehen Sie die kleine Haut an der Schale ab. Zermörsern Sie die Eierschale zusammen mit Ihrer Räuchermischung. Sie können dabei laut und deutlich gute Segenswünsche aussprechen und auf diese Weise gewissermaßen in die Mischung mit hineinreiben.

Danach verräuchern Sie bewusst und aufmerksam Ihre Mischung. Sie können sich dabei vorstellen, wie die Kräfte, mit denen Sie die Eierschale aufgeladen haben, sich jetzt transformieren und Sie bei Ihren Plänen in den nächsten Wochen unterstützen werden.

Die Zettel, auf denen Sie alles festgehalten haben, bewahren Sie in einer schönen Schatulle oder einem Briefumschlag auf Ihrem Jahreskreis-Altar auf. Um die Wirkung zu verdichten, empfiehlt es sich, bewusst vorzugehen und auf die Schönheit des Umschlages oder der Schatulle zu achten. Sie können auch mit ungewöhnlichen Beschriftungen arbeiten, beispielsweise mit „Mein Licht in der Welt" oder ähnlichem. Hier ist Ihre ganz persönliche und ungezwunge Kreativität gefragt, bei der Sie, ganz passend zur Jahreszeit, alte Gewohnheiten oder Rollen über Bord werfen und in neue Rollen und Sichtweisen der Welt schlüpfen dürfen.

Und was passiert mit dem geschälten Ei? Es bietet sich entweder als Opfer für die Kräfte und Wesen der Natur an – oder Sie verspeisen es: ganz langsam und bewusst. Auf diese Weise legen Sie einen seelischen Keim dafür, dass die mithilfe der Eierschale verwandelten Kräfte in Ihnen aufgehen können. Schließen Sie das Ritual wie gewohnt ab, indem Sie allen unterstützenden und herbeigerufenen lichten Kräften und Naturwesen danken.

◄ *Eine Eierschale in die Mischung zu geben kann beim Räuchern dazu beitragen, sich von alten, nicht mehr stimmigen Schichten zu lösen.*

Frühlings-Tag-und-Nacht-Gleiche, Ostern, Ostara

Das Gleichgewicht halten

Nur an zwei kurzen Stellen im Jahreslauf halten sich Tages- und Nachtlänge genau die Waage: Am 21. März zur *Frühlings-Tag-und-Nacht-Gleiche* und im Herbst am 21. September. Die Kälte hat sich im März weiter zurückgezogen. Die Sonne zieht zunehmend höher über den Himmel und die Wärme der Strahlen wird intensiver spürbar. Die Tage werden wieder länger!

Das Wetter kann noch rau sein. Regen, Wind, Schnee und Sonne wechseln sich ab. Auch das Leben in der Natur zeigt sich mit einer neuen Dynamik und mit der ihr innewohnenden unbändigen Kraft. Das Keimen und Wachsen sind jedoch nicht mehr aufzuhalten. Zahllose Triebe durchstoßen – voller Zartheit und doch mit wilder Lebenskraft – den Boden. Sie strecken sich dem Licht entgegen.

Die Frühblüher haben Hochsaison, unter den ersten der Huflattich, gefolgt von Schuppenwurz, Märzenbecher, Veilchen, Anemonen, Schlüsselblumen, Lungenkraut, gelben Busch-Windröschen, Blaustern und dem Bärlauch. Die Zeit für die Frühblüher ist beschränkt. Sobald sich das Blätterdach des Waldes ganz geschlossen hat, müssen sie ihr Wachstum abgeschlossen haben. Nur ausreichend Licht ermöglicht die Fotosynthese. Bei einem Waldspaziergang können Sie bereits jetzt erste Zutaten für Räuchergut sammeln: Blüten von Veilchen und Schlüsselblume. Obwohl letztere unter Naturschutz steht, dürfen Sie die Blüten ernten, die Wurzel allerdings nicht. In einer Räuchermischung sehen die blauen Veilchen und die gelben Schlüsselblumenblüten nicht nur hübsch aus, sondern entfalten eine besondere Wirkung: Sie vertreiben Traurigkeit, Schwermut und belastende Gedanken.

Datum:
21. März

meteorologisch:
Frühlings-Tag-und-Nacht-Gleiche, Frühjahrsäquinoktium

germanisch:
Ostara, Sonnenfest

neuheidnisch:
Alban Eiler, Licht der Erde

christlich:
Ostern

◄ *Die Natur lockt immer mehr nach draußen. Der Winter muss dem Frühling weichen.*

▲ *Gelbe Schlüsselblumen und lilafarbener Lerchensporn sind die ersten farbigen Sprengsel im Wald.*

➤ *Die Gärtnerseele frohlockt und will Naturkraft sein: Sie will säen und pflanzen und mit der gesunden Erde umgehen.*

Im Frühling kehren immer mehr Vögel aus den südlichen Gefilden zurück, die Farbenvielfalt nimmt überall zu. Die Kraft des Wachstums, die zunehmende Fülle und die nach außen drängende Fruchtbarkeit sind unübersehbar. Bienen verlassen ihren Stock, Igel erwachen aus ihrem Winterschlaf. Die ersten milden Nächte sind der Startschuss für den Wanderzug von Kröten, Molchen und Grasfröschen. Auch bei uns tut sich etwas: Es gibt nicht nur die bekannte Frühjahrsmüdigkeit, sondern ganz daneben auch rauschartige Frühlingsgefühle.

Den eigenen Jahreskreis-Altar richten

Die gelbe Farbe frisch geschlüpfter Hühner- oder Entenküken berührt uns immer. Auch viele Harze weisen einen milden Gelbton auf, der nicht Wenige unmittelbar anspricht; ganz besonders der Bernstein, der auch als *Sonnenstein* bezeichnet wird. In Asien steht die Farbe Gelb für Glückseligkeit, Weisheit und Harmonie. Schamanen vertrieben dort früher in Heilzeremonien schlechte Energie gerne mit gelb gefärbtem Reis. Auch kam bei vielen Indianerstämmen die Farbe Gelb zum Einsatz, um damit Heilkräfte zu wecken.

Zartes Lila ist eine Mischung aus Rot und Blau. Diese Farbe besitzt etwas Visionäres, Heiteres, Leichtes und wirkt harmonisierend und ausgleichend. Daneben steht sie für Transformation und Wandlungskraft. Das helle Grün schließlich hat mit Ins-Tun-Kommen, Wachstum, Leben, Frische, Erneuerung und Aufblühen zu tun.

Das germanische Brauchtum verändert sich ins Christliche

Die *Frühlings-Tag-und-Nacht-Gleiche* markiert in einigen Kalendersystemen den Jahresbeginn, beispielsweise im iranischen Kulturraum. Dort heißt das Neujahrs- und Frühlingsfest *Nouruz,* was *neuer Tag* bedeutet: *nou* ist *neu* und *ruz* ist der *Tag.* Was unsere Wurzeln betrifft, muss man sagen, dass die *Frühlings-Tag-und-Nacht-Gleiche* nicht zu den wesentlichen keltischen Festivitäten zählte. Auch germanische Wurzeln sind nicht verbürgt. Selbst die Existenz der germanischen Frühlingsgöttin *Ostara,* die dem *Oster*-Fest ihren Namen geliehen hat, ist umstritten.

Manche Brauchtumsforscher gehen aber durchaus von einer germanischen *Ostara* aus, die sie in Verbindung mit anderen, indogermanischen Frühlingsgöttinnen sehen. Ihr Argument dafür lautet: Es gibt eine gemeinsame uralte Wortfamilie, die sich auf die Sonne bezieht. Eine Interpretation dabei fußt darauf, dass *Ostara* die im Osten aufgehende Sonne, die Morgenröte verkörpert. Was auf jeden Fall belegt ist: Bei den Germanen hat es ein Frühlingsfest gegeben, das mit einer bestimmten Gottheit verbunden war, nämlich mit *Eostra,* der Göttin, die laut dem englischen Kirchenhistoriker Beda Venerabilis (673–735) dem April als *Eosturmonath* ihren Namen lieh. Mit *Eostra* werden – und das hat sie mit vielen anderen germanischen Göttinnen gemein – eine frühlingshafte Fruchtbarkeit sowie die Aspekte Fülle und Wachstum verbunden.

▲ *Farbwechsel am Hausaltar: Das Grün des Wachsens und Werdens dominiert.*

Passende Farben: Gelb, Lila und Hellgrün

Wer sich in der germanischen Mythologie bewegt und die Darstellungen einer wie auch immer genannten Frühlingsgöttin betrachtet, findet leicht die Verbindung zu den bekannten Ostereiern und zum Osterhasen. Auf einer reich geschmückten Kutsche fliegt die germanische Göttin von Osten kommend über die Felder und verteilt Eier, Symbole für die Entstehung des Lebens und Zeichen der Fruchtbarkeit. Archäologen fanden Eier beispielsweise als Beigabe in römisch-germanischen Gräbern aus dem 4. Jahrhundert nach Christus. Sie sind Sinnbild für Wiedergeburt.

▲ *Ein Ursymbol – das Osterei. Es versinnbildlicht Fruchtbarkeit und den Beginn des Frühlings.*

Die Amtskirche übernahm den aus dem Germanischen stammenden Glauben an die Kraft der Eier. Gläubige Christen aßen in der Fastenzeit keine Eier, da es ihnen um Enthaltsamkeit ging. Bis zum großen *Oster*-Fest hatte sich also ein ordentlicher Vorrat frisch gelegter Eier angesammelt, den es haltbar zu machen galt. Die gekochten Eier, wurden – zur Unterscheidung von den rohen – eingefärbt. Die Farbe Rot stand in der Passionszeit für das vergossene Blut Christi. Die Gläubigen nahmen die gefärbten Eier an *Ostern* mit in die Kirche, um sie weihen zu lassen.

Zurück zu *Ostara:* Ihre Glück verheißenden Tiere sind Hasen und Marienkäfer. Die Fruchtbarkeit von Hasen hat sich im Spruch „es wie die Karnickel treiben" gehalten – auch wenn Karnickel sich auf Kaninchen beziehen, die mit den Feldhasen lediglich verwandt sind. Das Paarungsverhalten der Hasen, das in der vorösterlichen Zeit für die naturnah lebenden Menschen nicht zu übersehen war, wurde zum idealen Sinnbild für die berstenden Kräfte in der Natur.

Die biblisch orientierte Amtskirche erkannte im Hasen auch ein Tier, das mit der Mission Jesu Christi in enger Verbindung stand. Er versinnbildlichte unter anderem die Ängstlichen und Schwachen, die in der Kirche Christi Trost und Zuflucht fanden. Tatsächlich leisteten unzählige Christen über Jahrhunderte hinweg vielen Bedürftigen selbstlose Hilfe. Vermutlich hängt damit der bis ins 16. Jahrhundert andauernde Brauch zusammen, in dem neben dem Hasen auch weitere Tiere für das Eierlegen zuständig waren: in Tirol die Osterhenne, in Deutschland der Fuchs, in der Schweiz der Kuckuck. Erst ab dem 19. Jahrhundert setzte sich im Bürgertum der Osterhase als „Oberhaupt" der österlichen Symboltiere durch.

Ostern gehört im Christentum bis heute zu den wichtigsten und ältesten Festen und ist im Kirchenkalender genau festgelegt. Der Frühlingsbeginn ist mit *Mariä Verkündung* der 25. März. Denn neun Monate vor der Geburt des Jesusknaben am 24. Dezember wird Maria das bevorstehende Ereignis durch den Engel Gabriel verkündet. Ursprünglich war der 25. März also ein Marienfest, das auch als *Frauentag in den Fasten* und *Marien Engelgruß* bezeichnet wurde. *Mariä Verkündung* galt – neben *Mariä Lichtmess* Anfang Februar – als ein weiterer Tag der Wiedergeburt des Lichts, was in der Natur gegen Ende März sehr deutlich war. Hier finden sich Spuren der einstigen Verehrung der Natur.

Wie uraltes Brauchtum bis heute weiterlebt

Neben der christlichen Sichtweise haben sich die Veränderungen in der Natur als Anlass für Feste im Brauchtum des Volkes noch lange gehalten, zum Teil und regional bis heute: Beispiele sind die *Feldweihe* oder das *Osterfeuer*. Bei der *Feldweihe* stecken die Bauern an jeder Ecke des Feldes ein Sträußchen aus Frühlingsblühern und Palmzweigen, meist zusammen mit einer Kerze, in die Erde.

Gerade den Palmzweigen, auch Weidenkätzchen genannt, wurden besondere Heilkräfte zugeschrieben: Sie sollten Unwetter und Krankheiten abwehren und die Fruchtbarkeit in Haus und auf dem Feld anregen. Solche Palmbuschen fanden nach einem Segnungsritual in der Kirche ihren Platz auch im sogenannten Herrgottswinkel, einem mit einem Kruzifix gezierten Eck für die häusliche Andacht. Oft befindet sich der Herrgottswinkel über dem Esstisch oder auch im Stall.

Auch das Schmücken der örtlichen Brunnen hat sich bis heute gehalten. Im Frühjahr wurden früher die Dorfbrunnen gereinigt, um so für sauberes Wasser zu sorgen. Im frühlingshaften Brunnenschmuck aus Palmkätzchen, Buchsbaum und Fichtenzweigen lässt sich die tiefe Dankbarkeit des Volkes für das reine Wasser erkennen, das nicht nur für unsere Gesundheit, sondern auch für das Wachstum in der Natur eine so große Bedeutung hat.

An immer mehr Orten gibt es in jüngerer Zeit auch wieder *Osterfeuer*, die in manchen ländlichen Gegenden seit eh und je ein fester Bestandteil der Osterbräuche waren. Junge Burschen zünden auf einer Hügelkuppe ein Feuer an. Das sollte alle Felder und Äcker, von denen aus das *Osterfeuer* gesehen werden konnte, göttlich beschützen und segnen. Die Asche des *Osterfeuers* streuten sie auf die Felder aus, um sie fruchtbarer zu machen. Ein weiterer Brauch ist das Sonnenrad aus Holz. Hierfür werden Stroh und grüne Zweige um ein Wagenrad gewickelt, das danach am *Osterfeuer* angezündet wird und schließlich brennend vom Hügel aus ins Tal rollt. Dieser Brauch kündet vom Sieg der Sonne über den Winter und holt symbolisch die Kraft und die Wärme der Sonne auf die Erde.

In solchen Kulten wirkt der uralte Erweckungsmythos nach, in dem der frühlingshafte Sonnengott und die junge Erdgöttin als jugendliche Gespielen im Mittelpunkt stehen. Der Sonnengott wird sich Ende März seiner immer mehr erwachenden und wilden Kräfte bewusst. Er entwindet sich der Macht des schwächer werdenden Winters.

◄ *Ein Palmbuschen aus blühenden Weidenzweigen: Wie schön und kräftigend kann es sein, sich mit dem alten Brauchtum wieder zu verbinden!*

➤ *Auch im Altbau der Großstadt klopft der Frühling an die Tür. Passendes Räuchergut lockt ihn vollends in die eigenen vier Wände.*

Sein erfolgreicher Kampf bringt den Sieg des Lichtes über die Dunkelheit: Der Tag ist ab jetzt wieder länger wie die Nacht. Der heldenhafte Gott küsst und weckt sodann mit seinen Strahlen die schlummernde Frühlingserde, die Frühlingsgöttin, vollständig aus ihrem Winterschlaf und vereinigt sich mit ihr. Es folgt die Verlobung des Sonnengottes mit ihr. In dieser Vereinigung wird der neue Sonnengott gezeugt, der dann neun Monate später, zur Winter-Sonnenwende, geboren wird.

Sich persönliche Fragen stellen

Die wärmer werdenden Sonnenstrahlen wecken unsere Lebenskräfte, es zieht uns unwiderstehlich nach draußen. Der Aufbruchsstimmung, die wir durch die zunehmende Sonnenkraft und die längeren Tage empfinden, kann sich kaum jemand entziehen. Die Schwere der dunklen Jahreszeit, Trägheit und Unsicherheit sind überwunden. Die Zeiten für Rückschau, des Innehaltens und auch des Zweifelns liegen hinter uns. Wir nehmen Abschied von den „Geistern" des Winters, den bedrückenden Gedankenkräften, die die dunklen Monate oft begleiten. Nach dem „Winterschlaf" bestimmt das äußere, von zunehmenden Sinnesreizen gesättigte Leben die Tagesdynamik.

Für eine abschließende intensive Hausräucherung ist jetzt der ideale Zeitpunkt, am besten nach dem Frühjahrsputz. Damit reinigen wir den äußerlichen Raum um uns herum und schaffen die Grundlage für das, was in den nächsten Monaten kommt. Vom Keller bis zur Bühne und vom Kleiderschrank im Schlafzimmer bis zum Büro findet sich oftmals ganz viel, was sich unnötigerweise angesammelt hat. Der Weiße Salbei hilft hier besonders gut beim Ausräuchern, denn seine deutliche Botschaft lautet: „Altes muss raus – Platz für Neues schaffen!"

Mit der *Frühlings-Tag-und-Nacht-Gleiche* beginnt die Zeit der Kreativität und des zielstrebigen Handelns. Vorhaben, Ideen, Pläne – und seien es noch so kleine Veränderungen auf der Wunschliste – können wir jetzt sehr gut umsetzen. Der sich regende Seelenkeim in uns möchte sich entfalten.

Wir spüren Lebenslust, Mut und Tatendrang. Es ist Zeit, auch Verantwortung für unser Handeln zu übernehmen und zu den Folgen zu stehen. Neben Schöpfertum und Mut zum Handeln geht es zudem darum, einen Zugang zu unserer Durchsetzungskraft zu finden. Wir brauchen dafür nicht nur Intuition, sondern auch Kalkül, Verstand und ein klares Denken. Auf diese Weise werden Pläne konkret und können umgesetzt werden.

Was uns dabei unterstützt oder auch blockiert, können wir durch eine geschulte Wahrnehmung und achtsame Haltung herausfinden. Wir benennen die Dinge so klar wie möglich und beziehen das Erkannte in die weitere Entwicklung mit ein – auch wenn wir dabei so manches Mal von Gefühlsschwankungen über Höhen und durch tiefe Täler begleitet werden. Das liegt in der Natur der Sache: Denn jetzt werden die Gegensätze, die zwischen außen und innen, zwischen dem sinnlich geprägten und dem geistig-seelischen Teil des Lebens liegen, offenbar – und wollen verbunden werden.

Wenn Sie dabei ins Wanken kommen, genügt vielleicht ein Blick in die Natur: Sie legt keine Pause ein oder kehrt gar mitten im Keimungsprozess um. Entschlossen, vielleicht in Schüben, aber stetig, bringt sie ihre strahlende und strotzende Kraft nach außen in die Welt. Tun Sie es ihr also soweit es geht gleich ...

Je konkreter und klarer Sie Ihr Ziel formulieren und je intensiver Sie es fühlen können, desto eher wird die Umsetzung gelingen. Ziel- und Wunschbeschreibungen wie „Ich möchte glücklicher werden“ oder „Ich möchte mich kraft- und machtvoller fühlen“ oder „Ich möchte gesünder leben“ sind zu vage ausgedrückt. Eine konkretere Fragestellung kann lauten: „Was oder wen brauche ich, um mich glücklicher, kraftvoller, lebensfroher, aktiver zu fühlen?“ oder „Von welchen konkreten Dingen benötige ich mehr, von welchen weniger?“. Beziehen Sie auch Ihr soziales Umfeld mit ein: „Welcher Mensch oder welches Umfeld raubt meine Energie – oder unterstützt mich bei der Umsetzung meiner Pläne?“ Nur zu wünschen, reicht also nicht. Es bedarf klarer Entscheidungen und manchmal auch das Eingehen eines Risikos, um aus einer Vision neue Lebensumstände zu machen.

◄ Klarheit ist ein hohes Gut: In der Gestaltung der Wohnung wie auch bei inneren Entwicklungsvorhaben unterstützt sie eine verbindliche Struktur und Orientierung.

▲ Auch Balkonstühle eignen sich, um nach Feierabend ein persönlich inspiriertes Räucherritual durchzuführen.

➤ *Eigene Schöpferkraft ist gefragt! Ein ausgedienter Blumentopf gibt eine schöne Räucherschale ab und verströmt eine persönliche Note.*

Doch eines dürfen wir dabei nicht außer Acht lassen: Manche Menschen neigen dazu, sich zu große Schritte vorzunehmen und ihre Ziele zu umfassend zu formulieren. Dann kann das Gefühl, vor einem riesig großen Berg zu stehen, einen förmlich erdrücken. Bedenken Sie, dass viele Veränderungen oft mit ganz kleinen Schritten beginnen, die jedoch auch ganz konkret getan werden wollen. Es geht also zunächst vielleicht lediglich darum, Informationen zu sammeln oder einen bestimmten Menschen anzurufen oder ein Treffen zu vereinbaren. Dafür sind die inneren Hürden oftmals schon groß genug.

FRAGEN ZUR JAHRESZEITLICHEN QUALITÄT

» Das Erwachen der Erde lässt Visionen aufgehen und wachsen. Es gilt zu prüfen: Kenne ich mein Ziel? – im Sinne von: Welche Saat möchte ich zum Keimen bringen? Wo möchte ich wirklich hin?

» Was kann ich konkret tun, was ist der allererste Schritt, die allererste Handlung, um meinen Ideen, Vorhaben, Veränderungswünschen und Zielen näher zu kommen? Was braucht mein seelischer Keim, um stetig wachsen zu können? Wie helfe ich ihm im Alltag, sich durchzusetzen und zu zeigen?

» Wenn ich mir vorstelle, dass ich mein Vorhaben umgesetzt habe: Wie fühlt und spürt es sich für mich an?

» Jetzt geht es um die Ausgeglichenheit von Licht und Dunkelheit. Und darum, in sich hineinzulauschen: Was heißt es für mich und mein Leben „im Gleichgewicht" zu sein? Was genau in meinem Leben ist in Harmonie? In welchen Bereichen steht die gefühlte Waage nicht im Gleichgewicht?

Selbst gestaltete Rituale mit Räucherwerk begleiten

Geeignete Räucherstoffe für die jetzige jahreszeitliche Kraft finden Sie auf der Seite 168. Alternativ passen auch folgende Räucherstoffe: Holunderblüten, Kalmus, Rosmarin, Minze, Lindenblüten, Birkenrinde, Weidenrinde, Mädesüß, Zitronenschale (bio), weißer Copal, Dammar, Sandarak, Pinienharz. Zum *Oster*-Fest eignet sich auch eine ganz einfache, überaus wirkungsvolle Zusammenstellung von Weihrauch und Myrrhe zu gleichen Teilen. Diese Mischung ist wunderbar ausgleichend und harmonisierend – sie steht für das vollkommene Gleichgewicht von Himmel / Erde, männlich / weiblich, Denken / Fühlen, Öffnung nach oben / Erdung nach unten.

Was Sie außerdem brauchen, ist eine kleine Schale. Sie steht für das Annehmen, für Hingabe, und verbindet das ungleich Gewichtete oder sogar die Gegensätze mithilfe Ihrer wachsenden inneren

Kraft. Zusätzlich besorgen Sie sich drei Sorten von Getreidekörnern oder Linsen, die Sie gut unterscheiden können. Diese kennzeichnen folgende Themen:

1. Gleichgewicht, Harmonie, Ausgeglichenheit
2. Ungleichgewicht im Sinne von „zu wenig“ oder „kommt zu kurz“
3. in der Fülle stehen, genährt und reich beschenkt sein, innerlich wie äußerlich

Für jedes Thema bestimmen Sie eine Sorte Getreide oder Linsen. Legen Sie sich auch die Zettel aus Ihrem Umschlag oder Ihrer Schatulle bereit (siehe Seite 51), daneben einen Mörser und Ihre Räucherutensilien. Die Ritualeröffnung erfolgt wie üblich mit einer Abräucherung mit Salbei oder reinigendem Räucherwerk nach Wahl. Rufen und verbinden Sie sich mit den Kräften, die Ihnen wichtig sind. Legen Sie Ihre Räuchermischung auf die Kohle oder das Stövchen.

Gehen Sie dann gedanklich auf Reisen: durch Ihren Tagesablauf, durch Ihre verschiedenen Lebensbereiche, durch Ihre Visionen, Pläne und Vorhaben. Bringen Sie in Ihrem Inneren klar und deutlich Ihre Fragen zum Klingen: Wo sind Sie bereits in der Fülle und fühlen sich reich und gehalten? Wo spüren Sie, dass etwas im Ungleichgewicht ist, wovon hätten Sie gerne mehr? Und wo fühlen Sie sich in innerer Ausgeglichenheit und Harmonie, wo stimmt das Zusammenspiel der Kräfte? Geben Sie jeweils bei dem jetzt aktuellen Thema das entsprechende Korn oder die Linse in die Schale.

Wenn Sie damit fertig sind, betrachten Sie ganz neutral, gleichmütig und ohne Urteil die Zusammensetzung der Körner oder Linsen. Sie sehen jetzt in der Schale das ins Äußere gebrachte Bild des Zusammenspiels jener Kräfte, die Ihnen die Motivation für Aufbruch, für die Durchsetzung, für Willensstärke und Tatendrang geben. Auch gerade jene Themen, bei denen Sie im Ungleichgewicht stehen oder für die Sie (noch) zu wenige Kräfte haben, können ein ins Auge gefasster Kristallisationspunkt sein, um etwas in Angriff zu nehmen.

Im Anschluss daran mörsern Sie etwas Material aus der Schale und verreiben es mit Ihrer Räuchermischung. Fächeln Sie den Rauch über Ihre bereit gelegten Notizen von *Imbolc / Mariä Lichtmess* mit Ihren Visionen und Ideen. Stellen Sie sich dabei vor, wie Sie zur Umsetzung dieser Pläne einen Motivationsschub bekommen und sich bereits die ersten Handlungen oder Veränderungen aus Ihrem Innersten heraus entfalten – auf gleiche Weise, wie die Natur jetzt ebenfalls hervorbricht und sich immer grüner und farbiger zeigt. Wenn Sie die Möglichkeit für ein Feuer im Freien haben, ist das eine kraftvolle Begleitung des Rituals. Heben Sie sich etwas von der Asche für Ihren Jahreskreis-Altar auf.

Die beräucherten Zettel bewahren Sie wieder auf. Es ist sinnvoll, sie jetzt neu zu beschriften oder etwas hinzuzufügen. Denn schließlich sind Sie einen Schritt weiter im Kreis des Jahres und in Ihrer eigenen Entwicklung. Schließen Sie Ihr Ritual wie gewohnt achtsam und bewusst.

◄ Jeder trägt die Gabe in sich, im Kult die Wirkung von Gedanken und Seelenstimmungen zu verstärken. Das beginnt bereits bei der Zubereitung der eigenen Mischung.

Walpurgis, Beltane

Froh und farbig sein

Im Wonnemonat Mai heißt es: ab ins Grüne! Jetzt ist der Frühling in seiner Hochzeit und geht über in den Sommer. Das volle Leben begegnet uns. Alles, was sich bisher noch zurückgehalten hatte, fließt, sprießt und gedeiht. Die Entfaltung ist in vollem Gang. Allerdings kann uns der Mai noch mit Wetterkapriolen überraschen. Die Eisheiligen *Pankratius, Servatius* und *Bonifatius* – vom 12. bis zum 14. Mai – sind als überaus frostige Gesellen bekannt. Den Abschluss bildet am 15. Mai die *Kalte Sophie*. Danach startet die Sonne vollends durch.

Unsere Wiesen sind voller Wunder, voll des Lebens: übersät mit Gänseblümchen und den gelben Blütenköpfen des Löwenzahns. Welch Pracht und Fülle können das Auge und Herz jener Menschen erfreuen, die dafür (wieder) eine Wahrnehmung haben. Klatschmohn, Storchnabel, Vergissmeinnicht, die Butterblume, und viele andere Pflanzen sorgen für einen Blütenrausch in der Natur und im Garten – oder auf dem naturnah gestalteten Balkon in der Großstadt. Weitere wichtige Vertreter des Wonne- und Wundermonates sind Waldmeister oder Maiglöckchen. Duftwolken von Flieder wehen uns in die Nase. Kräuterkundige sammeln jetzt Giersch, Gundelrebe, Sauer-Ampfer, Wiesen-Labkraut und andere wertvolle Nahrungs- und Heilkräuter, um sich weiterhin gesund zu ernähren oder Müdigkeit und Frühjahrsdurchhänger zu überwinden. Alles blüht auf, es kreucht und fleucht wieder.

Auch das Singen und Werben in der Welt der Vögel befindet sich auf dem Höhepunkt: Die Mauersegler sind pünktlich Anfang Mai – wie jedes Jahr – aus dem Süden zurückgekommen und schießen wie Delphine der Luft durch die Häuserschluchten der Städte und über die Dörfer. Überall flattern Vögel mit Insekten im Schnabel emsig und eifrig herum, um ihre Jungen zu füttern. Immer mehr Schmetterlinge tummeln sich an den Blüten, ein eigenes Wunder der Natur, und auch die Bienen – für den Menschen die wichtigsten Tiere überhaupt – sind wieder da. Eidechsen und Blindschleichen können wir mit etwas Glück dabei beobachten, wie sie sich in der Sonne räkeln.

Nach dem oftmals noch wechselhaften April hat sich das Wetter gefestigt. Der Drang, raus ins Grüne zu strömen, ergreift jeden: Die Naturkräfte wirken in uns ... Wir setzen uns zum Essen und Trinken auf den Balkon, in den Park, an den Waldrand, machen Radtouren, Spaziergänge und Wanderungen, putzen uns mit leichten Kleidern und fröhlichen Farben heraus.

◄ *Die Welt ist wieder bunt und Leben pur. Draußen wie drinnen.*

▲ *Die Bienen leisten unschätzbare Dienste, damit das Rad des Werdens und Vergehens in der Bewegung bleibt.*

➤ *Der rote Klatschmohn zeigt an, dass die Wärme jetzt wieder da ist.*

Datum:
1. Mai

keltisches Hochfest:
Beltane, Beltaine; Mondfest

christlich:
Walpurgis in der Nacht zum 1. Mai

So wie die Natur jetzt in voller Bewegung ist und die Kräfte manchmal fast zu bersten und zu explodieren scheinen, so sind es auch viele Menschen. Wir sind in der Tatkraft, im freudigen Tun und Handeln angekommen: Eifrig und emsig wie die Bienen werkeln wir in unserer Umgebung. Gerade im Garten ist jetzt jede Menge zu tun, für viele Gemüse ist Pflanzzeit. Andere Naturfreunde wie die Kräutersammler ernten auf den Wiesen und im Wald ihre Lieblingspflanzen – auch, um sie später im Jahr zu verräuchern.

Die Sommerkräfte, die mit *Beltane* beginnen, bringen einen großen Schub mit sich: Sie regen das Körperliche an, das Geschlechtliche und Sinnliche, die Lust. Die Ausdehnungsbewegung der Natur und ihre Lebendigkeit schwingen in unsere Seele hinein. Wir fühlen uns offener und freier. Die Sehnsucht nach Verbindung, nach Beziehung und Partnerschaft wird größer.

Den eigenen Jahreskreis-Altar richten

Passend sind beispielsweise die Gewürze, die einen erotisch-sinnlichen Charakter aussenden und sich gleichzeitig zum Räuchern eignen: Chilli, Pfeffer, Muskat, Safran, Ingwer, Enzianwurzel, Vanille und Zimtblüte. Ein prachtvoll runder roter Granatapfel, Liebesfrucht der Schönheitsgöttin *Aphrodite*, macht den Reigen komplett. Die Natur hat zahlreiche Formen gebildet, die an die weibliche Geschlechtlichkeit erinnern, ebenso wie phallusartige Bildungen: Schneckenhäuser, Muscheln, viele Blüten oder länglich geformtes Holz, der Körper der Schlangen, Fruchtstände aus der Pflanzenwelt. Rosen und Lilien sind ebenso wie der Aronstab oder der Blütenstand der Pestwurz Sinnbilder der Geschlechtlichkeit und Liebe aus dem Reich der Pflanzen. Für Ihren Altar können Sie entweder manches Dekorationsstück wie Blätter, Rinde, Zweige oder auch Steine direkt aus der Natur nehmen oder beispielsweise ein schönes Foto oder eine passende Postkarte mit Pflanzenmotiv in die für Sie stimmige Gestaltung aufnehmen.

Die Farben dieser Jahreszeit sind das strahlende Erdbeer- und Klatschmohn-Rot, ein Roséton, der an japanische Kirschblüten erinnert und Grüntöne in allen Schattierungen. Rot ist immer Ausdruck von Lebens- und Tatkraft, von Leidenschaft, von Sehnsucht und Begehren. Es verkörpert sowohl das Feuer als auch die Wärme des Gefühls. Ein zarter Roséton steht für das Weiblich-lieblich-Zarte. Der Grünton sagt eher „freie Fahrt“ für unsere Vorhaben. Grün ist die Farbe der Mitte und des Mitgefühls – mit beruhigender wie gleichzeitig erfrischender Wirkung. Mit keiner anderen Farbe verbinden wir so stark Natur, Vegetation, Fruchtbarkeit, Wald und Wiesen. Grüntöne stehen für die Welt der Pflanzen und machen uns auf der sinnlich-seelischen Ebene satt.

Der eigene Kräuter- oder Balkongarten schenkt uns wie auch viele Pflanzen im Wald die ersten Kräutersträuße in den unterschiedlichsten Grüntönen für den Jahreszeiten-Tisch. In Kombination mit dem Rosé von Kirsch- oder Apfelblüten und dem Rot des Granatapfels finden Kraft und Fülle in unser Heim.

Passende Farben: Erdbeer-Rot, Rosé und Grün

◄ *Rötliche Töne und sattes Grün bereichern einen Altar, der im eigenen Garten einen besonderen Platz gefunden hat.*

Der Sonnengott vereint sich mit der geschmückten Frühlingsgöttin

Der Name *Beltane* oder *Beltaine* leitet sich aus dem irischen Kalender ab und kennzeichnet den keltischen Beginn des Sommers. Es steht für das Fest des Lebens in seiner vollen Blüte, für Liebe und die lustvolle Vereinigung von Frau und Mann. Im Jahreskreis liegt *Beltane* genau gegenüber von *Samhain, Allerheiligen* und *Allerseelen* zu Beginn des Novembers, also gegenüber dem Totenfest. Das Ringen zwischen Winter und Sommer ist jetzt im Mai vorüber. Der Sommer hat sich im gegenseitigen Messen der Kräfte endgültig durchgesetzt. Es geht in diesem Weltbild allerdings nie um einen Kampf und um Sieger und Verlierer, denn gestorben ist der Winter nicht. Schon ab der *Herbst-Tag-und-Nacht-Gleiche* kommt wieder eine starke Bewegung in das Spielen und Ringen der Naturkräfte. Dann wird sich später der Winter durchsetzen – für eine gewisse Zeit.

➤ *Die Seele strebt zur Sonne. Es scheint, als ob das in ihr lebende Licht von dort stammt.*

Der Ursprung des Namens *Beltane* ist nicht ganz genau geklärt. Es scheint sich von *helles Feuer* abzuleiten. *Tene* oder *tine* ist das *Feuer*, die Silbe *bel* bedeutet *hell, glänzend*. Vielleicht geht *Beltane* auch auf den keltischen Feuergott *Bel* oder *Belenos* zurück. Ursprünglich feierten die Kelten jetzt ein Mondfest, ausgerichtet am zweiten Vollmond nach der *Frühlings-Tag-und-Nacht-Gleiche*.

Beltane kennzeichnete im Jahreslauf einen sehr wichtigen Zeitpunkt. Der Sommer stand bevor! Zum einen war die Vorfreude auf Wärme und die Hoffnung auf eine reichhaltige Ernte groß. Zum anderen barg der Sommer jedoch auch Risiken: Die machtvolle Natur konnte mit denselben Kräften, mit denen sie Fruchtbarkeit über die Felder ziehen lässt, auch zerstören und vernichten. Dürreperioden und heftige Gewitter – beides war möglich und ließ die Menschen sicherlich auch mit bangem Herzen auf die kommenden Monate schauen, in der Hoffnung, die Naturwesen und Götter mögen ihnen wohlgesonnen sein. In bestimmten Regionen Deutschlands und Österreichs konnte man das aufgrund dramatischer Naturereignisse in jüngster Zeit nachvollziehen: Überflutungen weiter Landstriche, für unsere Gefilde eher ungewöhnliche Windhosen und vielerorts überaus heftige Hagelgewitter sorgten für persönliche Notsituationen und Ernteausfälle.

Angesichts dieses von gemischten Gefühlen begleiteten Zeitpunktes reichte unseren Vorfahren offenbar ein einziges Feuer nicht aus. Zwei gleichzeitig brennende Feuer mussten es sein, um mit den kraftvoll lodernden Flammen die Götterwelt milde zu stimmen. Der älteste Beleg für diese kultischen Feuer stammen aus dem Jahr 900 nach Christus: Zwischen den beiden Feuern wurden Mensch und Vieh hindurchgetrieben, um Gesundheit wie Fruchtbarkeit zu bringen. Die Festlichkeiten erstreckten sich über zwölf Tage und Nächte – wie in der *Jul*-Zeit Ende Dezember.

Auch an *Beltane* löschten die Menschen, analog zur *Jul*-Nacht, die häusliche Feuerstelle. Die prasselnden Ritualfeuer schenkten die Flamme, mit der sie dann zuhause ein neues Herdfeuer entzündeten. Noch frühere Schilderungen von Cäsar lassen sogar darauf schließen, dass in dieser Jahreszeit Menschen und Tiere als Opfer in Korbkäfigen verbrannt wurden. Je wertvoller die Opfergaben, desto mehr Erfolg im „Handel" mit den Göttern.

Trotz möglicher Gefahren, die der Sommer bringen kann, ist *Beltane* jedoch das Fest, das am deutlichsten den Übergang in einen anderen Lebensrhythmus markiert. Der Winter ist wie vergessen, alles strebt mächtig dem Sommer entgegen, mit dem ein ganz anderes Lebensgefühl einhergeht. Es bedarf keiner großen Vorstellungskraft, sich bildhaft auszumalen, was das für die naturnah lebenden Menschen bedeutet hat, gerade in früheren Zeiten. Die vergangene, dunkle Jahreszeit war nun glücklich überstanden, man hatte sie überlebt und war selbst im wahrsten Sinn des Wortes am Leben. Die Sehnsucht nach Wachstum, neuer Kraft, Leben spendender Sonne wurde erfüllt. Der Bestand des Viehs konnte sich wieder vermehren, die Felder wieder bestellt werden. Die Grundlage und Hoffnung auf eine reichhaltige Ernte waren gelegt – um dann wieder den nächsten Winter satt und gesund zu überstehen. Die kommenden Monate schenkten Wärme und Leichtigkeit und die gute, hoffnungsfrohe Stimmung überwog sicherlich. Trotz der heute viel stärkeren Trennung von den Kräften und Stimmungen der Natur können wir uns ganz tief in ein solches Lebensgefühl hineinversetzen. Wenn wir das aus dem klaren Bewusstsein heraus tun, können wir das umso mehr auch lust- und freudvoll und gleichzeitig dankbar und hingebungsvoll feiern.

Unsere naturnahe lebenden Vorfahren gaben sich – als ganz eng mit den Rhythmen der Natur verbundene Menschen – den natürlich vorhandenen körperlich-seelischen Kräften wohl einfach hin. *Beltane* war ein ganz wichtiges Fest in Bezug auf Freizügigkeit und das Ausleben körperlich-emotionaler Lustgefühle. Mit einer rein mechanischen und enthemmten Sexualität im heutigen Sinne lässt sich das sicherlich nicht vergleichen, da damals die natürlichen Schwingungen die Menschen mitgenommen haben – jenseits von rationalen und von Dogmen bestimmten Vorgaben, wie das heute häufig zu beobachten ist. Sogar eheliche Bande waren außer Kraft gesetzt, damit sich die körperliche Kraft auf die Fruchtbarkeit der Felder übertrug, wie manche vermuten.

Die früheren Gemeinschaften waren noch viel weniger individuell ausgerichtet als wir es heute gewohnt sind: Männliche Druiden, daneben auch weise Frauen und Seherinnen leiteten die Kulte der Naturverehrung – auch jene des aufkommenden Sommers und seiner Kräfte. Berichte antiker Schriftsteller legen nahe, dass sie aus eigener Erfahrung die Wirkung halluzinogener Getränke und Räucherungen kannten. Ein kultischer Rahmen von *Beltane* war, die Sonnenkräfte als Ziegenbock darzustellen. Blumengeschmückte Mädchen symbolisierten die nun voll erblühte Erdgöttin. Mithilfe berauschenden Beiwerkes – Flugsalben, Starkbier, anderen Liebestränken aus aphrodisierend wirkenden Kräutern, auch Muttrunk genannt – tanzten sich Frauen und Männer in ekstatische Zustände hinein. Außer dem persönlichen Trieb stand das starke Gefühl des Verbundenseins mit allem hier im Vordergrund. Die Fruchtbarkeit, die der körperlichen Vereinigung folgte, trug dazu bei, die für das Überleben der Gemeinschaft notwendigen Pflanzenfrüchte gedeihen zu lassen. Das Feuer begleitete die Lust und die Freude als verbindende Naturkraft in das Reich der göttlich-geistigen Welt.

▼ Mut gehört zu jeder Weiterentwicklung. Am Lieblingsbaum ein Räucherritual durchzuführen, kann dabei eine Hilfe sein.

Die alte Mythologie berichtet jetzt von der Hochzeit des Sonnengottes und der in voller Schönheit und Blüte stehenden Erdgöttin. Noch vor gar nicht so langer Zeit im Jahr, zum Fasching und Karneval, kämpfte der jugendliche Sonnengott mutig und ächzend gegen den Winter an. An *Ostern* wurde dann die schlafende Frühlingsgöttin geweckt und schmückte sich zur zarten und reinen Jungfrau. Zwar fand da bereits die kultische Zeugung des neuen Lichtes statt, das neun Monate später, an der Winter-Sonnenwende, geboren wird. Doch erst jetzt herrschte der Sonnengott vollständig, um sich mit der nun reichlich geschmückten und blühenden Erdgöttin zu vermählen. Das war jedoch kein Bund für die Ewigkeit, wie wir das heute verstehen, sondern eine heilige Hochzeit, und verknüpft mit der Absicht, mithilfe der Kraft der Göttin neues Leben hervorzubringen.

▼ Nicht zu übersehen: Die Erdgöttin ist lieblich geschmückt und schenkt der Natur freizügig die in ihr webenden Kräfte.

Mit der wilden Kraft frei und bewusst umgehen

Im sich ausbreitenden Katholizismus, vor allem im Mittelalter, wurde nur noch einseitig das Wilde, Unzähmbare und Unkontrollierbare solcher noch immer im Volk lebendiger „unsittlicher" Bräuche gesehen. Die dahinter liegenden überlebenswichtigen Motive der Fruchtbarmachung der Erde durch Menschenwirken wurden nicht mehr erkannt. Für das katholische Christentum war daher ein anderer Umgang mit den jahreszeitlichen Kräften zwingend. Der Todestag einer Heiligen namens *Walburga* oder *Walpurgis*, der angelsächsischen Stifterin eines Klosters von Benediktinerinnen, war der 1. Mai. Sie wurde die seelisch reine Schützerin der Feldfrüchte und auch Schutzherrin der schwangeren Frauen, ebenso wie die Beschützerin vor bösen Zaubermächten. In Zeiten von Hunger und Pest riefen die Menschen sie an und fanden Trost, Zuflucht und Erleichterung in den Gebeten an *Walburga*. Die Kraft der Gebete und ihrer Wirkung fand im Lauf der Zeit immer mehr eine feste Verankerung im christlichen Glauben und wird bis heute nachweislich erfolgreich praktiziert.

Die heidnische Vorgängerin *Walburgas* war die germanische Seherin *Waluburg*. Der Namensteil *walu* steht für *Stab*, das Zunftzeichen der Seherinnen, die in der germanischen Kultur ein hohes Ansehen hatten. Leidenschaft, Lust, Frohsinn und Übermut galten in der römisch-katholischen Kirche allerdings nicht mehr als erwünschte Lebenshaltung – zumindest nicht für die „einfachen" Menschen. Der Grund dafür mag seit eh und je sein, dass solche Eigenschaften nicht kontrollierbar sind.

Die ursprünglichen Frühlings- und Sommerbräuche litten sehr unter der kirchlichen Umformung. Die geheimnisvolle große Kraft der Frauen, ihre Fruchtbarkeit und die Weitergabe des Lebens überhaupt, wurden immer unsichtbarer. Das Weibliche wurde mit dem männlichen Streben nach Herrschaft und der zunehmenden Ausrichtung auf

◄ *Es kann Zeiten geben, in denen das Ausleben des Wilden und Ungezügelten einen wichtigen persönlichen Heilimpuls setzt.*

das Patriarchat mehr und mehr entwertet sowie unterdrückt – und als unheimlich verschrien. Die heidnischen Riten und die Beherrschung rauschhafter, bewusstseinserweiternder Räucherungen und Zaubertränke wiesen auf eine macht- und wirkungsvolle Rolle der Frau hin. Kein Wunder also, dass die Vertreter der hierarchisch-männlich geprägten katholischen Kirche die damit verbundenen Kulte schließlich ganz verbaten.

Gerade jene Frauen, die über seherische und heilerische Fähigkeiten verfügten, wurden in der mittelalterlichen und frühneuzeitlichen Inquisition aufgrund ihrer „magischen" Zauberkräfte als Hexen abgestempelt und teilweise brutal verfolgt und getötet. Eine Zeit der Denunziation, durch Männer wie durch Frauen, verdunkelte die europäische Entwicklung. Bis in die Neuzeit hinein wurden Hexen verbrannt, hatten sie doch ihre „Seele an den Teufel, an Satan, verkauft".

Hexen gelten bis heute als etwas Böses – so tief setzte sich die damalige Verfolgung von Menschen mit ihrer gesellschaftlich massiven Abwertung im kollektiven Seelengedächtnis der Europäer fest. Bei der etymologischen Deutung des Begriffes stoßen wir auf die *hagazussa*, die *Zaunreiterin*. Damit waren erdverbundene Frauen gemeint, die es wagten, über den *hag*, den *Zaun*, zu schauen. Sie hatten den Mut, das sichere Gehöft zu verlassen und in den Wald und in die Wildnis zu gehen, also dorthin, wo die öffentliche Ordnung und die kontrollierende Hand der Kirche nicht mehr griffen. Die Zaunreiterinnen waren die Nachfahren der Seherinnen und weisen Frauen und damit diejenigen, die mit heilenden und nach Bedarf auch bewusstseinserweiternden Stoffen umgehen konnten. Mit solchen Fähigkeiten wagten sie den Übergang in die nicht-sichtbare Welt. Sie waren mächtig, legten im übertragenen Sinn den Finger in die Wunde, schauten hinter die „Masken". Das machte sie in den Augen der Autoritäten gefährlich und brachte ihnen häufig den Tod.

Neben der Bewusstwerdung, welche große Kultur des Heilwesens einst im Volk vor allem durch die Frauen vorhanden gewesen ist, können uns heute auch überlieferte Bräuche wie das *Maifeuer* und das Aufstellen des *Maibaumes* dabei helfen, uns mit der wilden Kraft der Maizeit zu verbinden. Das Brauchtum zeugt von den wie durch ein Wunder noch immer lebendigen Sichtweisen aus unserer heidnischen Vergangenheit. Manche Kulte, die mit *Beltane* zusammenhängen, haben bis in die moderne Gesellschaft überlebt.

Auch die christliche Heiligenverehrung lässt sich dabei wunderbar integrieren. Vorbild dafür kann das keltische Christentum sein, in dem stets die alte Naturverehrung lebte. Für diese Christen war es ganz selbstverständlich, die Kräfte der Natur mit der reinen christlichen Überzeugung, die stets die Gleichstellung von Frau und Mann ausdrückt, zu verbinden. Auf wundervoll gestaltete Weise können wir das beispielhaft in der Kathedrale von Chartres bis heute nachempfinden und erleben, die auf einem alten Keltenheiligtum errichtet wurde, das der Verehrung des Weiblichen galt.

➤ *Uraltes Brauchtum – der Maibaum als Sinnbild der lebensspendenden Verbindung von Mann und Frau*

Wir können also gerade jetzt im Mai Feuer und Rauch wieder rituell einsetzen, um die Erde, das Getreide und andere Pflanzen, das Vieh und auch die wilden Tiere sowie natürlich auch uns Menschen fruchtbar „zu machen“ und vor Krankheiten zu schützen. Heute tun wir dies jedoch aus eigener, persönlicher und freier Entscheidung heraus – ohne druidische oder kirchliche Vorgabe. Wie schön ist es dabei, in die Geschichten einzutauchen, die sich rund um den Maibaum ranken: Er gilt als Darstellung des Weltenbaumes *Yggdrasil* oder als Phallussymbol für Fruchtbarkeit und reichhaltige Ernte. Der Maikranz oben am Schaft des Baumes verdeutlicht dabei den weiblichen Schoß. Bis heute verehren christlich Gläubige in manchen Regionen den *Maibaum* als Baum der Gottesmutter Maria, als *Marienbaum*, und ziehen daraus Heilkraft. Die Birke ist traditionell der Maibaum der Wahl: Sie steht für Neuanfang, Aufbruch, Neuorientierung. Wie kein anderer Baum stellt sie den erwachenden Frühling dar.

Sich persönliche Fragen stellen

Lustvolle Freude an sinnlichen Genüssen, Übermut im Miteinander und eine starke Lebensenergie stehen jetzt genauso im Mittelpunkt wie die Dankbarkeit einem reichen seelischen und spirituellen Leben gegenüber, gerade auch in der lebendigen individuellen Verbindung zu Maria oder zu Jesus Christus. Voller Tatkraft können wir raus in die Natur und hinein in die eigene Seele: In beiden Welten zeigen sich uns wundervolle Blüten.

Selbst gestaltete Rituale mit Räucherwerk begleiten

Geeignete Räucherstoffe für die jetzige jahreszeitliche Kraft finden Sie auf der Seite 168. Alternativ passen auch folgende Räucherstoffe: Kalmuswurzel, rotes oder weißes Sandelholz, Galgantwurzel, Rosmarin, Iriswurzel, Zistrosenkraut, Frauenmantel, Muskateller-Salbei, Myrrhe oder Opopanax, Rosenblüten, Kardamom, Pfefferkörner, Moschuskörner. Wenn Sie Verbundenheit, Liebe und lustvolle Erotik stärken wollen, nehmen Sie Rosenblüten, Labdanum, Alantwurzel, Styrax und vielleicht sogar den kostspieligen Safran. Wenn es Ihnen eher um die Fülle geistig-seelischen Erlebens geht, dann sind weißes Sandelholz, Muskateller-Salbei und Myrrhe geeignet.

Fragen zur jahreszeitlichen Qualität

- Was verstehe ich unter Fülle? Wo lebe ich Fülle in meinem Leben?
- Verwöhne ich mich selbst genug? Wo könnte es noch mehr werden?
- Gibt es etwas, was mich hindert, meine Lust und Lebensfreude nach außen zu zeigen?
- Wo habe ich mir selbst Zäune gebaut, über die ich mich nicht hinauswage? Wo traue ich mich nicht in meine eigene Wildnis hinein – in welchem Bereich könnte ich mich mehr hinein trauen? Wo wage ich es nicht, Grenzen zu überschreiten und bleibe lieber in meiner Komfortzone?
- Was könnte ich tun, um meine Komfortzonen einmal zu verlassen, damit ich in neue – innere wie äußere – Lebensbereiche vordringe?
- Welche Bereiche in meinem Leben sind von einer tiefen Leidenschaft und einem inneren Feuer durchtränkt?
- Habe ich einen Zugang zu meiner sexuellen Lust und Erotik, lebe ich sie?
- Wie zeige ich die Farbenpracht meiner Seele in der äußeren Welt? Traue ich mich das? Traue ich mir dabei – traue ich mir etwas zu? Oder halte ich mich eher zurück?
- Wie weit bin ich in der Umsetzung meiner Pläne und Projekte? Wo braucht es noch mehr Tatkraft, Lebenskraft und Feuer, um später ernten zu können?
- Setze ich mich offen und achtsam bei anderen für meine Überzeugungen ein – auch für meine spirituell-religiös-geistigen?

▼ Am Wasser eines Gartenteiches kann manches zum Fließen kommen, was sich zu stark verfestigt hat. – Für einen neuen Schritt kann es dann angebracht sein, Bequemlichkeiten hinter sich zu lassen.

▲ *Männliche Schale und weibliches Stövchen? Doppeltes Räuchern als Sinnbild für Fülle – und für gelebte Sinnlichkeit.*

Beltane und *Walpurgis* laden zum Genuss auf allen Ebenen des Seins ein. Die äußeren wie die inneren Sinne dürfen sich lustvoll und übermütig betätigen und ausleben – vielleicht auch mal über die Stränge schlagen?! Feiern Sie ein Fest im Freundeskreis, mit Gleichgesinnten. Die Speisetafel darf mit sinnlicher Kost bedeckt sein, mit kraftvollen und vielleicht auch aphrodisierenden Gewürzen. Zeigen Sie Ihre Freude am Leben und am Dasein auch in der Kleidung, egal ob Sie alleine, zu zweit oder in einer Gruppe feiern. Das Erotische gehört zum Leben und zum Wonnemonat Mai, es darf Ausdruck finden, je nach Anlass und Intention. Wenn Sie sich sonst nie schminken, kann es jetzt in einer Frauengruppe überaus passend sein, in die farbigen Schminktöpfe zu greifen und zu spüren, was es verändert, wenn Sie üppig rot geschminkte Lippen haben. Solche bewusst gewollten Veränderungen können ein selbstbewusster Auftakt für ein ausgelassenes Fest sein, in dem Sie sich ausprobieren können und das Bunte in den Alltag bringen.

Die Farbigkeit der Natur darf die Seele erreichen. Welche Farben sind Ihre Seelenfarben, die Sie innerlich zum Leuchten, zum Strahlen, zum Glänzen bringen? Nehmen Sie diese Farben und hüllen Sie Ihren Körper darin ein. Farben sind Schwingung und wenn Sie Ihre Seelenfarben gefunden haben, können diese einen Wandlungsprozess anstoßen und unterstützen. Das kann überaus hilfreich sein, um den inneren Glanz, das Göttliche in Ihnen in seiner ganzen Pracht zu empfinden und zu entfalten. Jetzt ist der ideale Zeitpunkt dafür, denn die Kräfte der Natur führen uns in die Fülle unseres Gemütes.

Das Feuer darf jetzt nicht fehlen, „feuert“ es uns doch an. Bei der Betrachtung der lodernden Flammen, kommt die Seele in Bewegung – innere Befeuerung und Begeisterung kommen auf. Erstarrtes wird zum Schmelzen gebracht und darf wieder in den Fluss kommen. Wenn in Ihrem Inneren ein dunkles, schwieriges Thema vor sich hin schwelt, hilft Ihnen die Betrachtung der Flammen. Wenn Sie keine Möglichkeit für ein offenes Feuer haben, können Sie den Blick auch in eine Kerzenflamme versinken lassen. Vielleicht wird die Intuition angeheizt und die Verbindung zu Ihrer lebendigen Wildheit schenkt Ihnen eine unbändige Lebensenergie.

Wenn sich Ihnen im Angesicht der Flammen im inneren Bild eine konkrete Situation zeigt, dann folgen Sie den damit einhergehenden Gefühlen, die darin verborgen liegen. Vielleicht sind Sie positiv überrascht, wenn dann die Wandlungskraft des Feuers etwas zu Tage fördert, was Sie nicht erwartet haben, etwa die Ursache, die hinter einem Thema liegt, das Sie als störend oder belastend wahrnehmen. Beim Wunsch nach neuen Impulsen zeigt sich dem klaren und wachen Blick immer das, was Ihre Seele braucht – wenn auch nicht unbedingt das, was Sie sich dabei wünschen oder erwartet haben.

Bei einer Feier mit Gleichgesinnten steht zunächst einfach das ausgelassene Miteinander im Mittelpunkt. Natürlich können Sie den Kreis um das Feuer aber auch nutzen, um gemeinsam aus den Fragen der Seite 71 zu schöpfen, sofern die Bereitschaft zum Austausch dafür vorhanden ist. Klären Sie das vorher ab. Ihre Feier können Sie – so oder so – wunderbar mit ausgiebigem Räuchern begleiten. Wie draußen in der Natur darf das ganz üppig sein und schöpferisch.

So kann es überraschend sein zu erfühlen, was passiert, wenn jeder ganz persönliche Räucherstoffe mitbringt. Wenn jeder etwas Lieblingsräucherwerk oder -gewürz beisteuert, brauchen Sie vielleicht einen großen Mörser. Jeder gibt dann reihum sein Räucherwerk hinein und verreibt es. Passend kann es sein, dabei laut auszusprechen, was man jeweils mit Fülle, Sinnlichkeit, Erotik, Leidenschaft, feuriger Lebenslust, einem reichen geistigen Leben, einer erfüllten Religiosität, einer mit der Natur verbundenen Spiritualität oder einer sich verströmenden Liebe dem Leben gegenüber verbindet.

Zum Abschluss verräuchern Sie einen Teil der Mischung aller mitgebrachten Kräuter, Harze und Hölzer und teilen den Rest so auf, dass jeder etwas mit nach Hause nehmen kann. Wann immer Ihre Seele später nach der Qualität dieses Festes dürstet, machen Sie eine Räucherung damit. Die Erinnerungen daran erscheinen vor Ihrem inneren Auge, die frei werdenden Kräfte erfüllen Ihre Seele.

◄ *Ein schönes großes Feuer gehört zu Walpurgis einfach dazu.*

Sommer-Sonnenwende, Johanni

Aus der reichen Natur schöpfen

Zwischen der *Sommer-Sonnenwende* am 21. Juni und *Johanni* am 24. Juni haben wir den längsten Tag des Jahres – und die kürzeste Nacht. Die Sonne ist auf ihrem höchsten Stand. Die gesamte Natur feiert ihren Höhepunkt, sie zeigt sich in einer verschwenderischen Fülle an Blüten und Früchten. Wir dürfen in Erdbeeren, Himbeeren und Johannisbeeren regelrecht schwelgen. Auch das Gemüse im Garten oder auf dem Balkon gedeiht. Reiche Ernte steht an. Bis zur *Sommer-Sonnenwende* können wir Spargel und Rhabarber ernten. Die Spargelsaison endet am 24. Juni. Bis zum ersten Frost sind es 100 Tage, diese braucht der Spargel, um bereits für die nächste Saison Kräfte zu sammeln. Der Rhabarber bekommt ab dem 24. Juni seinen zweiten Wachstumsschub, den sogenannten Johannitrieb. In dieser Phase sollte er nicht geerntet werden, denn auch er rüstet sich bereits jetzt für das Folgejahr und außerdem enthalten seine Stängel ab diesem Zeitpunkt zuviel der schädlichen Oxalsäure.

Die Pflanzen beschenken uns noch immer mit ihrem ganzen Blütenreichtum. Das Herz aller Kräutersammler schlägt höher angesichts der Vielfalt. Wenn wir in den vergangenen Wochen bereits von richtig warmen Temperaturen verwöhnt wurden, dann blüht jetzt bereits das Johanniskraut. Mit seinen zarten, gelben Blütenköpfchen bringt es Licht und Sonne in die Seele, vertreibt Niedergeschlagenheit und düstere Gedanken und ist als natürliches Antidepressivum bekannt.

Im dämmernden Abendlicht flitzen die Fledermäuse durch die Lüfte und mit etwas Glück können wir uns vom Lichterzauber der Glühwürmchen einfangen lassen. Libellen, Schmetterlinge, Hummeln und andere wärmeliebende Insekten sind jetzt in Hochform. Die meisten Vögel haben bereits viel geleistet und die Brutzeit hinter sich. Sie füllen die eigenen Reserven auf, bereiten sich bereits jetzt für die Zeit des Zuges im Spätsommer und Herbst vor. Auch das Vieh schwelgt – und labt sich auf der Weide am kräftigen Gras.

Wie zur *Winter-Sonnenwende* treffen jetzt Licht und Dunkelheit in einem ganz besonderen Moment aufeinander. Am 21. Dezember wird das Licht genau dann neu geboren, wenn die Dunkelheit am größten ist. Zur *Sommer-Sonnenwende* erreicht das Licht dagegen seine größte Ausdehnung und Stärke. Ab diesem Zeitpunkt gewinnt die Dunkelheit wieder an Kraft. Die Tage werden langsam wieder kürzer. Manche Menschen mögen etwas Wehmut dabei empfinden, wenn das Licht jetzt eine Rückzugsbewegung eingeht.

◄ *Das Füllhorn der Natur macht jene zu reich beschenkten Menschen, die dafür einen Blick haben.*

Datum:
21. Juni

germanisch:
Sommer-Sonnenwende, Mittsommer; Sonnenfest

neuheidnisch:
Alban Hevin, Litha

christlich:
Johanni

▲ Ein Weißling tanzt von Blüte zu Blüte und erfreut das Gemüt.

➤ Spargel und Rhabarber erfreuen mehr den Gaumen …

Für die meisten überwiegt wohl der Eindruck, dass der Sommer jetzt erst so richtig in Fahrt kommt. Betörende Blüten- und Kräuterdüfte steigen uns in die Nase. Wir genießen laue Sommerabende und sitzen so oft und so lange wie möglich draußen. Manche übernachten im Freien – mit Blick auf ein leise glimmendes Lagerfeuer.

Je weiter der Sommer voranschreitet, desto größer wird seine Feuerkraft. Er schenkt die Wärme, die alle Lebewesen brauchen. Doch er zeigt auch sein zweites Gesicht. Die Gefahren zerstörender Gewitter oder sengender, austrocknender Hitze nehmen zu. Beides kann unangenehme Folgen haben und im Äußersten auch Leben vernichten. Gerade in den vergangenen Jahren gab es bei uns in manchen Regionen zunehmend große Hagelschäden, als sich Sommergewitter entluden. Zeitgleich litten in anderen Landschaftsstrichen Gärtner und Bauern unter ausbleibendem Regen. Das üppige Sprießen und Gedeihen auf den Balkonen, in den Gärten und auf den Feldern braucht jetzt eine aufwändige Pflege.

Manche Menschen kämpfen gegen die unliebsamen „Unkräuter“, die doch immer helfende Heilpflanzen sind, die wir dringend brauchen können. Es geht darum, in Maßen die grüne Wuchskraft im Zaum zu halten. Ein Bewusstsein für die verletzliche Natur zu entwickeln, könnte bedeuten, auf der Grünfläche auch etwas stehen zu lassen, was nicht dem Bild eines „englischen" Rasens entspricht. Sich der Heilwirkung der vielen Beikräuter zuzuwenden, kann sehr überraschend sein, denn sie wachsen nicht zufällig vor unserer Haustür, sondern bieten sich für persönliche Gesundheitsthemen an. Auch zahlreiche Insekten und andere Kleintiere danken uns die Vielfalt im Garten, an der sie sich laben können.

Die Sommerzeit hält vieles für uns bereit: Wir spüren eine ausgeprägte und manchmal unbändige Freude am schieren Dasein genauso wie das Pflichtgefühl, unsere Umgebung zu hegen und zu pflegen, gerade wenn wir innig mit den Pflanzen und der Natur verbunden sind. Der ein oder andere empfindet das wie das Pendeln zwischen weiter Ausgelassenheit und enger Verpflichtung. Ein jeder darf hier sein persönliches Maß, seine Ausgewogenheit finden.

Den eigenen Jahreskreis-Altar richten

Beim Betrachten eines strahlenden Sommerhimmels und des Meeres begegnet uns ein kühler, klarer Blauton. Blau wirkt weit und unendlich und ist damit die Farbe der unbegrenzten, der geistigen Welten. Sie steht für das Nicht-Alltägliche, für das Alleinestehen und gleichzeitig für das Aufgehen in der Vielfalt. Das Violett des Lavendels regt – als Farbe wie als Pflanze – die Phantasie, die Inspiration und den Antrieb an und schenkt Selbstsicherheit. Der Rotton von Himbeeren und Kirschen steht für die Lebensfülle, für alle äußeren Sinne, für Leidenschaft und für Eigenliebe.

Passende Farben: Blau, Lavendel und Himbeer-Rot

Von der Sommer-Sonnenwende zum christlichen Johanni-Fest

Die Mythologie schenkt uns das folgende Bild: Im Mittsommer zur Sonnenwende nimmt die Göttin ihren Sohn, den sie zur *Winter-Sonnenwende* als Sonnenlicht oder Sonnenkönig neu gebiert, zum Geliebten. Das mutet uns heute, die wir uns meist vollkommen jenseits mythologischer Weltsichten bewegen, vielleicht zunächst seltsam an. Genauso mysteriös erscheint es uns, dass der an *Beltane* zum Mann herangewachsene Gott sich mit der Göttin vereinigt und gewissermaßen den Samen zu sich selbst legt, sich also selbst zeugt, um am *Jul-Fest*, am 21. Dezember, neu geboren zu werden.

▾ Tiefe, warme Farben – so tief wie die jahreszeitliche Qualität aus Wärme, Leuchtkraft und Leichtigkeit

Bei genauer Betrachtung enthüllt sich uns die eigentliche Bedeutung, die im Kult der Naturverehrung eingebettet ist. Es geht um das jährliche Wiedererwachen der Natur aus sich selbst heraus, verbunden mit der Erkenntnis, dass auch der Mensch ein untrennbarer Teil dieses Kreislaufes ist. Des Weiteren bewegt sich das Geschehen immer um die geschlechtliche Vereinigung zwischen Mann und Frau. Das verdeutlicht, dass die Körperlichkeit zwischen zwei verschiedenen „Wesen" zum Erhalt und Fortbestand des Lebens auf Erden unabdingbar ist.

Im Mythos stirbt an der Sommer-Sonnenwende der Lichtgott *Baldur* oder *Bel*. Auch wenn Mittsommer der Höhepunkt des Lichtes ist, erfährt der Sonnengott genau jetzt seinen drohenden Untergang. Die Tränen der Götter um den sterbenden Gott sind der Nachttau, der die Wiesen benetzt. Der beginnende Sterbeprozess des Lichtgottes mag uns unlogisch erscheinen, denn zeitgleich befindet er sich doch auf dem Höhepunkt seiner Verbindung mit der Göttin. Mythologische Sinnbilder und Vorstellungen folgen jedoch keiner Logik, manchmal widersprechen sie sich sogar. Sie spiegeln viel mehr die Beobachtungen der Menschen, verpackt in Geschichten, die ihnen das Leben und die Welt erklärbar machen.

Die Feuerkraft der Sonne, die zwischen Mai und Juli in der Natur geradezu greifbar ist, spiegelt sich in Mythos und Brauchtum wider. Feuer ist ein archetypisches Symbol für menschliche Gemeinschaft, Geborgenheit, Geselligkeit, Wärme, äußeres und inneres Genährtsein wie auch für die Energie der Fortpflanzung. Kulthandlungen, in denen das Feuer ein zentrales Ritualelement darstellt, berühren uns deshalb ganz unmittelbar bis zum heutigen Tag. Wir würdigen das Magische, Transformierende, Verwandelnde dieses Elementes, wie es bereits über Jahrtausende hinweg unsere Vorfahren taten. Darüber hinaus begeistern wir unsere Seele, wenn wir ganz praktisch damit umgehen und beispielsweise Feuer schlagen oder es mit Streichhöl-

▼ *Verspielt sein wie sich rankende Pflanzen, über Zäume springen. Vielleicht ist jetzt die Zeit dafür.*

➤ *Die Mut machende Kraft einer roten Kerze kann dafür den Antrieb verleihen.*

zern entzünden; natürlich auch, wenn wir in die Flammen oder die Glut schauen. In der tief seelischen Verbindung mit dem Feuer kann dann auch Heilung geschehen ...

In den überlieferten alten Kalendern erfahren wir allerdings nichts über ein feuriges Fest zur *Sommer-Sonnenwende*. Es ist nicht einmal sicher, ob die Germanen zu diesem Zeitpunkt wirklich feierten. Zumindest gibt es keine äußere Quellensicherheit hierfür. Schriftliche Überlieferungen wie die Edda, eine Sammlung nordischer Götter- und Heldensagen, lassen lediglich auf drei Jahresfeste schließen: je eines im Frühjahr, im Herbst und im Winter. Auch für die keltische Kultur gibt es kein verbindliches Indiz für dieses Fest. Der Begriff *Litha* dafür ist nicht verbürgt, wenngleich keltisch orientierte Strömungen und Gruppierungen hierin einen alten Namen für die *Sommer-Sonnenwende* vermuten. Den heute vor allem in Skandinavien beliebten Feiern unterstellen andere dagegen eher einen christlichen Ursprung.

So entsteht die Frage: Können wir vielleicht aus späteren Quellen und dem noch greifbaren Brauchtum Hinweise auf ein vorchristliches Sonnenfest finden? Die ersten schriftlichen Belege für ein Feuer zur Sonnwende stammen aus dem 12. Jahrhundert. Die im gesamten Alpenraum vorhandenen Feuerbräuche gehen sogar erst auf Überlieferungen aus dem 18. und 19. Jahrhundert zurück. Das gemeinsame Springen über ein loderndes Feuer beispielsweise bezieht sich dort auf das Thema Fruchtbarkeit in der Ehe. Damit sollte die Feuerkraft in die Beziehung übertragen werden. Je höher der Sprung, desto höher sollte auch das Getreide wachsen. Beifuß und Johanniskraut sind die wichtigsten Pflanzen, die dabei zum Einsatz kamen. Ein Gürtel aus Beifußkraut um die Lenden getragen, heizte das körperliche Feuer der Liebe an, die Voraussetzung für kommendes Leben war. Ein Kranz aus Johanniskrautblüten im Haar der Mädchen war Sinnbild für das Licht der Sonne. Im nächtlichen Orakeln half es der fragenden Maid, „ein Licht aufgehen" zu lassen: Das Mädchen erkannte den Liebsten für das Leben.

▲ *Bezauberndes Bild der innigen Verbindung mit der Natur: Haarkranz aus den Blüten des Johanniskrautes*

Im Brauchtum des Volkes sind Mittsommerfeiern Freudenfeste – so wie an *Beltane*. Die von der immer kräftiger werdenden Sonne verwöhnte Natur in unserer Heimat steht nun auf dem Höhepunkt der Seinskräfte. Sie riss gerade die naturnahe lebenden Menschen mit sich. Liebe, Rausch und Vereinigung mit den Naturkräften standen im Mittelpunkt, ein „Heiden"spaß eben. Obwohl im Mittelalter und mehr noch in der Neuzeit mit der Aufklärung viele dieser Bräuche von weniger naturverbundenen Zeitgenossen als abergläubisch oder unzivilisiert verspottet wurden, hielten sie sich doch recht hartnäckig.

Christen verbinden die *Sommer-Sonnenwende* eher mit der Geburt von Johannes dem Täufer am 24. Juni. Die vorchristliche reine Naturverehrung am 21. Juni bezog sich dagegen auf den Zusammenhang zwischen Sonnenkreislauf und bäuerlichem Rhythmus, so wie es auch in den neuheidnischen Bewegungen der Fall ist: Es ging um den Abschied von der Sonne auf ihrem Zenit ihres Wirkens und damit gleichzeitig um die Anerkennung der Todeskraft. Mit der Einführung von Johannes dem Täufer geht nun jedoch eine Loslösung der Naturverbundenheit zu diesem Jahreszeitpunkt einher, denn im Mittelpunkt des Festes steht die Verehrung eines Menschen. Aus den *Sonnwendfeuern* wurden in der christlichen Übertragung die *Johannifeuer*. Im Volksglauben sollten sie vor Dämonen schützen und Krankheiten fernhalten. Die natürlich oftmals sehr naturverbundenen Gläubigen steckten Holzstücke in die Felder, um diese vor Ungeziefer zu schützen.

Kulturell betrachtet hatte durch diese Entwicklung die einstige Bedeutung der *Sommer-Sonnenwende* mit ihrer entfesselten Feuerkraft für Liebe und Leben ausgedient. Wie auch bei *Beltane* stand bei den christlichen Gläubigen das Licht der Hoffnung auf Auferstehung über allem. In der katholischen Ausprägung, die oftmals mit äußerer Härte bestimmte Heilige den alten Festen überstülpte, ging der ursprüngliche Festcharakter verloren. Die gesunde Verbindung zwischen Mensch und Natur, die in den alten Bräuchen noch gelebt wurde, verschwand nach und nach. Heute geht es deshalb im Grunde darum, die amtskirchlich geprägte Einseitigkeit zu überwinden und die alte heidnische Naturverbundenheit in die individuelle religiös-spirituelle Ausrichtung zu integrieren.

➤ Das Johannifeuer markiert einen Übergang. Die Dinge müssen sich ändern und wenden, wenn es weitergehen soll.

Sich persönliche Fragen stellen

Auf dem Höhepunkt der Lichtkraft gibt es eine fast unmerkliche Veränderung – ein Umschwung findet statt. Die Nächte werden wieder länger als die Tage. Gleichzeitig sind wir noch mittendrin in Hitze und Sonnenglut und nehmen um uns herum und in uns Fülle und Reichtum wahr. Alle Sinne werden durch das pralle Leben angeregt, schöpferische Kräfte wollen ausgelebt werden. Wir geben und nehmen. Alles ist im Überfluss vorhanden.

Das gleißende Licht der Sonne erhellt alles, leuchtet in das Verborgene. Das kann uns anregen, einen kritischen Blick auf die aktuellen Lebensumstände zu werfen. Gerade auf jene, die unserem seelischen Wachstum und Gedeihen nicht mehr dienlich sind oder es womöglich einschränken oder gar behindern. Es ist nicht immer leicht, der Wahrheit ins Auge zu sehen und sich einzugestehen, dass einem vielleicht manche Menschen und Verhältnisse nicht (mehr) gut tun. Denn wenn wir ehrlich zu uns sind, müssten wir dann vielleicht eine

Veränderung in die Wege leiten. Doch oftmals fürchten wir uns davor, Vertrautes zu verlassen und vermeintliche Sicherheiten aufzugeben, selbst wenn unsere inneren Regungen das deutlich zum Ausdruck bringen. Die Angst vor dem, was danach kommen könnte, kann groß sein, kennen wir auf einem neuen Lebensfeld doch die Spielregeln noch nicht. So stehen wir uns selbst im Weg. Doch ist es letztlich eine Geste der Liebe zu sich selbst, sich die Wahrheit einzugestehen, selbst wenn sie unangenehm ist und Veränderungen nach sich zieht.

Zur *Sommer-Sonnenwende* gehören die Aspekte Reife und Geduld. Verhältnisse, die im Werden und Entstehen sind, die aufgelöst werden wollen oder bei denen wir vielleicht bald eine Ernte einfahren können, bedürfen der Reifung. Geduld aufzubringen, gehört dazu. Wartenkönnen ist eine Eigenschaft, die manchmal erst noch gelernt werden muss. Beziehen Sie diese Aspekte am besten in die Betrachtung Ihrer persönlichen Themen mit ein.

◄ *Genießen und einfach sein. So wie die Natur sich feiert, so sollte man sich in gesunder Selbstliebe ab und zu auch feiern.*

Fragen zur jahreszeitlichen Qualität

» Wo ist Fülle in meinem Leben? Was verbinde ich damit? Was bedeutet das für mich?
» Wie kann ich lernen, mich besser um die Erfüllung meiner inneren, vielleicht auch kindlichen Wünsche zu kümmern?
» Wo darf noch etwas reifen, wo ist noch Geduld von mir gefordert?
» In welchem Lebensbereich könnte ich mich selbst besser umsorgen? Wo darf ich mehr nehmen, wo mehr geben?
» Wodurch kann der Austausch in meinen Beziehungen bereichert werden?
» Wie weit bin ich mit der Umsetzung meiner Vorhaben gekommen? Ist aus meinem inneren Licht, meinem seelischen Samen eine stolz blühende Pflanze geworden, die vielleicht bereits Früchte trägt? Wenn nicht: Was ist noch zu tun, um in diesem Jahr ernten zu können?
» Wo haben sich überraschende Tendenzen gezeigt, aus denen ich eine Ernte einfahren kann? Was kann ich daraus lernen, wenn anderes als von mir erwartet kam?
» Wo darf ich mich (leichten Herzens) von einem Vorhaben verabschieden ohne zu hadern?
» In welchem Lebensbereich, in dem ich mich bisher gescheut habe, genauer hinzuschauen, gilt es nun, etwas zu klären, zu bereinigen und zu verabschieden?

Selbst gestaltete Rituale mit Räucherwerk begleiten

Geeignete Räucherstoffe für die jetzige jahreszeitliche Kraft finden Sie auf der Seite 168. Alternativ passen auch folgende Räucherstoffe: Beifuß, Johanniskraut, Königskerze, Myrtenblätter, Immortelle, Basilikum, Lavendel, Orangenschale (bio), Bernstein, Opopanax oder Myrrhe, Dammar, goldener oder weißer Copal.

Was Sie außerdem brauchen ist ein Füllhorn aus Weidengeflecht oder Material, um etwas ähnliches selbst herzustellen. Das könnte ein Blatt Papier oder Geschenkpapier, ein kräftiger Filzstoff oder ein Organza-, Jute- oder Baumwollsäckchen sein. Darüber hinaus suchen Sie sich bei einem Spaziergang verschiedene Naturmaterialien wie kleine Rindenstücke, drei bis vier Zentimeter lange, dünne Aststücke, kleine Kieselsteine, Kerne von Früchten sowie Blüten und Blätter, beispielsweise von Beifuß und Johanniskraut. Wenn Sie dazu keine Zeit haben, nehmen Sie einfach Zettel oder Papierkügelchen, die Sie als Symbole für Fülle verwenden können. Halten Sie außerdem Ausschau, wo Sie einen schönen Holunderstrauch sehen, an dem Sie etwas vergraben können.

Sie eröffnen das Ritual wie üblich (siehe Seite 50 f.). Halten Sie Ihr Füllhorn und die gesammelten Naturmaterialien oder die zu kleinen Papierkugeln zusammengeknüllten Zettel bereit. Nehmen Sie jedes Ihrer Symbole ganz bewusst in die Hand und betrachten Sie es aufmerksam. Danach benennen Sie es innerlich oder laut ausgesprochen mit einem dieser Themen:

1. Fülle und Überfluss im positiven Sinn
2. Noch in der Reife Befindliches

➤ Der Erde etwas zurückgeben – in kleinen Edelsteine steckt dann eine große Geste.

3. Themen, bei denen Sie alles, was möglich war, erreichen konnten. Beispiele dafür sind Beruf, Karriere oder die Erziehung Ihrer Kinder.
4. Alles, was nicht mehr in Ihrer Macht oder Ihrem Einflussbereich liegt und was es loszulassen gilt

Bevor Sie Ihre Natursymbole oder die für Fülle stehenden Zettel in das Füllhorn legen, halten Sie es in Ihrer umschlossenen Hand an Ihr Herz. Anschließend lassen Sie den duftenden Rauch Ihrer Räuchermischung daran entlangzüngeln. Sie verbinden auf diese Weise Ihre persönlichen Themen und Wünsche mit Ihrer Herzenergie, der Kraft Ihres Verstandes und auch mit der geistigen Welt. Konzentrieren Sie sich besonders auf jene Themen, die noch reifen müssen, und bitten Sie um Unterstützung und Wandlung. Sie sammeln abschließend alles in Ihrem Füllhorn.

Suchen Sie nach dieser Zeremonie den Hollerbusch, den Holunderstrauch, auf. Der Holunder ist ein Baum der Schwelle. Er steht am Übergang in die Anderswelt der Naturwesen und dem Reich von *Frau Holle*. Der magische Strauch hilft Ihnen dabei, den richtigen Zeitpunkt zu erkennen und begleitet in zweierlei Hinsicht: Zum einen unterstützt er Reifeprozesse, zum anderen hilft er auch, sich von überholten Vorstellungen und Ideen zu lösen. Sie vergraben nun den Inhalt Ihres Füllhorns am Holunder – mit gefühltem Dank im Herzen. Sie können Ihre Themen voller Vertrauen der Anderswelt übergeben, verbunden mit der Bitte, dass sich die dortigen Wesenheiten diesen Themen zum Wohle aller Beteiligten annehmen mögen. Während dieses Abschlussrituals räuchern Sie direkt am Holunder. Dann verabschieden Sie sich von diesem Ort.

◄ Ritual in der Frauengruppe. Das Frausein bringt seelische Verbindung, sorgende Wärme und schenkende Selbstlosigkeit in die Welt.

Schnitterinnenfest, Kräuterweihe

Die Sommerglut genießen

Das sommerliche Leben hat im August seinen Gipfelpunkt erreicht. Für viele gibt es nichts Schöneres als laue Sommernächte – auch wenn die Tage nicht mehr ganz so lange sind und es bereits wieder früher dunkel wird. Jetzt ist Erntezeit. Auf den Feldern ist der Weizen reif. Manche Flächen sind bereits abgeerntet und wir blicken auf die gelben Stoppeln. Mit Brombeeren, Stachelbeeren, Aprikosen, Mirabellen, Kirschen und vielen anderen Obst- und Beerensorten ist der Tisch überreich gedeckt. Gewitter oder große Trockenheit können in diesen Wochen den Früchten noch gefährlich werden.

Die leuchtenden und satten Farben, an denen wir uns im Mai und Juni gelabt haben, beginnen zu verblassen. Fast scheint es, als ob sie von der Sonnenkraft ausgeblichen wurden. Diese hat die Badeseen und Flusstümpel aufgewärmt, die zu Schwimmrunden mit anschließendem Picknick einladen. Die Luft ist erfüllt von frisch geschnittenem Heu. In der Welt der Singvögel ist es ruhiger geworden. Die ersten Zugvögel reisen bereits ab, andere wiederum erneuern in der Mauser ihr Federkleid. Der Übergang in eine nächste Phase des Jahres ist spürbar.

Der Altweibersommer kündigt sich an. Dazu gehören Frühnebelbänke in Flusstälern, kühlere Morgen und feine Tröpfchen an den Spinnennetzen. Bevor er so richtig da ist, zieht es heutzutage viele Menschen nochmals in die Ferne. Bei den meisten ist der August die Haupt-Urlaubszeit, die Zeit von Fernweh und Reisen. Egal ob wir in unseren heimischen Breiten bleiben oder in fremden Ländern entspannen und die Seele baumeln lassen: Die Jahreszeit lädt uns ein, das Leben nochmals ausgiebig und in vollen Zügen zu genießen – vielleicht schon mit einer kleinen wehmütigen Ahnung im Herzen, dass der Sommer in nicht allzu weiter Ferne schon zu Ende ist.

Datum:
2. August

keltisches Hochfest:
Lughnasad, Lammas, Schnitterinnenfest; Mondfest

christlich:
Mariä Himmelfahrt am 15. August, Beginn der Frauendreißiger

◄ Die Natur bereitet sich auf die Erntezeit vor. Es gibt viel zu tun.

▲ *Ein Dankesritual für die Fülle an einem See. Über das Wasser verbreiten sich die guten Gedanken an alle Ufer.*

Den eigenen Jahreskreis-Altar richten

In der Natur begegnen uns die hellbraunen, sand- und erdfarbigen Töne abgemähter Getreidefelder und trockener Gräser. In der Seele lösen sie Stimmungen aus, die um Standfestigkeit, Sicherheit und Wärme kreisen und eine erlösende und entkrampfende Wirkung haben. Ins Braune gehende Schattierungen stehen stärker für Fruchtbarkeit und die Fülle der Erde. Das erfrischende Türkis dagegen spiegelt – als Farbe der südlichen Meere – die hochsommerliche Hitze. Es energetisiert, regt an, steht für das Tun und Handeln in der Welt. Im knalligen, kraftvollen Pink wiederum begegnen wir aktiver, selbstsicherer Weiblichkeit. Es ist die Farbe der Aufmerksamkeit. Sie sagt an und gibt vor.

In unserer jahreszeitlich gestalteten Ecke weisen wir mit diesen drei Farben bereits auf die kommende Qualität des Jahreskreises: Es geht darum, vollkommen die Fülle der Hochsommerzeit zu genießen, rege und ganz beschäftigt mit der Umsetzung unserer Vorhaben zu sein und zu zeigen, dass es nichts zurückzuhalten oder zu verstecken gibt. Wir strecken unsere Fühler mutig, lebensfroh und voller Energie aus.

Passende Farben: Hellbraun, Türkis, Pink

Den Tag der Reife aller Früchte feiern

Der Ursprung und die Bedeutung *Lughnasads* liegt in der irischen Mythologie. *Lugh*, der *Leuchtende*, ist eine keltische Gottheit. Sein Name bedeutet auch *Tod* oder *Tötung des Lugh*, wobei unklar bleibt, ob er selbst getötet wird oder jemanden anderes tötet. *Lugh* stiftete das Jahreskreisfest *Lughnasad* zu Ehren seiner am 1. August verstorbenen Mutter *Tailtiu*. Diese war eng mit der Landwirtschaft verbun-

➤ *Satte Farben sind wie ein Nachglühen der vergangenen heißen Wochen. Doch langsam kommen die Brauntöne zurück.*

den, rodete Wälder, legte fruchtbare Ebenen an und versprach Fülle und Reichtum. Damit sich dieses Versprechen erfüllte, gab es von Mitte Juli bis Mitte August zahlreiche Veranstaltungen des Volkes: Spiele, Jahrmärkte, Festessen, Tanz und Pferderennen prägten die Festlichkeiten, die auch als *Tag der Reife aller Früchte* bezeichnet wurden. Irgendwann entwickelte sich *Lughnasad* zu einem königlichen Pflichtfest mit der Aufgabe, Schutz gegen alle möglichen Widrigkeiten zu gewährleisten und Frieden und Wohlstand zu garantieren. Der Kult überwand seinen insel-keltischen Ursprung und setzte sich beispielsweise im antiken Lugdunum, dem heutigen Lyon, als *Augustusfest* fort. In dieser römischen Interpretation war er nach wie vor geprägt vom Motiv eines Ernte- und Fruchtbarkeitskultes. Allerdings spielten nun andere Personen die Hauptrolle: Geehrt wurden der vergöttlichte Kaiser *Mercurius-Augustus* und die Muttergottheit *Maria-Augusta*.

Im Lauf der Zeit verlor *Lughnasad* vieles von seiner ursprünglichen Bedeutung. Der alternative Name *Lammas* oder *Petri Kettenfeier* beinhaltet große angelsächsisch-christliche Einflüsse. Hier liegt die Wurzel in folgendem Ereignis: Der Apostel Petrus wurde in seiner Gefangenschaft in Ketten gehalten, bis ihm am 1. August ein Lichtengel erschien und die Fesseln sich lösten. Er konnte dem Kerker durch dieses Wunder entkommen, was Grund genug war für ein Fest. Im Begriff *Lammas* steckt das englische *loaf-mass*, das heißt *Brot-Messe* oder *Laib-Messe*. Hierin zeigen sich noch Reste vom *Tag der Reife aller Früchte*, denn die Bauern brachten am 1. August zum Dank für den Erntesegen Brote und Früchte in die Kirche.

Es gab in alter Zeit noch andere Feierlichkeiten im Hitzemonat August. *Vertumnalien* sind jene Festtage um den 13. August, in denen die Römer ihren Gott *Vertumnus* – den Gott der Jahreszeiten, des Wandels und des Wechsels – ehrten. Seit dem 5. Jahrhundert wird das älteste der Marienfeste gefeiert: *Mariä Himmelfahrt* am 15. August. Die Zeit danach ist bekannt als *Frauendreißiger*, eine

▲ *Beeren und Früchte zeigen, wie wohlgesonnen uns die weisen Kräfte hinter den Dingen sind.*

Spanne von 30 Tagen, in der die Kräuter als besonders heilkräftig galten und deswegen gesammelt werden sollten. In der katholischen Kirche ist das der Zeitraum der Verehrung Marias bis zum 15. September. Er gilt dem Gedächtnis an den Tod und die Aufnahme Mariens in den Himmel.

Rund um den 15. August finden in katholischen Regionen *Kräuterweihen* und *Kräuterprozessionen* statt. Der Brauch geht auf die Legende zurück, dass bei der Öffnung von Marias Grab duftende Blumen zu finden waren – als Sinnbild für Maria selbst. In zahlreichen Liedern, Gebeten und auf Bildern wird sie als „Blume des Feldes und Lilie der Täler“ angebetet und verehrt. Für die Kräutersträuße des *Frauendreißigers* gibt es je nach Brauchtum und Region unterschiedliche Vorgaben über die Anzahl der Pflanzen: 7, 9 bis 12, 15, 19, 24 und sogar 77 oder 99. In der christlichen Zahlensymbolik steht die Zahl 7 für Fülle und Vollendung, jedoch auch für die sieben Schmerzen Mariens, die sie durch die Qualen ihres Sohnes Jesus erlitt.

▲ *Eine starke Geste: Kräuter in einem Weiheritual über glühenden Kohlen zu verräuchern, weist deutlich auf das Wandelbare hin.*

Die Kelten und Germanen bezogen sich eher auf die Zahl 9. Die 9 verkörperte etwas Heiliges so wie die neun Welten des Weltenbaumes *Yggdrasil,* der in der germanischen Mythologie den Kosmos darstellt und gleichzeitig auch die Entwicklung der Menschheit bis in die heutige Zeit hinein und darüber hinaus. Sie begegnet uns in der Neunerlei-Kräutersuppe zu *Ostara* und im Neunerlei Holz, welches unsere keltisch-germanischen Vorfahren in Notsituationen verbrannten.

In einem typischen *Kräuterbuschen* mit neun heilwirksamen Pflanzen bildet auch heute noch die Königskerze die prachtvolle Mitte, umgeben von Johanniskraut, Schafgarbe, Kamille, Baldrian, Minze, Arnika, Wermut oder Beifuß und Tausendgüldenkraut. Auch Getreidehalme werden gerne in den Sträußen verwendet. Sie symbolisieren traditionellerweise die Bitte um das tägliche Brot sowie die Vergänglichkeit alles Erdgebundenen. Die verwendeten Kräuter und Gräser waren abhängig von der jeweiligen Region. Mitten im August haben vor allem jene Kräuter, deren Heilwirkung auf den ätherischen Ölen beruhen, aufgrund der Sonneneinstrahlung ihre höchste Wirkkraft. In der christlichen Vorstellung verdoppelt der Segen Mariens diese Heilwirkung.

Die *Kräuterweihe* ist erst im 10. Jahrhundert entstanden. Wie so oft war der Hintergrund dafür das Bestreben, die alten heidnischen Bräuche, die in bäuerlichen Gegenden noch verankert waren, mit der christlichen Sichtweise zu verbinden. Die Kräutersträuße behielten natürlich ihre ursprüngliche Wirkung – als Medizin der einfachen Leute, vor allem für die strenge Herbst- und Winterzeit. Unsere Vorfahren trockneten sie für Tees und als Räuchergut und gaben sie als Opfergeste bei Gewitter dem Herdfeuer bei. Die Pflanzen schützten vor heftigen Naturereignissen und brachten, in den *Raunächten* geräuchert, Mensch wie Vieh gesund über den Winter.

Neben dem Kräuterbuschen gibt es auch den Brauch der *Höhenfeuer,* die um diese Jahreszeit in vielen Regionen noch immer brennen. Sie beziehen sich ursprünglich wohl auf den sterbenden Sonnengott *Bel,* der von Flammen verschlungen wird – als Sinnbild für die letzten Kräfte des Sommers. Das hängt mit dem Geschehen zusammen, von dem auch die keltische und germanische Mythologie zeugt. Zur *Sommer-Sonnenwende* war es noch die liebende Göttin, der wir begegnet sind. Jetzt hat sie sich in die reife Göttin verwandelt. Im Bild der Schnitterin zeigt sie sich selbstbewusst und machtvoll als diejenige, die im richtigen Moment die Sichel zur Hand hat und das Korn schneidet. Sie lehrt uns den Schnitt zum richtigen Zeitpunkt, denn ein zu langes Warten lässt die Ernte verderben. Das reife Getreide wird zum überlebenswichtigen Vorrat für die lange Winterzeit.

Die Verbindung des Götterpaares wandelt sich ebenfalls. Der Gott, Symbol für die Vegetation, macht sich bereit, sich ganz von seinem irdischen Dasein zu lösen. Er wird immer schwächer. Die

Göttin jedoch bleibt voller Macht: Sie setzt Grenzen, durchtrennt, schneidet ab. Sie kündigt damit an, dass der Tod zum Leben gehört.

Sich persönliche Fragen stellen

Die jahreszeitliche Energie lässt uns den Sommer in seiner ganzen Kraft spüren. Doch es ist auch deutlich: Was nicht voll ausgereift ist, kann man nicht ernten. Nur dort, wo die heiße Sonne die Früchte zur Reife brachte, können Samen entstehen. Beides steht uns vor Augen: Fülle wie Leere, Licht wie Schatten.

Wir würdigen jetzt das, was die Seele wärmt: die tiefe Liebe zu einem Menschen, vertraute und innige freundschaftliche Beziehungen, ein stabiles, soziales Umfeld, die tägliche Freude am Beruf und in der Arbeit, Einklang mit sich selbst, Leichtigkeit, Lachen, Fröhlichkeit. Hier leben Licht und Fülle.

Doch gibt es auch unreife, überreife oder uns unangenehm aufstoßende „Früchte", die nicht geerntet werden können. Wir müssen dann vielleicht eine Leere aushalten, kommen aus den Schattenbereichen nicht heraus. Doch es gilt, auch dafür die persönliche Verantwortung zu übernehmen. Die Übergangsphase bis zu den dunklen Monaten, die mit dem November beginnen, eignet sich, um darüber nachzudenken, innerlich damit umzugehen. Was wir bereits jetzt tun können, ist – je nach innerer Bereitschaft –, die noch intensive Sonnen- und Feuerenergie zu nutzen, um einen Schnitt zu setzen.

Vielleicht hat sich für Sie herauskristallisiert, wo im Leben Sie eine Grenze ziehen oder einen „alten Zopf" abschneiden sollten. Die Natur verdeutlicht, dass es ohne Tod kein neues Leben gibt. Auch das Leben der Ackerpflanzen wird beendet, damit sie uns als Nahrung dienen. Wird die Entscheidung zur Ernte zu lange hinausgezögert, verdirbt sie.

▲ *Harze sind eine Gabe, die uns vor allem die Nadelbäume überlassen. – Sie geben Räuchermischungen eine tiefe und kräftige Note.*

Das altüberlieferte Sinnbild für diese Zeit und die damit verbundene Qualität ist also die Sichel, das archaische Schneidewerkzeug für die Ernte. Wer einmal mit einer Sichel gearbeitet hat, weiß, wie harmonisch die Erntebewegung damit ist. Wenn Sie im übertragenen Sinn die Sichel in die Hand nehmen, fassen Sie sie ganz souverän. Fühlen Sie sich als Meisterin oder Meister des richtigen Schnittes. Er sollte beim ersten Mal sitzen. Mit dieser Haltung und der passenden Umsetzung, gepaart mit Wärme und Herzlichkeit, können Sie den „alten Zöpfen" würdevoll Lebewohl sagen.

▼ Jede Form der Ernte – in der Natur wie im Seelischen – braucht einen sicheren Schnitt.

FRAGEN ZUR JAHRESZEITLICHEN QUALITÄT

» Bei welchen Themen brauche ich eine Entscheidung, um etwas zu beenden, damit Neues wachsen kann?
» Von welchen Dingen oder Menschen sollte ich mich trennen – und dabei auch annehmen können, dass die Beziehung dazu nie in eine Reife gelangt?
» Wo – seelisch wie räumlich – will ich Licht und Luft ins dunkle Dickicht bringen?
» Bei welchen Themen gilt es, nicht unbedingt den ganzen Faden zu durchtrennen, sondern ein Zuviel wegzuschneiden?
» Wo braucht etwas noch mehr Zeit, damit es in mir zur Reife kommt?
» Wo kann ich voller Freude bereits meine aufgegangenen Samen, meine Ernte einfahren?

Selbst gestaltete Rituale mit Räucherwerk begleiten

Geeignete Räucherstoffe für die jetzige jahreszeitliche Kraft finden Sie auf der Seite 168. Alternativ passen auch folgende Räucherstoffe: Fenchel, Rosmarin, Bernstein, Tonka, Labdanum, Dammar, weißes Sandelholz, weißer Copal, Patchouli. Was Sie außerdem brauchen, ist loses, möglichst getrocknetes Marien- oder Süßgras oder eine staudenartige Räucher- und Duftpflanze. Auch Getreidehalme eignen sich für den anvisierten Zweck. Wichtig ist, dass das Pflanzengut nicht in die Haut schneidet und so biegsam ist, dass Sie daraus einen Zopf mit drei Strängen flechten können. Wenn Sie an derartiges Naturmaterial nicht herankommen, nehmen Sie alternativ drei Bänder, kräftige Schnüre oder dicke Wollfäden aus reinen natürlichen Materialen ohne synthetische Fasern, aus denen Sie

◄ *Türkis und ein ins Pinkfarbene gehende Rot sind die kraftvollen Farben der Jahreszeit.*

ebenso gut einen Zopf flechten können. Darüber hinaus benötigen Sie ein scharfes Messer, eine Sichel oder eine Schere. Sorgen Sie auch für ein Feuer im Freien oder in einer kleinen Schale auf dem Balkon oder der Terrasse.

Eröffnen Sie Ihr Ritual wie üblich mit einer Abräucherung aus Salbei und rufen Sie die Kräfte herbei, von denen Sie sich Unterstützung und Begleitung wünschen. Der erste Schritt ist, „alte Zöpfe abzuschneiden“. Nehmen Sie dafür drei Stränge Ihres Naturmaterials oder drei Bänder zur Hand und flechten Sie sinnbildlich all das hinein, was für Sie zu einem alten Zopf geworden ist. Sprechen Sie immer laut aus, bei welchem Thema Sie jetzt einen Schnitt im Sinne von Loslassen setzen wollen. Spüren Sie, wie die überholten Themen in den Zopf eingeflochten werden – und sich in Ihnen dabei ein Gefühl von Befreiung und Leichtigkeit ausbreitet.

Irgendwann haben Sie alles eingeflochten. Im nächsten Schritt schneiden Sie den Zopf dann ganz bewusst in kleine Stücke und verbrennen diese einzeln im Feuer. Nehmen Sie voller Bewusstheit Abschied. Vielleicht ist ein Stück dabei, das Sie noch nicht gehen lassen können. Das Zögern oder eine gefühlte Zurückhaltung dürfen Sie ernst nehmen. Solche Stimmungen und Gefühle wollen angeschaut, angenommen und integriert sein. Gehen Sie dem Impuls nach, wenn ein Thema noch eine Weile bei Ihnen bleiben möchte.

➤ *Einen Zopf aus Süßgras kann man leicht selbst flechten. Der unnachahmliche Duft entwickelt sich beim Trocknen der Halme.*

Es kann aber natürlich durchaus sein, dass Sie den Zopf vollständig abschneiden und verbrennen. Oder es sind noch einzelne Stückchen unverbrannt übrig. Sie können dann nach einer gewissen Zeit in einem weiteren Reinigungsritual prüfen, ob die Zeit reif ist, auch diese loszulassen. Fragen Sie sich nach dem Grund, warum Sie daran noch festhalten mussten. Beschäftigen Sie sich konkret und mit einer klaren inneren Ausrichtung damit. Sie können das Ritual an dieser Stelle nun beenden oder einen weiteren Schritt anschließen:

In diesem folgenden Schritt geht es um das Ernten und Danken. Sie können als Teil des obigen Rituals einen schönen Kräuterstrauß sammeln – oder Sie haben das bereits getan. Den Erntevorgang können Sie ganz bewusst gestalten: Wählen Sie die Pflanzen mit innerer Ruhe und in Achtsamkeit aus. Beschäftigen Sie sich auf allen Ebenen mit der jeweiligen Pflanze: Wie fühlen sich die Blätter, Blüten und Stängel an? Was spüren sie an Ihren Fingerkuppen, wenn sie sie zart anfassen, geradezu streicheln? Was genau sehen Sie? Was fällt Ihnen besonders ins Auge? Ist es ein aufrechter, stolzer Wuchs, eine wilde Ausstrahlung, eine leuchtende Farbe, ein irgendwie einnehmendes Wesen? Die Antworten, die in Ihnen auftauchen, sind wie ein Gespräch mit der Pflanze.

Gehen Sie dann weiter zum nächsten Schritt: Wie fühlt sich der Augenblick an, wenn Sie „den Schnitt setzen?“ Gilt es, sich zu überwinden – oder überwiegt die Freude, einfach das ernten zu dürfen, was die Natur schenkt? Wichtig ist auch immer ein guter, stimmiger Abschluss. Beenden Sie das Ernteritual, indem Sie sich bei den Pflanzenwesen bedanken. Sie können beispielsweise ein kleines Speise- oder Trankopfer an jener Stelle zurücklassen, an der Sie geerntet haben. Der Kräuterstrauß, den Sie am Ende in Ihren Händen halten, stellt die Fülle Ihrer persönlichen Ernte dar.

Das müssen nicht unbedingt materielle Dinge sein, die es noch bis zum Herbst zu ernten gilt, sondern kann die gesamte Palette beinhalten, die

die Choreographie des Lebenslaufes widerspiegelt: von kleinen persönlichen Veränderungen bisheriger Verhaltensmuster und dem Überwinden ungeliebter Gewohnheiten bis hin zu Änderungen am Arbeitsplatz, Wohnort oder in Beziehungen. Vielleicht ist es Ihnen gelungen, sich gesünder und bewusster zu ernähren oder Sie haben endlich an einem Kurs teilgenommen, der sie schon lange interessiert hat. Auch die ersten Schritte zählen, die getan worden sind, um beispielsweise ein ungeliebtes Arbeitsumfeld zu verlassen: Sie haben die Fühler ausgestreckt und schauen sich nach einer anderen Betätigung um oder haben eine Fortbildung begonnen, um die Chancen auf einen Arbeitsplatzwechsel zu erhöhen. Möglicherweise ist Ihnen ein befruchtendes Gespräch innerhalb der Familie oder in Ihrer Beziehung gelungen, wodurch sich verhärtete Rollen und eingefahrene Muster verändern konnten und Sie sich wieder mehr gesehen oder an Ihrem Platz fühlen.

Es kann vielleicht sein, dass sich in Ihnen eine Entscheidung anzubahnen beginnt, einen lang gehegten Urlaubswunsch oder eine Auszeit von Familie und Beruf endlich in Angriff zu nehmen. Es ist jetzt nochmal die Zeit, sich tief mit den Bedürfnissen der eigenen Seele zu befassen und zu ergründen, wohin es bis zur *Herbst-Tag-und-Nacht-Gleiche* noch gehen soll.

Segnen Sie Ihren Kräuterstrauß abschließend in einer Räucherung. Das verstärkt den inneren Bezug zu den jeweiligen Themen und hilft, diese im weiteren Lebensverlauf wie gewünscht zu verändern. Sie können ihn gut auf Ihren Jahreskreis-Altar stellen oder – wie im Brauchtum – zum Trocknen aufhängen. In Notsituationen, bei Krankheit oder Schicksalsschlägen können Sie etwas davon verräuchern oder für einen Tee nehmen. Zum alten Brauch gehört es auch, den Strauß ein Jahr später zu verbrennen und mit einem neu Geernteten zu ersetzen.

Die roten Blätter der Stockrose werten jede Kräutermischung auf. – Zahlreiche Pflanzen warten jetzt darauf, Teil einer Räuchermischung zu werden …

Herbst-Tag-und-Nacht-Gleiche

Mit dem Erntesegen in den Abschied gehen

Für viele ist der September der schönste Monat im Jahr. Allmählich erlischt die Kraft des Sommers und geht über in herbstliche Reife. Tagsüber ist es oft noch schön warm, gleichzeitig sind die Nächte kühl und morgens sehen wir vermehrt wabernde Nebelschwaden über den Feldern liegen. Die Vegetationsperiode geht zu Ende, wenngleich wir noch die Früchte des Sommers genießen können.

Die Kräuterernte ist fast abgeschlossen. Was jetzt noch geerntet werden kann, liegt in der Erde verborgen: Bis Ende Oktober können wir Wurzeln graben, etwa jene von Alant und Angelika. Beide beschenken uns mit einem sehr aromatischen Räucherduft und sind fester und wirksamer Bestandteil in Mischungen für die Räucherung des Hauses und Stalles oder auch von Personen. Allerlei Wildgehölze warten mit feinen, besonderen Früchten auf, beispielsweise Eberesche, Sanddorn, Weißdorn, Holunder und Schlehe. Die getrockneten Früchte eignen sich ebenfalls gut für Räuchermischungen. Sie erfreuen mit einem herbstlichen Farbenspiel das Auge und die Nase mit einer fruchtig-würzigen Note.

Auf feuchten Wiesen und an Böschungen stehen die Herbst-Zeitlosen mit ihren krokusartigen Blüten. Astern, Dahlien, die eher unscheinbare Fetthenne und manche Rosen sorgen zusammen mit anderen Herbstblühern für das letzte bunte Farbenspektakel im Garten. In den Weinbergen beginnt die Lese. Je nach Witterung verfärbt sich das erste Laub oder fällt bereits zu Boden. Wespen und Hornissen drehen noch einmal auf und haben jetzt ihre Hauptflugzeit. Doch gegen Ende des Monats endet diese schon wieder. Bei den Hirschen beginnt die Brunft und bei den Vögeln das Wunder der großen Züge Richtung Süden. Alle Tiere bereiten sich für die kalte Jahreszeit vor, manchen davon – Pferden, Füchsen oder Rehen – wächst der Winterpelz.

Der Altweibersommer hält Einzug. Der Begriff hat nichts mit „alten Weibern" zu tun, sondern leitet sich von der alten Bezeichnung für *weben,* nämlich *weiben* ab. Gemeint sind damit die Fäden der Spinnen, die gerade im Herbst, wenn der Tau in den Netzen hängt, geheimnisvoll glitzern. Mit dem Altweibersommer ist eine stabile Wetterlage mit gleichbleibend warmen Tagen verbunden. Nun ist klar, dass sich der Sommer verabschiedet hat. Die letzten warmen Sonnenstrahlen locken uns in die Straßencafés, das Gesicht sehnsüchtig Richtung Sonne gereckt und vielleicht schon mit einer warmen Decke um die Hüfte.

◄ Fliegenpilz, Fichtenharz und Räucherkohle: ein kleiner persönlicher Kraftort, der auch wieder verschwinden darf

➤ *Die sterbende Natur schmückt sich zum letzten Mal: Rote Beeren gehören dazu.*

Die quirligen, lebendigen Wochen des Sommers mit den vielen Erlebnissen unter freiem Himmel ziehen vor unserem inneren Auge vorbei. So mancher Sommertraum mag noch das Gemüt erwärmen, aber kalte Nächte und der erste Frost sind nicht mehr fern. Bei manchen breitet sich jetzt etwas Wehmut im Herz aus – aufgrund des Gefühls, etwas zurückzulassen, nämlich die Leichtigkeit und den Übermut der Sommertage. Ganz langsam stimmen wir uns auf die dunkler und kälter werdende Jahreszeit ein. Im Unterschied zur *Frühlings-Tag-und-Nacht-Gleiche* vor sechs Monaten können wir jetzt statt Aufbruch und Neubeginn ein Gefühl der Sättigung und des Abschlusses wahrnehmen. Mit dem Abschied der warmen Jahreszeit wenden wir uns mehr nach Innen.

Datum:
21. September

meteorologisch:
Herbst-Tag-und-Naht-Gleiche, Herbstäquinoktium

neuheidnisch, germanisch:
Mabon, Alban Elved; Sonnenfest

christlich:
Matthäustag, Michaeli (Michaelstag)

➤ *Die Kräfte der Pflanzenwelt kehren in den Boden zurück.*

Wer einen Obst- und Gemüsegarten hat, ist vielleicht mit dem Einkochen und Einlagern all der üppigen Geschenke aus dem herbstlichen Füllhorn beschäftig. Diejenigen, die ihren Kaminofen lieben oder mit Holz heizen, überprüfen ihre Holzvorräte und stapeln Scheite. Die ersten warmen Lieblingsstücke aus dem Kleiderschrank kommen zum Einsatz. So manch einer spürt sogar weniger Wehmut als vielmehr Vorfreude auf die kalte, stille und klare Jahreszeit. Sie winkt bereits und lädt uns ein, sich ihr bei einer Tasse Kaffee oder Tee, warm eingekuschelt auf dem Sofa, hinzugeben. Wohlige Räucherdüfte, die uns an den sommerlichen Kräutergarten und an Spaziergänge im Wald erinnern, sind die treuen, uns innerlich wie äußerlich wärmenden Begleiter.

◄ *Das wie aus einer eigenen Welt stammende Gold – Farbe der Vollkommenheit – darf nun in die beginnende dunkle Zeit hineinstrahlen.*

Passende Farben: Gold, Purpur und Orange

Den eigenen Jahreskreis-Altar richten

Der Herbst wartet üppig auf, um die jahreszeitliche Wende deutlich zu machen. Wenn wir jetzt die Wohnung oder das Haus schmücken, haben wir die Qual der Wahl: schöne, bunte, besonders geformte Herbstblätter von Eiche oder Ahorn, die papierartigen Blüten der Hortensien, der Große Wiesenknopf mit seiner dunkelrot schimmernden Farbe, Heidekraut in den unterschiedlichsten Tönen, Hagebutten, Goldrute, daneben Nüsse und Kastanien, Kürbisse, goldgelbe Quitten und rotbackige Äpfel ... Die Fülle und Vielfalt versetzt uns ins Staunen über all diese Wunderdinge und vielleicht sogar in eine Stimmung der Verehrung der Mutter Natur. Die kulinarischen Genüsse – wie Kürbissuppe, Gemüsekuchen und neuer Wein – machen uns den Übergang in eine neue jahreszeitliche Qualität leicht.

Die passenden Farben sind Gold oder Gelbgold, Purpur bis Blaulila, und ein sattes Orange, wie wir es von Kürbissen kennen. Gold steht wie keine andere Farbe für Fülle und Üppigkeit. Wir empfinden es als wärmend und verbinden damit das schönste Licht und die Strahlen der Sonne. Im Goldton begegnen wir der Vollkommenheit und der Verwandlung des Irdischen ins Göttliche. Welche passendere Farbe gäbe es, um den Dank für die Erntefülle ins Reich der Götter zu schicken?

Purpur und kräftiges Blaulila vereinigen in sich Erhabenheit und Mystik. Gleichzeitig steht diese Farbigkeit für Demut und Hingabe – also für Seelenstimmungen, die wir jetzt angesichts der Vielfalt reifer Früchte und Gemüse, die die Natur uns jedes Jahr aufs Neue und völlig vorbehaltlos schenkt, empfinden können.

▲ *Orange steht für Üppigkeit und Freude und gehört ganz wesentlich zum Erntedankfest dazu.*

In einen Orangeton kleidet sich Bacchus, der römische Gott der Ausschweifungen, der Fruchtbarkeit und des Weines. Die wohltuende, positiv stimmende Wirkung dieser Farbe offenbart sich in Lebensfreude und neuer Energie. Genau das braucht manch einer angesichts des Beginns der dunklen Jahreshälfte.

Mabon, Matthäus und Michael kennenlernen

Die *Frühlings-* wie die *Herbst-Tag-und-Nacht-Gleiche* werden auch *Äquinoktien* genannt. Der Begriff setzt sich zusammen von lateinisch *aequus*, was für *gleich*, sowie *nox*, was für *Nacht* steht. Die Bezeichnung *Mabon* ist – wie auch *Alban Elved* – ein Begriff neueren Datums. Er soll erst 1970 von einem neuheidnischen Autor für die *Herbst-Tag-und-Nacht-Gleiche* geprägt worden sein.

Mabon kommt aus der keltischen Mythologie und meint den Sohn der Göttin *Modron*. Sie fungiert als Muttergöttin und als Göttin der Übergänge zwischen den Jahreszeiten und in die sogenannte Anderswelt, ins Jenseits. *Mabon* steht in engem Zusammenhang mit dem gallischen Gott *Maponos* oder *Mapunus*, des Gottes der Jagd, der Jugend, der Fruchtbarkeit und des Lichts. Trotz fehlender schriftlicher Überlieferung lässt sich damit immerhin der Begriff *Mabon* für die *Herbst-Tag-und-Nacht-Gleiche* nachvollziehen. Das Sonnenlicht zieht sich jetzt stetig zurück, so wie sich auch *Mabon* oder *Maponos* als keltische Gottheit der Fruchtbarkeit und des Lichts zurückzieht. Es gibt auch eine andere Geschichte und Auslegung: *Mabon* wird seiner Mutter im Alter von drei Tagen geraubt. Sie sucht ihn und findet ihn in der Anderswelt, im Bauch der Mutter Erde wieder. Von dort taucht er als wiedergeborener Sohn zur *Winter-Sonnenwende* wieder auf.

Der germanischen Mythologie nach tun sich zu den Festlichkeiten der Erntezeit die Götter *Týr*, der für die Sonne, und *Þórr*, der für das Gewitter steht, zusammen. Mit vereinten Kräften versuchen sie, dem Winterriesen *Hymir* das für das Wachstum notwendige Wasser zu rauben. Da auch *Loki*, der Gott der hochsommerlichen Hitze, noch immer herrscht, kann es zu späten Gewittern kommen.

Der Blick in das Brauchtum schenkt uns einen weiteren Zugang zur Zeitqualität. Der Erntemonat September war früher von außerordentlicher Bedeutung. Alles, was jetzt für den Winter geerntet und haltbar gemacht werden konnte, war Garant für ein sicheres oder besseres Überleben in der kalten Jahreszeit. Je besser die Wettergötter gelaunt waren, desto verlässlicher konnten unsere naturnah lebenden Vorfahren mit einer reichhaltigen Ernte rechnen. Den Vegetationsgöttern brachten sie Opfer und es fanden Dankesfeiern statt. Diese *Erntedankfeste* begannen um die Zeit der *Herbst-Tag-und-Nacht-Gleiche* und dauerten bis zum darauf folgenden Vollmond. Die noch mit der Natur und ihren Wesenheiten verbundenen Menschen opferten ihren Fruchtbarkeitsgöttern und -göttinnen die besten Früchte und Nüsse.

Je nach Region sind Wein-, Zwiebel- und Kartoffelfeste sowie Kirchweihen beliebt. Die jeweiligen Feste orientierten sich an der regionalen Ernte. Die Ernte des Hopfens war Ursprung für das bekannte Oktoberfest. Auftakt für das Bierbrauen mit frischem Hopfen und Malz war *Michaeli*, der *Michaelstag*, der christliche Festtag des Erzengels Michael am 29. September. Er fungiert als Schutzpatron des deutschen Volkes und der katholischen Kirche und ist Anführer der „himmlischen Heerscharen“, die mit dem Christus verbunden sind.

Die Redewendung „Mariä Lichtmess bläst das Licht aus, Sankt Michael zündet's wieder an" bedeutet, dass ab *Michaeli* bei Kerzenschein oder künstlichem Licht gearbeitet wird, bis im Februar an *Mariä Lichtmess* dann endlich wieder das natürliche Licht ausreicht. Die früheren *Michaelsfeuer* am Vorabend des *Michaelstages* stellten unübersehbar das Entfachen des Lichtes in den Stuben sinnbildlich in die Natur. Mit diesem Zeitraum sind in manchen Gegenden bis heute im erdverbundenen und tiefreligiösen christlichen Bauerntum auch Lostage, Wettertage und Erntebräuche verknüpft sowie der Almabtrieb der reich geschmückten Kühe. Auch im herbstlich-christlichen Kult geht es maßgeblich um Ehrung, Dank und Segen der Ernte. Die Bauern feiern das Ende einer arbeitsreichen Zeit und danken hoffnungsfroh für das Überleben in den kommenden Monaten.

In der christlichen Tradition gibt es gegen Ende September noch einen anderen Festtag: Der 21. September ist der *Matthäustag*. Auf den Apostel Matthäus geht das erste und längste Evangelium im Neuen Testament zurück. Im immerwährenden Bauernkalender gilt der *Matthäustag* als Winteranfang und wichtiger Orakeltag für Wettervorhersagen. Es heißt hier: „Wie's Matthäus treibt, es vier Wochen bleibt“ oder „Die Wintersaat gar wohl gerät, wenn man bis Matthäus sät“.

Sich persönliche Fragen stellen

Der Herbstbeginn verkündet einen stillen Wendepunkt. Wir schauen sacht und liebevoll auf die vergangenen Monate und können uns darin üben, im Rückblick eine möglichst neutrale Sichtweise zu haben und nichts zu bewerten. So wie sich unter den Bäumen langsam die Blätter sammeln, sammeln wir die Erfahrungen und Erlebnisse der letzten Monate und lassen sie vor unserem inneren Auge vorüberziehen. Eines ist wichtig: Es geht an dieser Stelle noch nicht um tiefes Loslassen und Verabschieden. Zu einseitig wäre es für die innere Haltung, sich lediglich in eine „Trauerarbeit“ zu begeben, auch wenn diese sich ja nicht nur auf den Tod eines nahestehenden Menschen beziehen muss, sondern ebenso auf Situationen und Themen, die losgelassen werden wollen.

▼ *An Michaeli gedenken die Christen dem Erzengel Michael, der für manche der jetzige Zeitgeist ist.*

Hier fehlt die andere Seite, das ausgleichende Gegenstück: „Dankes- und Freudenarbeit" gibt es (bisher) in unserem Sprachgebrauch nicht. Die Brille, durch die Sie zum jetzigen Zeitpunkt des Jahres schauen können, ist die der Dankbarkeit und Freude. Genau das ist es, was Ihnen seelisch gut tut und ihr Gemüt durchlichtet. Stellen Sie sich einen herbstlichen Laubwald vor – vielleicht haben Sie auch das Glück, jetzt von Ihrem Fenster aus auf einen blicken zu können. Der überaus farbenprächtige Umkehrschwung der Natur ist nicht zu übersehen. Wenn Sie diese Zeitqualität auf sich selbst anwenden, lernen Sie, die Pracht Ihres eigenen Lebens der vergangenen Monate mit lichtvollem Blick wahrzunehmen und wertzuschätzen. Jetzt ist erlaubt, was wir uns sonst vielleicht nie oder nur selten zugestehen: ein gesundes Selbstlob! Es geht nicht um Maßlosigkeit oder Eitelkeit, sondern darum, einmal den eigenen Fähigkeiten und vielen Leistungen der letzten Monate zu huldigen.

Es ist durchaus möglich, dass Sie jetzt vielleicht denken „Leichter gesagt, als getan!", weil eine traurige, verletzende oder schmerzvolle Lebenssituation Ihre Stimmung beherrscht. Dann ist umso mehr Ihre ganze Schöpferkraft gefragt, um gezielt nach kleinen, freudvollen, aufbauenden Gegebenheiten zu schauen. Ein natürlicheres Antidepressivum gibt es nicht ...

➤ *In der Rückschau treten bestimmt einige Ereignisse hervor, für die ein Dankesritual mit einer eigenen Räuchermischung angebracht sein kann.*

FRAGEN ZUR JAHRESZEITLICHEN QUALITÄT

» Was lässt mich lächeln, wenn ich an die letzten Monate denke?
» Wofür kann ich von Herzen dankbar sein?
» Welche seelischen Samen habe ich gesät? Welche sind herangereift, welche liegen noch unberührt im Erdreich?
» Wie fühlen sich die Früchte an, die ich ernten konnte?
» Welches Bedürfnis habe ich besonders gefördert? Wo lag meine Aufmerksamkeit?
» Welche Herausforderungen habe ich gemeistert?
» Bei welchen Menschen oder Themen fühle ich mich in einem guten Gleichgewichtszustand in meinem Leben? Wo bin ich ganz in meiner Mitte?

Selbst gestaltete Rituale mit Räucherwerk begleiten

Geeignete Räucherstoffe finden Sie auf der Seite 168. Beginnen Sie mit einer Räucherung Ihrer Wahl, bevor Sie in die obigen Fragen eintauchen. Wie immer ist es sinnvoll, wenn Sie sich dabei Notizen zu Ihren Gefühlen, Gedanken und Erinnerungen machen. Jetzt ist auch ein guter Zeitpunkt, um mit einer persönlichen Dankes-Sammlung zu beginnen: Legen Sie sich ein kleines „Dankes-Heft“ an oder erweitern Sie Ihre Jahreskreis-Notizen um das, wofür sie am Abend Danke sagen und Freude empfinden konnten. Zur *Herbst-Tag-und-Nacht-Gleiche* passt beispielsweise gut ein bewusst geführtes Ritual für die Naturwesen. Es vertieft die Verbindung mit diesen Wesen, wenn Sie die Räucherpflanzen den vier Elementen Feuer, Luft, Wasser und Erde zuordnen.

Feuer: Es steht für Wärme, Licht, Entspannung, Wohlgefühl. Diese elementare Kraft ist leider nahezu aus unserem Alltag verschwunden. Offene Kamine oder gar das Herdfeuer gibt es kaum noch – und die fragwürdige Brandmelder-Verordnung erschwert das Leben mit der Feuerkraft zusätzlich. Sie besitzt als einziges Element die Fähigkeit der Wandlung und der Reinigung: Inneres Feuer, Leidenschaft, Begeisterung und die Stimmung, „für etwas zu brennen“, sind Eigenschaften, die persönliche Veränderungen begünstigen.

Zu den Feuer-Räucherpflanzen gehören Rosmarin, Thymian, Beifuß, Weißdornblüten, Johanniskrautblüten, Zirbenholz und Zirbennadeln, Triebspitzen der Zypresse, Eberesche, Drachenblut, Galgantwurzel, Zimtblüte und Zimtrinde, Muskatnuss, Damiana. Es ist nicht notwendig, alle Räucherstoffe für Ihre Mischung zu verwenden. Beschränken Sie sich einfach auf diejenigen, die Sie selbst sammeln können oder im Gewürzschrank haben. Eine Hauptwirkung der erwähnten Räucherstoffe ist, das Selbstbewusstsein zu stärken und das Herz zu öffnen.

▾ Eine kraftvolle Elemente-Mischung stellt die Verbindung mit den Naturwesen her. Auf diese Weise kann auch die Energie von Orten erhöht und durchlichtet werden.

➤ *Das wässrige Element ist nicht ohne, steht es doch auch für die unbewussten Schichten der Seele.*

Luft: Unsichtbar und lebensnotwendig, das ist die Luft. Ähnlich wie das Wasser besitzt sie eine reinigende Kraft, die erfrischt und beweglich, schnell und veränderbar ist. Seelisch betrachtet fördert das Element die Phantasie, das Schöpfertum und den Eintritt in die Welt der Träume. Es steht für Austausch, echte Gespräche, Geist, Verstand und Intellekt. Die Räucherpflanzen Steinklee, Zitter-Pappel, Mistel, Eisenkraut, weißer Copal, Dammar und Sandarak vermitteln die Kraft des Luftigen.

Wasser: Gerade bei Reinigungsritualen hat es eine wichtige Bedeutung, auch im Christentum in seiner Funktion als Tauf-und Weihwasser. Dieses Element hängt mit dem Unbewussten, den Gefühlen und der Seele zusammen. Etymologisch geht *Seele* auf den urgermanischen Begriff *saiwaz*, das heißt See, zurück. Geeignete Räucherpflanzen sind Baldrian, Mädesüß, Silber-Weide, Birkenrinde und Birkenblätter, Erle, Moschuskörner, Benzoe Siam, Boldoblätter sowie Elemi.

Erde: Dieses Element bringt Struktur und Verwurzelung, sorgt für Ausgeglichenheit und materialisiert die Ideen des Feuers, den „zündenden" Gedanken. Eine wesentliche Eigenschaft, die die Erde vermittelt, ist aufgrund ihrer nährenden, pflegenden und schützenden Aspekte die sorgende Mütterlichkeit. Deshalb sprechen manche von *Mutter Erde*. Auch die Kraft der Fruchtbarkeit gehört dazu.

Räucherstoffe sind Eichenrinde, Blüten von Rot-Klee, Giersch, Ringelblume, Schafgarbe, Angelikawurzel und Angelikasamen, Lindenblüten, Galbanum, Tolubalsam, Labdanum, Myrrhe, Opopanax, Guggul, Styrax und auch der Beifuß. Vom Spaziergang im Wald können Sie wahrscheinlich eine Handvoll Eichenrinde mitbringen. Giersch, Schafgarbe, Linde und Ringelblume finden Sie ebenfalls in freier Natur oder Sie sähen manches Kräutlein im Garten oder auf dem Stadtbalkon in Kübeln aus.

Wenn Sie für bestimmte Steine, Pflanzen und Tiere, für Naturwesen wie Elfen, Zwerge, Feen und

Sylphen oder für lichte Wesenheiten aus der Geistwelt ein Dankesopfer zelebrieren wollen, ist es immer schön, aus ganz eigener, persönlicher und klar-bewusster Haltung heraus kreativ und schöpferisch zu sein. Achten Sie auf natürliches Material, welches sich harmonisch und restlos in den ökologischen Kreislauf einfügt. Sie können vieles tun, was Ihnen und der Natur gut tut: Beten, Singen, Musizieren, kleine Edelsteine oder andere schöne Steine verwenden, natürlich auch besondere Holzstückchen oder beispielsweise ein kleines, selbst gemaltes Bild. Auch Tabak und ein ausgezupftes Haar können passende Opfergaben sein.

Ihr herbstliches Ritual im Freien zu feiern, ist sicherlich besonders wirksam und einprägsam. Wenn Sie dazu keine Möglichkeit haben, ist das aber kein Problem, denn Sie haben zuhause ja Ihren persönlich gestalteten Altar. Dieser heilige Ort ist natürlich wunderbar für das Ritual geeignet. Eröffnen Sie es wie gewohnt mit einer kräftigen Abräucherung mit Salbei. Rufen Sie dann jene

Offenes Feuer ist eine Urkraft schlechthin – und trägt die einzigartige Fähigkeit in sich, die Dinge zu verwandeln.

Kräfte herbei, denen Sie danken und opfern möchten. Alles sollte sich für Sie authentisch und stimmig anfühlen. Deshalb wählen Sie Ihre eigenen Worte und formulieren möglichst klar, wofür Sie danken möchten.

Eine Hilfe ist immer, wenn Sie sich dabei an den Eigenschaften der vier Elemente orientieren und sich bewusst werden, welche Verbindung Sie dazu haben. Sobald Sie mit innerer Ruhe beginnen, sich mit den Elementen und den verschiedenen Wesenheiten zu beschäftigen, werden sich in Ihrem Inneren Bilder und Einsichten einstellen, die Sie in Worte fassen können. Es geht bei der Versenkung nicht um übergenaue Vorgaben im Sinne von „Ich danke dem Wind für 1., 2., 3.“. Vielmehr steht im Vordergrund, sich möglichst innig mit dem Wunsch, danken zu wollen, und ohne zu viel Nachdenken spontan mit den Elementen zu verbinden und ihr Wesen zu erspüren. Wenn das gelingt, zeigen sich die Dankesworte wie von selbst. Wenn das Ritual im Freien stattfindet, opfern und räuchern Sie an jenen Orten, an denen die Elemente anwesend sind, zu denen es Sie hinzieht.

Gehen Sie beim Opfer für Feuer, Luft, Wasser und Erde folgendermaßen vor: Sie wählen für jedes Element ein bis drei der obigen Räucherstoffe aus Ihrem Vorrat. Während Sie die Mischung mörsern, zerreiben und durch bewusstes Kreisen mit dem Stößel zusammenfügen, verbinden Sie sich bereits innerlich mit den Räucherstoffen und ihren Kräften. Ein eigenes Erlebnis ist es, das im Kreis mit Gleichgesinnten tun. Jeder kann dann beispielsweise sein Lieblingsräucherwerk, das für jeweils ein Element steht, in die Gruppenmischung hineingeben und beim Mörsern deutlich aussprechen, was ihm jeweils wichtig ist. Ihre Opfergaben für die Elemente und für die Naturwesen können Sie abschließend an Ort und Stelle stehen lassen, in der Erde vergraben, dem Wasser übergeben oder – falls es sich um Räucherwerk handelt – natürlich auch verräuchern. Schließen Sie das Ritual wie üblich ab.

Samhain, Allerheiligen

Sich mit den Ahnen verbinden

Der „graue November" macht seinem Namen alle Ehre. Die Natur bereitet sich auf eine Ruhepause vor. Herbstlaub liegt auf dem Boden. Stürme und Novemberfröste fegen die letzten Blätter von den Bäumen. Garten- und Kübelpflanzen, die nicht winterhart sind, stehen bereits seit Oktober im Haus. Die Immergrünen wie Buchsbaum, Efeu, Eibe, Thuja oder Tannen und Fichten gewinnen an Bedeutung und stehen hoch im Kurs: Sie eignen sich hervorragend für Dekorationszwecke. Manche Pflanzen blühen sogar erst jetzt, in der dunklen Jahreszeit: Christrose und Heidekraut gehören dazu. Die Lärche dagegen lässt, wie die Laubbäume, ihre goldgelben Nadeln fallen. Für die Vögel und andere Tiere beginnt eine schwierige Zeit, die sie aber zu meistern wissen. Amseln und andere Singvögel erfreuen sich an den Wildfrüchten oder am Fallobst. Igel, Fledermäuse oder Siebenschläfer begeben sich in den Winterschlaf. Hirsch, Reh, Fuchs und Marder haben sich bereits ein ordentliches Winterfell zugelegt.

Die Erde zieht sich in ihr Inneres zurück. Sie atmet tief ein, wird still und fest. Verrottendes Laub, verdorrte und abgestorbene Pflanzenteile oder gefrorene, eiskalte Gewässer symbolisieren den Rückzug der Natur. Wir können an diesem Zustand und seiner eigenen Kraft teilhaben: Im Vergleich zur sommerlichen Farbenpracht und Regsamkeit gibt es nur wenig Ablenkung. Unser äußerer Blick kann sich entspannen. Die grauen, braunen und dunklen Farbtöne regen dagegen die Seele an, auf eine Reise nach innen zu gehen – und dort die eigene Farbenpracht und Fülle zu suchen. Die Natur lädt uns ein, es ihr gleichzutun.

Datum:
nicht festgelegter Feiertag

keltisches Hochfest:
Samhain, Samain, Samuin, Totenfest, Ahnenfest, keltisches Neujahr; Mondfest

christlich:
Allerheiligen am 1. November, Allerseelen am 2. November

außerdem:
Halloween

◄ Es ist Zeit, die Verstorbenen zu ehren. Das Räuchern ist das beste Medium, um mit ihnen Kontakt aufzunehmen; in Klarheit und ohne Hader.

Unsere Aktivitäten verlagern sich nach drinnen. Gemütliche Abende zuhause, mit Kerzen, Tee und am besten einem Feuer im Kamin sorgen für wohlige Gefühle. Ein nach sommerlichen Kräutern duftendes Räucherwerk kann eine solche Stimmung krönen. Spätabendliche Verabredungen, für die wir nochmals ins Freie müssen, sind nicht unbedingt beliebt. Wir fühlen uns schwerer, gemütlicher, inaktiver als in den Monaten davor. Oftmals fordert uns jedoch der Alltag in gleichem Maß wie im Sommer. Dem Bedürfnis nach Ruhe und vielleicht auch Zurückgezogenheit nachzugehen, das uns das natürliche Körperempfinden signalisiert, ist teilweise einfach nicht in die Tat umzusetzen. Umso mehr können wir lernen, auf uns zu hören und das eine oder andere im Leben zu ändern, um mit den Naturkräften sinnvoll im Einklang zu sein.

Gerade zum *Advent* hin, der den Übergang vom November zum Dezember markiert, möchte unser Körper herunterfahren. Unsere Seele wird dafür umso wacher: Die vier Wochen vor der *Winter-Sonnenwende* und *Weihnachten* ist die Zeit, in der das gesamte Tun darauf ausgerichtet ist, dem neuen Licht sowie dem Lichtbringer eine schöne Ankunft zu bereiten. Das Licht soll sich bei uns wohlfühlen und uns Segen bringen.

Den eigenen Jahreskreis-Altar richten

Intensive Gewürze wie Zimt, Kardamom, Muskat, Sternanis, Fenchel, Vanille, Wacholderbeeren, Ingwer und Nelkenfrüchte können Sie gleich mehrfach verwenden: im Essen als innere Wärmequelle, als Räucherwerk und zur Dekoration. Das Erstarrte und Zurückgelassene können Sie in Form welken Laubes und abgestorbener Pflanzenteile von draußen nach Hause holen. Sie können jetzt beispiels-

➤ *Die Natur bietet zauberhafte Farbenspiele: Das geht teilweise sogar in das Magische.*

◄ *Dunkles Violett und Blau greifen in seelische Tiefen, die in anderen Jahreszeiten schwerer zu erreichen sind.*

Passende Farben: Grau, Dunkelviolett und Dunkelblau

weise eine Wurzel ausgraben – als Symbol für Ihre eigenen familiären Wurzeln und Verankerungen, in denen die Qualitäten und Eigenschaften Ihrer Vorfahren stecken. Fotos von Verstorbenen, kleine Erinnerungsstücke an bestimmte Menschen Ihres Umfeldes – etwa Schmuck – sowie verschiedene Grautöne, Dunkelviolett und Nachtblau ergänzen den Tisch.

Die Farbe Grau markiert den Übergang zwischen Bekanntem und Unbekanntem und ist die Mischung von Licht und Dunkelheit. Geistwesen werden oft in Grautönen dargestellt, denn sie befinden sich in einem Zustand zwischen Leben (weiß) und Tod (schwarz). Grau meint auch das Unbewusste und die Demut. Dunkelviolett symbolisiert das Übersteigen des Irdischen hin zum Himmlischen und ist die Farbe von Spiritualität, Magie und Geheimnis. Dunkles Blau steht für Besinnung, Geist, Versenkung. Es führt in die Tiefen der Seele und unterstützt die Bewegung in den eigenen Innenraum.

Die Verbindung zu den Verstorbenen und Naturgeistern suchen

Samhain kennzeichnete für die Kelten das endgültige Ende des Sommers und gleichzeitig den Beginn des neuen Jahres. Ihm kam eine weitaus größere Bedeutung zu als der *Winter-Sonnenwende* Ende Dezember. Die drei ursprünglichen Themen, die sich in diesem Begriff überschneiden, dürften vielleicht überraschend sein: Versammlung, Sommer und Vergnügen. Heute verbindet man mit *Samhain* eher das Dunkle und Schwermütige. Brauchtumsforscher gehen aber davon aus, dass das Fest früher als eine vergnügliche Zusammenkunft gefeiert wurde, die das Ende des Sommers darstellte und die Menschen aufgrund der eingebrachten Ernte entspannt in Richtung Winter schauen ließ. Zumindest beim Blick auf gut gefüllte Vorratslager war der Schrecken des Hungers gebannt. Bei den Germanen wurde der November als *Opfermonat* bezeichnet. Aus Dankbarkeit für die Ernte brachten sie den Göttern aufwendige Trank-, Speise- und Tieropfer dar.

Samhain liegt im Jahreskreis genau dem Fest *Beltane* gegenüber, das den Beginn des Sommers mit einem Fest am Vorabend einläutet. Demgegenüber markiert *Samhain* den Winteranfang. Diese beiden Jahres-Wendepunkte waren im gesamten Jahreskreis die wichtigsten, denn die Veränderungen in der Natur – der Sommer geht in die Herbst-Winter-Zeit über, der Winter in die Frühjahr-Sommer-Zeit – waren jetzt am deutlichsten zu spüren. Genau wie an *Beltane* konnten an *Samhain* auch widersprüchliche Gefühle vorherrschen.

➤ *Einen Ahnenkult zu pflegen, ist heute eine individuelle Angelegenheit. Kreatives Schnitzwerk oder Symbole wie eine schöne Vogelfeder können hierbei sehr passend sein.*

Eine missratene Ernte war sicherlich Anlass genug, um sorgenvoll auf die nächsten Monate zu blicken. So kam zu diesem Zeitpunkt der Feuerkraft eine besondere Bedeutung zu. Wie im Mai waren es auch jetzt zwei Feuer, mit denen die Kelten göttlichen Beistand anriefen und die Verbindung mit den Ahnen bekräftigten. Auf diese Weise stärkten sie sich spirituell, um auch unter schlechten Voraussetzungen die dunkle Jahreszeit einigermaßen entspannt anzugehen.

Samhain stand auch für den ewigen Kreislauf von Werden und Vergehen: nicht nur in der Natur, sondern im Leben selbst: In der keltischen Glaubenswelt öffnete sich jetzt das Tor zur Anderswelt. Damit war der Kontakt zu den Ahnen, Feen und Geistern möglich, bis sich die Pforten am 6. Januar wieder schlossen. Dann wird deutlich, dass sich der Sonnenbogen wieder vergrößert und das Licht die Dunkelheit mehr und mehr zurückdrängt.

Das Brauchtum um den 1. November rankt sich also ganz stark um den Ahnenkult, der früher jedoch eine andere Ausprägung hatte als heute. Das war bereits in Urzeiten so. In der Alt- und Jungsteinzeit gab es keine Trennung zwischen der Welt der Toten und jener der Lebenden. Die Grabstätten befanden sich mitten in den Ansiedlungen oder sogar direkt unter der Feuerstelle. In den Enkeln, den Ähnchen – Begriff für die reinkarnierten „kleinen" Ahnen – wurden sie wiedergeboren. Wenn die Tore zur Anderswelt offen waren, war der Austausch mit den Geistwesen und Verstorbenen unseren Gesprächen beim Abendbrot vergleichbar. Sie wurden um Rat und Beistand gebeten. Dabei war der Ahnenbegriff einst – und in vielen Kulturen ist das auch heute noch so – weiter gefasst als bei uns. Die Alten verehrten auch diejenigen, die viel für die Sippe und den Stamm getan hatten und der Gemeinschaft seither schützend zur Seite standen. Naturwesen, die in Bäumen, Felsen und Wasserquellen wohnen, wurden ebenfalls als Ahnen verehrt.

In der steinzeitlichen Weltsicht gab es keine Unterscheidung zwischen Gut und Böse und damit auch keine Dämonen und bösen Geister, die mit allerlei Schutzmagie gebannt werden mussten. Die Ahnen waren durchaus willkommen und zeigten als Geistwesen der Anderswelt lediglich verschieden ausgeprägte Wesenszüge und Qualitäten, so wie Menschen auch. Es gab also gewissermaßen eher eine Unterscheidung von sympathischen und unsympathischen Geistern. Wenn wir uns beispielsweise bei einer Hausräucherung von „bösen" Geistern umgeben fühlen, so können wir uns fragen, was an ihnen böse ist. Oder was sie böse gemacht und wer sie verteufelt hat. Vielleicht können wir dann erkennen, dass wir hier eher etwas ausgrenzen und abwehren oder seinen Platz in der Ordnung nicht zugestehen.

In der mythologischen Überlieferung hören wir von einem schwarzen, dunklen Gott, der den Sonnenhirsch oder Sonnengott getötet hat. Er entführt dessen Gattin, die Vegetationsgöttin, in die Unterwelt, in der sie nun als Totengöttin leben muss. Die einst jugendliche und fruchtbare Göttin wird damit zur Herrscherin und Hüterin über die Toten. Sie nimmt die Lebenskraft der Pflanzen und die sich im Winterschlaf befindenden Tierseelen mit in ihr Reich, damit sie sich dort regenerieren können. Nur das ewige Grün von Misteln, Stechpalmen, Efeu oder Tannen zeugt noch vom Leben oben auf der Erde.

Die Ahnen wie auch die eigene Kultur ehren und würdigen

Das alte Brauchtum hat sich in einer gewissen Weise bis heute gehalten. Im Oktober werden bei uns vielerorten die Gräber „auf Vordermann" gebracht. Die Sommerbepflanzung weicht einer passenden für Herbst und Winter. Tiefschwarze Erde ziert dann die Grabstätten. Der Brauch geht zurück auf das Jahr 600 nach Christus, als Papst Bonifaz IV. den 1. November als Festtag für alle Heiligen weihte: *Allerheiligen* war geboren. Der Tag für *Allerseelen*, der 2. November, kam rund 200 Jahre später dazu – gewidmet dem Gedenken an alle Verstorbenen. Heute sind diese beiden Festtage für die meisten Menschen verschmolzen, zumal der 1. November ein Feiertag ist. Wir gedenken dann weniger den Heiligen als vielmehr den verstorbenen Angehörigen und Freunden.

In Mexiko findet an Allerheiligen *Los Dias de Muertos* statt. Das ist allerdings keine Trauerveranstaltung um die Verstorbenen, sondern ein buntes, lebendiges Volksfest, an dem nach alt-mexikanischem Glauben die Toten zu Besuch aus dem Jenseits kommen. Die Toten und Lebenden feiern gemeinsam bei Musik, Tanz und leckerem Essen das fröhliche Wiedersehen. Auf geschmückten Altären werden zu Ehren der Toten persönliche Gegenstände, Fotos und Schalen mit Stücken von schwarzem Copal dekoriert. Zum Fest wird das wertvolle Harz exzessiv geräuchert. Er hilft dabei, den Schleier zur Anderswelt zu lüften und den Kontakt zwischen den Toten und Lebenden zu ermöglichen.

▼ Copal wie etwa der Huichol-Copal ist im Mittel- und Südamerikanischen das wertvollste Räucherharz – und deshalb im Ahnenkult nicht wegzudenken.

▲ *Erikasorten sind Pflanzen, die an der Grenze zum Jenseits, zur Anderswelt stehen. Auf einem Grab zu räuchern, ist eine durchaus stimmige Geste, um die Verstorbenen zu ehren.*

Auch die Huichol-Indianer Mexikos, die noch weitgehend in ihrer alten Kultur leben, führen ihre Rituale selbstverständlich mit Räucherungen aus. Sie verwenden überwiegend Huichol-Copal – ein in ein Maisblatt gewickeltes, braunes Harz –, außerdem auch das Harz von Bergföhren und Pinien.

Auf Bali findet ein besonders ausschweifendes Fest statt, um die Geister der Ahnen zu ehren. Zehn Tage feiern die Balinesen *Galungan-Kunigam*. Am *Galungan*-Tag steigen zunächst die Geister der Toten und die Götter auf die Erde. Im zweiten Teil des Festaktes, an *Allerseelen,* kehren dann die Ahnen sowie die Götter wieder an ihren himmlischen Wohnort zurück. Mit üppigen Räucherschwaden, Prozessionen und Tempelfesten ehren die Einheimischen die Götter und Ahnen.

Eine spektakuläre und zwischenzeitlich sehr kommerzielle Art, *Samhain* zu begehen, ist *Halloween.* In Angst einflößenden Gespensterkostümen wandern Kindergruppen von Haus zu Haus. Alleine durch Süßigkeiten sind sie davon abzuhalten, ihr Unwesen zu treiben. Die mittlerweile leider deutlich dämonisierten Gestalten stellen im Grunde nichts anderes dar, als die Verstorbenen, die ihre Familien in der Nacht vor *Samhain* besuchen. Dabei werden sie heutzutage jedoch nicht, wie einst, fröhlich empfangen, willkommen geheißen und geehrt, sondern mit Süßem abgespeist, um sie möglichst schnell wieder loszuwerden. Der heilsame Segen, den die Verstorbenen einst zu diesem Zeitpunkt ins Haus brachten, ist vollkommen verloren gegangen.

Der ursprüngliche Vorgänger der heute an *Halloween* gebräuchlichen Kürbisse war eine Rübe. Diese wurde der Sage nach einem Bösewicht vom mitleidigen Teufel samt einem Stück glühender Kohle geschenkt, um in der dunklen Nacht nach Hause zu finden. Da es in Amerika jedoch mehr Kürbisse als Rüben gab, wurde diese einfach damit ersetzt. Das aus der anglo-amerikanischen Zivilisation eingeführte Fest, in dessen Brauch irische Wurzeln vermutet werden, wird zwischenzeitlich mit viel Klamauk begangen. Von einer würdigen Verbindung zu den Ahnen oder den Kräften der Natur ist im Grunde nichts mehr zu spüren. Auch mit unseren eigenen kulturellen Wurzeln hat es in dieser Form nichts zu tun.

Sich persönliche Fragen stellen

Unser Körper stellt sich langsam um, wird langsamer und träger. Das Bedürfnis nach Ruhe und Stille nimmt zu. Für viele Dinge brauchen wir mehr Anlaufzeit als sonst. Morgens würden wir vielleicht gerne etwas länger schlafen. Das trübe Wetter spiegelt sich gelegentlich auch im Inneren wider. Traurige und trübselige Gedanken tauchen jetzt eher auf als im Sommer. Es tut gut, raus zu gehen und sich an der herben Schönheit dieser Zeit mit ihrer feuchten und kühlen Luft zu erfreuen.

Fragen zur jahreszeitlichen Qualität

» Wofür möchte ich insgesamt noch einmal dankbar sein im Rückblick auf die letzten Monate?
» Was hat mich dieses Jahr besonders beschäftigt oder sogar belastet?
» Welche Wünsche und Vorhaben haben sich nicht meinen Vorstellungen gemäß erfüllt? Für welche Themen benötige ich noch mehr Zeit, um sie zu lösen?
» Was hat mich geschwächt? Waren es Krankheiten? Oder Lebensphasen, die zu Ende gegangen sind?
» Von welchen Vorstellungen in Bezug auf den Partner, auf Kinder oder Eltern, darf ich mich verabschieden?
» Welche Lebenskonzepte haben vielleicht an Bedeutung verloren?
» Auf welche Weise bin ich mit all diesen Themen umgegangen? Was könnte ich ganz konkret zukünftig in einer ähnlichen Situation anders machen?
» Wo sollte ich meine Gefühle von Trauer und Schmerz mehr zulassen?
» Brauche ich noch Heilung und Aussöhnung in Bezug auf meine Ahnen? Zu welchen Themen möchte ich noch etwas klären?
» Welche Qualitäten, die ich mehr annehmen möchte, sehe ich in meiner männlichen und weiblichen Ahnenlinie?
» Zu welchem Thema möchte ich welche meiner Ahnen oder verstorbenen Seelenverwandten um Unterstützung und Segen bitten?
» Wofür möchte ich mich bei meinen Ahnen bedanken?

◄ Familiäre Themen können jetzt aus dem Unbewussten nach oben drücken. Die Kräfte der Ahnenlinie wirken über Generationen.

➤ *Dankbarkeit empfinden, Segnen und Verzeihen sind Seelenimpulse, die besonders das Christliche betont und die zu Versöhnung und zu Verbindung führen.*

Die jahreszeitliche Energie des beginnenden Novembers bringt eine Entschleunigung mit sich und unterstützt den Rückzug in die Innenwelt. In der Natur gibt es kaum noch Ablenkungen, die Vielfalt finden wir jetzt in der Beschäftigung mit uns selbst. Gefühle wie Trauer, Angst, Schmerz, Scham, Schuld, Wut oder gar Hass dürfen jetzt voll erlebt und alle Stationen durchlaufen werden: Es geht um anschauen, zulassen, ausdrücken und loslassen. Nehmen Sie sich bei Bedarf die Zeit, sich ohne Hader einzugestehen und anzuerkennen, wie sehr bestimmte Veränderungen in den letzten Monaten Sie bewegt und Ihr Leben mehr oder weniger beeinträchtigt haben.

Die systemische Familientherapie ist eine moderne Form des uralten Wissens, dass Eigenschaften und Kräfte aus der Ahnenlinie in jedem von uns weiterleben. Was in früheren Kulturen intuitiv wahrgenommen wurde, hat sich heute in eine therapeutische Zugangsweise verwandelt, die den bewussten Umgang mit Familienthemen anbietet. *Samhain* ist der ideale Zeitpunkt, generationsübergreifend Würdigung und Achtung in das Familiensystem zu bringen, jedem und allem einen passenden Platz zu geben und damit Störungen, die Leid verursachen, aufzulösen.

Selbst gestaltete Rituale mit Räucherwerk begleiten

Geeignete Räucherstoffe für die jetzige jahreszeitliche Kraft finden auf der Seite 168. Alternativ passen auch folgende Räucherstoffe: Holunderblüten, -holz und -mark, Zedernspitzen, Angelikawurzel und Angelikasamen, Wermut, Beifuß, Mistelkraut, Birkenrinde und Birkenblätter, Lärchenharz, Lavendel, schwarzer Copal, Huichol-Copal. Wenn es Ihnen um eine Räucherung für die Ahnen geht, mischen Sie am besten Wacholderbeeren oder -nadeln, Beifuß, Styrax, Myrrhe, Weihrauch und schwarzen Copal. Was Sie noch brauchen, sind

eine kleine schöne Wurzel und Fotos von Ahnen oder verstorbenen Freunden.

Sie stellen sich Ihre *Samhain*-Räuchermischung her und bereiten entweder einen Feuerplatz draußen im Freien oder für Drinnen eine kleine Feuerschale mit winzigen Holzspänen (Ocote oder Palo Santo) vor. Das Ritual eröffnen Sie wie üblich mit einer Abräucherung mit Salbei oder reinigendem Räucherwerk Ihrer Wahl. Danach legen Sie die Mischung auf die glühende Kohle oder auf das Stövchen.

Nehmen Sie in Ruhe die Stimmung der Jahreszeit und des Augenblickes wahr. Schauen Sie sich Ihre Ahnenfotos oder die Fotos des jeweiligen Seelenverwandten an. Danken Sie ihnen für alles, was Ihnen in diesem Zusammenhang wichtig ist. Sie können ein frei formuliertes Segensgebet für sie sprechen in der Art: „Meine Ahnen, ich bitte euch, mich an eurer Kraft und Weisheit teilhaben zu lassen. Ich bitte euch, mich helfend auf meinem Weg zu begleiten.“ Rufen Sie sich die besonderen Qualitäten Ihrer Ahnen gut in Erinnerung. Sie können ihnen Fragen stellen oder sie um etwas bitten. Schön ist es, eine kleine Opfergabe bereitzuhalten, die Sie auf dem Altar oder in der Natur lassen.

Atmen Sie den Rauch ein. Fühlen Sie die Qualitäten im Herz. Pusten Sie diese ganz bewusst in die Wurzel. Eine andere Möglichkeit ist es, die Wurzel mit Fragen und Bitten, die Sie an Ihre Ahnen haben, aufzuladen. Das funktioniert folgendermaßen: Sprechen Sie Ihre Worte deutlich aus und pusten Sie dann ebenfalls kräftig auf die Wurzel. Damit geben Sie die ganze Energie Ihrer Absicht hinein. Danach haben Sie zwei Möglichkeiten: Entweder verbrennen Sie die Wurzel in dem vorbereiteten Feuer. Sie können sich dabei vorstellen, wie sich das, was sich in der Wurzel befindet, transformiert und sich als Antwort auf Ihre Fragen zeigen oder als Unterstützung in Ihr Leben einfließen wird. Oder Sie legen die Wurzel als Erinnerung an die Qualitäten Ihrer Ahnen achtsam auf Ihren Altar, in Ihre Jahreskreis-Ecke. Beenden Sie das Ritual, indem Sie sich noch einmal bei den Ahnen bedanken. Nehmen Sie sich Zeit dafür, der inneren Verbundenheit nachzuspüren.

Eine andere Weise einer Ahnenzeremonie ist ein Speiseopfer. Sie können etwa die Lieblingsspeise eines Vorfahren oder verstorbenen seelisch nahen Menschen, oder einen gefüllten Teller sonstiger Leckereien zubereiten und das Ganze über Nacht nach draußen stellen. Nehmen Sie dafür auf keinen Fall „Fast Food“. Die Speise sollte den Begriffen *Opfer* und *Ehre erweisen* würdig sein. Die Reste können Sie am nächsten Tag vergraben, zum Beispiel unter einem Holunderbaum, der die Schwelle in die Anderswelt markiert. Und: Heben Sie auch mal das Glas auf die Verstorbenen. Lassen Sie jene, die Ihnen viel bedeutet, denen Sie viel zu verdanken haben, mit innerer Wärme und Freude einfach einmal hochleben ...

➤ *Segensgebete und eine selbst gegrabene Wurzel sind wertvolle Hilfsmittel, um Kontakt herzustellen.*

Winter-Sonnenwende

Das Licht im Inneren leuchten lassen

Der kürzeste Tag und die längste Nacht des Jahres markieren den kalendarischen Winteranfang, obwohl sich viele wahrscheinlich seit Wochen wie mitten im Winter fühlen. Gerade an nasskalten, trüben Tagen beginnt am Nachmittag bereits die Dämmerung. Der Blick nach draußen führt in ein diffuses Grau. In unseren Breitengraden wird es ab 16 Uhr schon dämmrig und düster. Die Dunkelheit hält bis zum nächsten Morgen an. Erst ab 8 Uhr kehrt das Licht zurück. Doch es ist nicht alles ein einziges Einheitsgrau. Der Winter im Dezember bringt auch Wetterkapriolen mit sich: Von klirrender Kälte über Schneeverwehungen bis hin zu milden Plusgraden ist alles möglich.

Die Efeufrüchte sind jetzt noch grün, werden aber demnächst reif und färben sich schwarz. Die Christrose, auch als Schwarze Nieswurz bekannt, blüht mit ihren weißen Blüten ganz üppig. Mistel und Heidekraut zieren dekorativ manche Hauseingänge und Schwellen. Die Immergrünen – allen voran die Nadelbäume – halten das Grün. Die Laubbäume aber stehen seit Wochen kahl und weisen wie Finger in den Himmel. Ihre Zierde sind nun Frost oder Schnee. Die Natur ist in einem Ruhezustand angekommen. Das Leben ist noch da, doch unter der Erdoberfläche. Dort findet die geheimnisvolle Wandlung und Erneuerung statt. Sobald es in einigen Wochen wärmer wird, wird die Erde wie aus dem Nichts erblühen – das Werden beginnt auf ein Neues.

Die schwermütigen Anwandlungen, die der November der Seele bringen kann, klingen im Dezember zum Teil schon wieder ab. Groß waren die Ablenkungen, die der *Advent* oftmals mit sich brachte. Vieles wollte fertiggestellt oder für Weihnachten vorbereitet sein. Vor der *Winter-Sonnenwende* bedarf es oft großer Abgrenzungsleistungen, um nicht der allgemeinen Hektik zu verfallen, sondern – wie es so schön heißt – ganz bei sich zu bleiben. Zum Jahresende hin nimmt eine gewisse Spannung zu: Für die einen bedeutet diese Zeit Aussicht auf Ruhe und freie Tage, vielleicht ist sogar Urlaub geplant. Bei anderen wiederum werden Familienzusammenkünfte geplant, verbunden mit der gesamten Gefühlspalette zwischen großer Wiedersehensfreude und zwanghafter Teilnahme. Für wieder andere sind die bevorstehenden Tage je nach Haltung und Glaubensrichtung einfach Tage wie alle anderen des Jahres oder eine ganz besondere Zeit, die mit einer inneren wie äußeren Festlichkeit einhergeht, wie es das *Weihnachtsfest* im christlichen Sinn bis heute sein kann.

◄ Jeder trägt eine Sonne in sich: Das wärmende Licht leuchtet aus dem Kern der Seele.

Datum:
21. oder 24. Dezember

germanisch:
Julfest, Mittwinter,
Fest der Wiedergeburt der Sonne;
Sonnenfest

neuheidnisch:
Alban Arthuan

christlich:
Weihnachten

außerdem:
kalendarischer Winteranfang

Den eigenen Jahreskreis-Altar richten

Der Handel überschwemmt uns heutzutage geradezu mit vielfältigen mehr oder weniger geschmackvollen Dekorationen. Das ist ein moderner Ausdruck uralten Brauchtums – wenn auch oftmals vollkommen ins rein Materielle verkehrt. Halten wir uns lieber daran, was die Natur uns bietet. Es gibt hier so viel zu entdecken: Tannenzweige und -zapfen, Misteln, Zweige der Stechpalme, das Echte Immergrün, Zweige mit Hagebutten, besonders geformte Äste oder Wurzeln. Ein schöner Brauch ist es, Sterne aus Naturmaterialien wie etwa aus Stroh oder Wildgräsern zu basteln.

Die typischen Winterfarben sind dunkles Rot, Weinrot sowie Tannengrün und Silber. Sie stellen die Qualitäten dieser Jahreszeit dar. Das Rot hängt mit Weiblichkeit, Fruchtbarkeit, Menstruationsblut und allem Irdischen zusammen und hat eine erdende und kräftigende Wirkung. Grün steht in zahlreichen Schöpfungsmythen für den Urbeginn, das Leben an sich, auch für Wachstum. Silber wiederum ist die Farbe der Magie und des Zaubers. Es repräsentiert ebenso das Weibliche wie das Rot,

Passende Farben: Weinrot, Tannengrün und Silber

außerdem die Fortpflanzung. Wenn man sich in die Farbqualitäten hineinversetzt, kann man spüren, wie stimmig sie zur Jahreszeit und den jetzigen Kräften der Natur passen. Hier weht uns eine uralte Weisheit über die seelische Wahrnehmung, Bedeutung und Wirkung der Farben an.

Die Mythologie der Germanen wieder würdigen

In der mythologischen Überlieferung gebiert die Erdgöttin, die als einstige Totengöttin das Reich der Unterwelt beherrschte, in der tiefsten Dunkelheit das Licht, das Sonnenkind. Als *Mütternächte* wurden die Nächte im Zeitraum zwischen dem 21. und dem 25. Dezember erstmals 725 nach Christus von Beda Venerabilis, einem angelsächsischen Theologen und Geschichtsschreiber, erwähnt. Ganz bedeutsam ist hierbei der Werde- und Geburtsvorgang, der stets durch die weiblichen Kräfte, durch die Mutter geleistet wird.

In erster Linie kommt das Weibliche zu Ehren, nicht unbedingt das Kind. Die *Mütternächte* sind den Frauen und der Mutter Erde gewidmet. So wie die Kinder aus dem Schoß der Frauen geboren werden, so wachsen auch die Pflanzen aus dem Dunkel der Erde. Letztlich erblicken Pflanzen, Tiere und Menschen in ihrer irdischen Lebensform aus dem dunklen Schoß des Mutterleibes heraus das Licht der Welt.

Die Zeit des tiefsten Sonnenstandes im Jahr wird auch *Mittwinter* genannt. Unsere Ahnen fühlten sich zu diesem Zeitpunkt also bereits mitten im Winter – und nicht erst am Winteranfang. Die kalendarische Situation hinkt der meteorologischen wie auch der gefühlten hinterher. Die *Winter-Sonnenwende* gehört nicht zu den keltischen Hochfesten, sondern hat ihren Ursprung in den germanischen Kultkreisläufen. Zwischen dem keltischen und dem germanischen Kulturkreis gab es also durchaus Unterschiede. Der 21. Dezember entspricht dem *Jul*-Fest, einem bedeutenden nord- und mitteleuropäischen Fest, das die Germanen zwischen der Sonnenwende und Anfang Februar feierten. Am *Jul*-Fest löschten sie, wie an anderen Kultfesten auch, die Feuer am heimischen Herd und im Hof. Sie holten sich dann vom gemeinsam entzündeten Ritualfeuer einen neuen glühenden Scheit ins Haus.

◄ Der Zauber der tiefsten, dunkelsten Jahreszeit webt um uns. Die weißsilbrige Asche spiegelt das und trägt es in uns.

◄◄ Nadelbäume und die Mistel halten die Stellung: Irgendetwas ist immer grün und zeigt, dass das Leben nicht verschwunden ist.

▲ *Wotan auf seinem Ross Sleipnir: Wer kann ihn heute schauen, wenn Sturm und Unwetter tosen? Er ist ein Gott der Naturgewalten.*

Manche Brauchtumsforscher meinen, dass das *Jul*-Fest ursprünglich die Feste im bäuerlichen Jahresverlauf meinte, die im November und Dezember das Ende der Schlachtzeit der Tiere und der Drescharbeiten verkündeten. Damit war es kein einzelnes Fest von nur einer Nacht, sondern ein Zeitraum: das Ineinandergreifen verschiedener Dankes-, Sonnen-, Toten- und Fruchtbarkeitskulte mit dem Höhepunkt zur *Winter-Sonnenwende.*

In der germanischen Mythologie ist diese gewissermaßen der Startschuss für *Wotan,* dem mächtigsten Gott im Götterhimmel: Jetzt drängt es ihn mit seinem Heer aus Naturgeistern und den Seelen Verstorbener los, um als ein wilder Trupp, als *Wilde Jagd* in den *Raunächten* durch die Lüfte zu ziehen. Wotan reitet auf seinem edlen Schimmel *Sleipnir,* begleitet von den beiden Raben *Hugin* und *Munin.* Die dunklen Vögel stehen für Denken und Erinnerung. Um das wilde Heer gnädig zu stimmen, stellten unsere germanischen Vorfahren Speiseopfer vor Tür und Tor. *Wotan* hatte eine wichtige Aufgabe: Er sorgte mit seinem wilden Heer dafür, die Sonne aus der Unterwelt zu befreien!

Das weibliche Gegenüber von *Wotan* ist *Hel,* die als einstige Vegetationsgöttin in die Unterwelt eingezogen ist und dort über die Toten wacht. In Märchen und Sagen begegnet sie uns nicht nur als *Frau Holle,* sondern im alpenländischen Brauchtum auch als *Percht,* die *wilde Percht* oder *Berta.* Ihr Zuständigkeitsbereich umfasst das gesamte Spektrum menschlichen Daseins: Sie bringt Fruchtbarkeit und neues Leben genauso wie den Tod. Sie beherrscht die vier Elemente, die Jahreszeiten und das Wetter. Auch sorgt sie für Ruhe unter dem Schnee und nimmt Menschen, Tiere wie Pflanzen mit sich unter die Erde, um dort Kräfte zu sammeln und alles zu erneuern. Manche Menschen sehen in ihr bis heute die Göttin, die die Natur schützt und die Erde immer wieder fruchtbar macht. In den *Raunächten* wird ihre Verbindung zu den *Nornen,* den Spinnerinnen des Schicksals in der germanischen Mythologie, deutlich: Denn auch *Frau Holle* hält die Fäden in den Händen, um daraus Menschenschicksale zu weben und zu spinnen.

In den zwölf *Raunächten* zeigt sich deutlich die ursprüngliche Tradition einer zwölftägigen Festzeit im *Mittwinter*. Dieser Jahrestiefstand der Sonne, der der *Winter-Sonnenwende* am 21. Dezember folgt, ist in jeder Mythologie ein magisch-mystischer Zeitraum. Bei den Germanen weben jetzt die drei Nornen *Urd, Verdandi* und *Skuld* – zuständig für Vergangenheit, Gegenwart und Zukunft – die Lebensfäden der Menschen. Im keltischen Kult finden sie ihre Entsprechung in den drei Bethen unter den Namen *Ambeth, Wilbeth, Borbeth*. Im Christentum wiederum wurden aus ihnen die „drei heiligen Madln“: *Barbara, Katharina* und *Margarethe*.

Interessanterweise haben alle kultischen Erscheinungsformen gemeinsame Aspekte: Die drei Frauen sind immer ganz eng mit der Natur verbunden, sind Hüterinnen der Natur. Auch stehen sie für die Urkraft des Weiblichen und haben eine besondere Schutzfunktion für Frauen wie für Kinder. Sie beeinflussen darüber hinaus das Schicksal der Menschen – bis heute …

Den Ursprung der Kulte verstehen

Im Römischen Reich gab es seit dem 1. Jahrhundert nach Christi Geburt den *Mithraskult*, zu dessen Entstehung es unterschiedliche Ansichten gibt. Interessant ist der mythologische Kern des Kultes: Der Sonnen- und Lichtgott *Mithras* tötet einen Stier und opfert diesen zur Erneuerung der Welt. Aus dem Blut und Samen entstehen die Erde und das Leben neu. Das höchste Fest im *Mithraskult* wurde am 25. Dezember gefeiert. Licinius, römischer Kaiser und Befürworter einer toleranten Religionspolitik, zog im Zeichen des Sonnengottes *Mithras* 324 nach Christus in die entscheidende Schlacht um den Kaiserthron und – unterlag. Dadurch gelang es seinem Herausforderer Konstantin dem Großen (280–337), ein verstaatlichtes Christentum zu etablieren. Das hatte zur Folge, dass der alte *Mithraskult* zerstört wurde.

◄ Die gute alte Räucherpfanne – den drei Nornen, den Bethen oder den Madln ist sie seit vielen Jahrhunderten gut bekannt.

▲ *Die Leistung unserer unmittelbaren Vorfahren will angeschaut werden. Wertschätzung und Wahrheit hängen eng mit dem inneren Licht der Mittwinter-Zeit zusammen.*

Da im christlichen Sinn die Menschwerdung Christi auf Erden in Jesus von Nazareth mit der Ankunft des Lichtes einherging, lag es nahe, den bereits im Heidnischen bestehenden Sonnenkult mit Christi Geburt zu verbinden. Der Geburtstermin Jesu musste dazu in den tiefen Winter verlegt werden. Auf diese Weise ließen sich damit Kulte wie *Mittwinter* in Einklang bringen. Diese Verschmelzung zeigt, dass die im Naturgeschehen verwurzelten Bräuche aus vorchristlicher Zeit sich nicht so einfach ausmerzen ließen – oder anders formuliert: dass sie durchaus mit christlichen Überzeugungen vereinbar sind.

Die meisten unserer Weihnachtsbräuche sind heidnischen Ursprungs. So ist es ein alter Brauch, sich in der *Mittwinter*-Zeit den sogenannten *Wintermaien* ins Haus zu holen, einen immergrünen Zweig, der den ewigen Kreislauf des Lebens symbolisiert. Das kann auch ein Obstzweig sein, der bei Zimmertemperatur zu blühen beginnt und auf diese Weise die kommende Zeit der Fruchtbarkeit verdeutlicht. Diesen Brauch verdeutlicht auch der *Barbarazweig*: Am 4. Dezember werden typischerweise Forsythien-, Kirsch- oder Apfelzweige geschnitten. Aus dem Blütenstand an Weihnachten schlossen die Menschen früher auf die Fruchtbarkeit des kommenden Jahres.

Sogar im Begriff *Weihnachten* zeigt sich der Zusammenhang mit der *Winter-Sonnenwende*. Etymologisch geht Weihnachten auf *zu wihen nahten* zurück, was *in den heiligen Nächten* bedeutet und auf die *Mittwinter*-Nächte schließen lässt. Der Weihnachtsbaum ist in diesem Blickwinkel ein heidnischer Ausdruck für den Christbaum.

Die übliche Deutung von Winterbräuchen wie der *Perchtenläufe* mit ihren lauten, furchterregenden Gestalten liegt vor allem darin, dass damit die bösen Geister und Dämonen des Winters vertrieben werden sollten. Forschen wir tiefer im Brauchtum, so zeigt sich aber, dass die Seelen im Gefolge der *Frau Holle* erst in der katholischen Auslegung zu bösen Wintergeistern abgestempelt wurden. Davor waren es die Ahnen, die unter *Frau Holles* Aufsicht in den *Raunächten* ihre Familien besuchten und freudig mit Speiseopfern begrüßt wurden. Ursprünglich hatten die lärmenden Perchtengestalten die Aufgabe, unter möglichst lautem Getöse die Fruchtbarkeit von Mensch und Tier zu wecken, hauptsächlich jene der jungen Frauen. Das ist der Grund dafür, dass die Teilnehmer an diesen Umzügen stets ausschließlich junge Männer waren, die dank ihrer körperlichen Stärke langanhaltenden Lärm mit riesigen Glocken erzeugen konnten. Erst in neuerer Zeit nehmen an diesen Umzügen auch Frauen teil.

Die einstige, wirkliche Ausrichtung der Perchtenbräuche setzt sich eher in den ursprünglichen Orakelthemen der Raunächtezeit fort: Es wurde beispielsweise nach dem Wetter gefragt, das in direktem Zusammenhang mit der Fruchtbarkeit der Erde im kommenden Jahr stand. Ganz wichtig war auch, etwas über die eigene Fruchtbarkeit und Kindersegen, über Gesundheit, Liebe, Heirat, Geburt und Sterben zu erfahren. Im heutigen

Alltag sind das immer noch wichtige Themen, doch sie bestimmen das Leben meist nicht mehr so raumgreifend wie einst.

Sich persönliche Fragen stellen

Vor allem in den Tagen zwischen dem 21. und 25. Dezember stehen die Themen Rückzug, Stille, Besinnung, Nachdenken und Innenschau im Vordergrund. In dieser oftmals mit vielen äußeren Anstrengungen überfrachteten Zeit mag das eine Herausforderung darstellen. Vielleicht liegt bereits in dieser Einsicht eine tiefe Erkenntnis für die heutige Bedeutung der *Winter-Sonnenwende:* In Zeiten von übermäßigem Stress und kraftraubender Hektik, die durchaus als „dunkle Kräfte" erlebt werden können, ist es manchmal von unschätzbarem Wert, sich eine Auszeit zu nehmen und der Seele Ruhe zu gönnen. Widmen Sie sich ganz klar und achtsam jenen Fragen, die mit der jahreszeitlichen Qualität einhergehen.

FRAGEN ZUR JAHRESZEITLICHEN QUALITÄT

- » Was habe ich in diesem Jahr vollendet?
- » Was ist überholt und passt nicht mehr in mein Leben? Was möchte ich verabschieden, wovon möchte ich mich befreien? Welches Thema möchte ich sterben lassen?
- » Was möchte ich nicht mit in das neue Jahr hinübernehmen (Beispiele: störende Gedanken, blockierende Verhaltensweisen, lähmende Freundschaften und Beziehungen, energieraubende, sich wiederholende Situationen und Muster)?
- » Was hindert mich noch daran, starre und alte Muster, Werte oder Glaubenssätze loszulassen?
- » Wo ahne ich, dass ich eine Erneuerung, eine Neuorientierung brauche?
- » Welcher (neue) Keim beginnt sich in mir zu regen? Welches Licht zeigt sich in mir?
- » In welche Bereiche möchte ich meine Begeisterungsfähigkeit verströmen?

Selbst gestaltete Rituale mit Räucherwerk begleiten

Geeignete Räucherstoffe für die jetzige jahreszeitliche Kraft finden Sie auf der Seite 168. Alternativ passen auch Alantwurzel, Myrrhe oder Opopanax, Zimtblüte oder Zimtrinde, Nelkenfrüchte, Mistelkraut, Johanniskraut, Guajakharz oder -holz, weißes Sandelholz, Adlerholz. Für eine *Mütternächte*-Mischung eignen sich Apfelblüten, die Sie bereits im Frühjahr gesammelt haben, da es diese nicht zu kaufen gibt. Außerdem Myrtenblätter, Myrrhe, Labdanum und Sternanis.

▼ Licht ist Leben – Stille sowie Besinnung sind die Substanz dafür.

Bereiten Sie alles für einen Aufenthalt im Dunklen vor, entweder draußen oder zuhause. Was Sie noch brauchen: eine Kerze, weibliche Ahnenfotos oder Fotos von weiblichen Seelenverwandten, einen fingerdicken Ast von etwa 30 bis 40 Zentimeter Länge, rosa- oder fliederfarbene Fäden, Farben des Weiblichen, sowie Geschenkbänder oder Schnüre, die Sie vorbereitend in etwa 15 Zentimeter lange Stücke geschnitten haben. Sie können für die Bänder selbstverständlich genausogut andere Farben wählen, die Sie persönlich mit Ihren Ahninnen und Freundinnen sowie den jeweiligen persönlichen Qualitäten verbinden.

Das Ritual eröffnen Sie wie üblich mit einer Abräucherung mit Salbei oder reinigendem Räucherwerk Ihrer Wahl. Sie können dabei die Kräfte rufen, die Sie zur Unterstützung brauchen: die vier Elemente, die vier Himmelsrichtungen oder die weiblichen Ahnen. Bereiten Sie danach die Räucherkohle für die Mischung vor. Löschen Sie sodann alle Lichter im Raum oder gehen Sie zu Ihrem Platz im Freien.

Beginnen Sie mit der Räucherung. Fühlen Sie ganz wach in die Dunkelheit hinein, geben Sie sich ihr hin. Spüren Sie eher weibliche, weiche, beschützende Seiten des Dunklen? Oder sind es eher unangenehme Schatten, die Ihnen begegnen? Nehmen Sie sich Zeit, diesen Zustand bewusst wahrzunehmen. Kommen Sie zur Ruhe, ins Schweigen. Sie können sich dann gedanklich an die nährenden Urquellen Ihrer Seele bewegen, um daraus neue Kräfte zu schöpfen. Oder in Ihnen wird das innere Bild lebendig, das eigene Licht zu entfachen. Lauschen Sie Ihren Atemzügen und nehmen Sie den Räucherduft wahr. Schauen Sie dem aufsteigenden Rauch so lange nach, bis er sich auflöst. Es gibt nichts zu tun, es geht ausschließlich um die Wahrnehmung der Dunkelheit, des Duftes und des Rauches.

Wenn Sie wieder für das äußere Licht bereit sind, zünden Sie die Kerze an. Sie beobachten, was der Lichtschein in Ihnen auslöst. Wo in Ihrem Inneren findet das Licht einen Widerhall, einen Widerschein? Welche Gedanken, welche Themen wollen beleuchtet und gesehen werden? Wenn Antworten kommen, können Sie sie notieren oder einfach nur ins Herz nehmen und dort bewahren. Beenden Sie das Ritual, indem Sie den Sie begleitenden Kräften danken.

Wenn Ihnen danach ist, können Sie auch noch einen weiteren Schritt mit der Räuchermischung gehen: Sie wenden sich Ihren bluts- oder seelenverwandten weiblichen Ahnen zu oder jenen Frauen, denen Sie für etwas dankbar sind, mit denen Sie aufgewachsen sind, die Sie geprägt haben in Ihrem Leben – und die Ihnen ein gutes Beispiel oder Vorbild waren in bestimmten Lebenssituationen. Jetzt ist ein sehr guter Zeitpunkt, Ihre Mutter, aus deren Schoß heraus Sie geboren wurden, zu ehren.

Wenn Sie sich für diesen zusätzlichen Ritualschritt entscheiden, knüpfen Sie an dieser Stelle die rosa- oder fliederfarbenen Bänder in den Ast. Dabei sprechen Sie laut und deutlich die Stärken Ihrer weiblichen Ahnen aus, um sie zu ehren. Jedes Band steht für eine besondere Eigenschaft oder

➤ *Die Bänder stehen für die positiven Seiten der weiblichen Vorfahren. Es können auch seelisch nahestehende Frauen sein, mit denen man sich innig verknüpft fühlt.*

Qualität der jeweiligen Frau. Sie können den Ast mit den Bändern anschließend in den Rauch halten, um die Anbindung an die geistige Ebene zu verstärken. Schließen Sie das Ritual wie üblich mit gefühlter Dankbarkeit. Den Ast mit den Bändern bewahren Sie dort auf, wo Sie ihn im Blick haben. Wann immer es Ihnen danach ist, nehmen Sie ihn zur Hand und laden sich mit seiner weiblichen Kraft auf. Er ist wie ein moderner Zauberstab, mit dem Sie sich an Ihre weiblichen Essenzen erinnern und diese in sich aktivieren.

Für die *Raunächte* eignet sich eine reinigende, klärende und heilende Räucherung mit einer Mischung aus Tannenharz und Tannennadeln, Wacholderbeeren, Thymian, Rosmarin, Beifuß, Lavendel, Johanniskraut, Alantwurzel, Styrax oder Räucherwerk Ihrer Wahl. Zelebrieren Sie jetzt eine intensive Hausräucherung. Die schweren Energien, die sich bisher in den Räumen angesammelt haben, werden dadurch verwandelt. Eine leichte, klare und freundliche Atmosphäre in Ihrem Zuhause wird spürbar. Neuen Wunschvorstellungen und Bildern für Ihr Leben, Ihrem ganz eigenen inneren Licht für das neue Jahr, bereiten Sie auf diese Weise einen innigen Empfang – und bringen es so bereits in die Welt.

Vor allem der *Silvester*-Abend oder der Abend davor ist ein sehr guter Zeitpunkt, um all das loszulassen, was Sie nicht mit ins neue Jahr nehmen möchten. Schreiben Sie die jeweiligen Themen auf kleine Zettel. Räuchern Sie dabei eine Mischung, die beispielsweise aus Eiben- und Fichtennadeln, Eberesche (Blätter, Rinde und, falls vorhanden, getrocknete Beeren), Echtem Salbei, Weißem Salbei sowie Rosmarin bestehen könnte. Diese Mischung unterstützt das Abschließen, Verabschieden und Loslassen alter Themen. Sie können natürlich auch ganz intuitiv eine eigene Mischung zusammenstellen. Falten Sie nun die Zettel und werfen Sie diese in ein offenes Feuer – verbunden mit der starken inneren Absicht, sich zu reinigen und endgültig von Altem loszulösen.

◄ *Ein starkes Silvester-Ritual – all jene Themen mit Bewusstheit verabschieden und verbrennen, die nicht mehr zugehörig sind*

Porträts von 60 Räucherpflanzen

Adlerholz, Oud, Ud

Aquilaria agallocha, A. malaccensis

Seidelbastgewächse · Baum · Indien, Kambodscha, Vietnam · Holz

Merkmale und Besonderheiten
Der Adlerholzbaum wird bis zu 40 m hoch, besitzt gelblich-grüne Blüten in doldigen Blütenständen und wächst fast ausschließlich wild in den abgelegenen Bergwäldern Nordindiens. Nur wenn sein Holz von Pilzen befallen wird, modert und auf diese Weise natürlich fermentiert, entwickelt sich der unnachahmliche Duft. Zum Räuchern verwenden Sie die kostbaren, kleinen Holzspäne, die Sie glimmen lassen, oder kleinste abgeraspelte Splitter – in balsamischen Mischungen mit Rose, Sandelholz und Myrrhe.

immergrüner Laubbaum

Wirkung und Anwendung
Das Holz gibt es in verschiedenen Qualitäts- und Preisstufen. Schon kleine Mengen verströmen einen unvergleichlich warmen, balsamischen, würzig-süßen Duft, der tief in unsere Seele dringt, das Gedanken-Karussell stoppt, die Konzentration fördert und Meditationen unterstützt. Er wirkt sehr tief entspannend, entkrampfend und beruhigend und beflügelt dabei auch die Lust und Leidenschaft. Fein geraspeltes Adlerholz, zu gleichen Teilen gemischt mit grünem Weihrauch, ergibt eine geradezu heilig-heilsame Mischung für besondere Rituale oder Anlässe wie Geburtstage und Hochzeiten.

Kulturelle Hintergründe
Im Abendland war echtes Adlerholz früher nur Eingeweihten bekannt, während es im Orient seit jeher verwendet wird. Oud, wie es dort heißt, wird an großen islamischen Fest- und Feiertagen geräuchert. Schon der jüdische König Salomon soll seine Gewänder mit Adlerholz beräuchert haben. Bis heute ist es ein beliebter Bestandteil männlicher Duftkompositionen. Doch auch orientalische Frauen benutzen den Rauch, um den Geliebten zu betören. In Japan wird Adlerholz Jinkoh genannt, das bedeutet *sinkendes Holz*. Der Grund: Gerade besonders gute, harzreiche Holzstücke schwimmen nicht in Wasser. Auch in der japanischen Kultur ist Adlerholz ein wichtiger Bestandteil vieler uralter Räucherrituale.

Alant

Inula helenium

Korbblütler · Staude · Klein- und Zentralasien, Deutschland, Holland, Balkan · Wurzel

Merkmale und Besonderheiten
Alant ist eine mehrjährige, bis zu 2 m hohe Staude mit kräftigem Wurzelstock und 6–7 cm großen gelben, sonnenblumenähnlichen Blüten. Seine Heimat ist Zentralasien. Doch seit im Mittelalter ist er auch bei uns in Kloster- und Bauerngärten eine beliebte Zier- und Heilpflanze. Er wildert teilweise aus und wächst dann an feuchten Standorten: in Ufergebüschen, Hecken, Wie-

mannshohe Staude mit gelber Blüte

sengräben sowie an Waldwegen und -rändern. Zum Räuchern verwenden Sie die getrocknete Wurzel, fein geschnitten oder als Pulver. Alant verträgt sich gut mit Mastix, Weihrauch, Salbei, Beifuß und Eisenkraut.

zum Räuchern Wurzel ernten

Wirkung und Anwendung
Die Pflanze mit dem beeindruckenden Wuchs bringt Licht, Helligkeit und Sonnenschein in die Seele. Der feine veilchen- und kampferartige Duft löst ein geborgenes und warmes Gefühl aus. Er hilft, blockierte Energien wieder in Fluss zu bringen. Der Duft der verräucherten Wurzel unterstützt bei Traurigkeit, depressiver Verstimmung und schweren Gedanken, vermittelt Zuversicht und wirkt herzöffnend. Er hilft, Ängste zu lösen und unterstützt das Selbstwertgefühl. Aufgrund seiner keimtötenden Wirkung können Sie ihn sehr gut bei Raumreinigungen einsetzen.

Kulturelle Hintergründe
Das lateinische *helenium* bezieht sich auf *Helene*, die *Sonnenbraut*. Sie war die ursprünglich vorgriechische und auch minoische Vegetationsgöttin. Alant wurde damals den Speisen als Gewürz zugesetzt. Hippokrates hat die Wurzel als Frauenheilmittel gerühmt. Im Mittelalter kam die Heilpflanze bei Erkrankungen der Atmungsorgane – wie chronischer Bronchitis, Keuchhusten und Tuberkulose – und als Schutz vor Pestilenz zum Einsatz. Moderne Forscher fanden in der Wurzel krebshemmende Inhaltsstoffe.

Angelika, Engelwurz
Angelica archangelica

Doldenblütler · Staude · Nord-, Mittel- und Osteuropa · Wurzel, Blüten, Samen

Merkmale und Besonderheiten
Verstreut auf feuchten Wiesen, an Gräben und Flussufern kann die 2–4-jährige Angelika bis zu 3 m hoch werden. Sie blüht nur einmal. Außer der bei uns eher seltenen Echten Engelwurz findet sich häufiger die Wald-Engelwurz *(A. sylvestris)* und die Sumpf-Engelwurz *(A. palustris)*. Wie bei allen weißen Doldenblütlern, zu denen auch der giftige Schierling gehört, ist unbedingt auf die korrekte Bestimmung zu achten! Zum Räuchern verwenden Sie von allen drei Arten die getrockneten und zerkleinerten Wurzeln sowie die Blüten und reifen Samen. Angelika verträgt sich gut mit Benzoe, Galgant, Eisenkraut, Thymian und Kiefer.

Doldenblüte kugelig und weiß

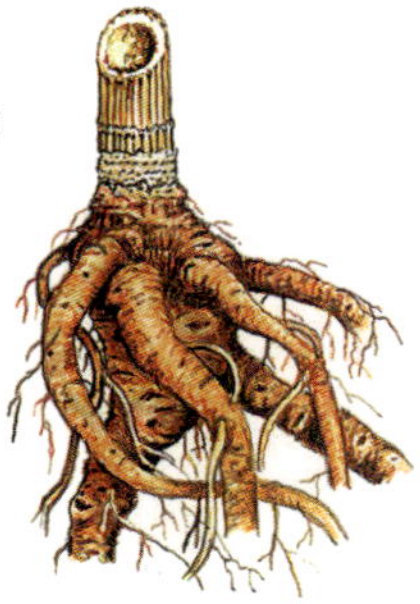
Wurzelstock kraftvoll

Wirkung und Anwendung
Der Name sagt bereits alles: *Angelika* ist ein *Engel* in Pflanzengestalt. Wie ein Schutzengel hilft die bewährte Heilpflanze, wenn es an positiver Lebenskraft mangelt. Geräuchert wirkt sie erdend und stärkt das Selbstvertrauen. Als Schutzräucherung umhüllt ihr aromatischer, würzig-minziger, balsamartiger Duft wie eine schützende Lichtaura. Er ist angstlösend, seelisch stärkend und aufhellend, fördert Mut, Herzenswärme und Lebensfreude und führt in das Vertrauen zu sich selbst. Auch für eine energetisch reinigende Hausräucherung ist die Pflanze gut geeignet. Rauch und Duft bringen Licht in die „dunkelsten“ Ecken!

Kulturelle Hintergründe
Der lateinische Name *archangelica* bedeutet *Erzengel* und ist damit eine Steigerung von *Angelica*. Das hebt die sehr starken Heilkräfte noch weiter hervor. Die Engelwurz ist eine der wichtigsten Schutz- und Heilpflanzen der nördlichen Erdhalbkugel. Schon die Pestärzte des Mittelalters nutzten ihre abwehrstärkenden Kräfte. Sie waren ein wichtiger Bestandteil des berühmten *Theriaks*, einem Wundermittel jener Zeit. Noch heute nehmen Brenner und Destillateure die bittere Wurzel gerne für gesunde, heilsame, kräftige Kräuterliköre.

Asant, Teufelsdreck

Ferula assa-foetida

Doldenblütler · Staude · Indien, Iran, Irak, Afghanistan · Harz

Merkmale und Besonderheiten

Die bis zu 3 m hoch wachsende Pflanze gehört zu den sogenannten Steckenkräutern (siehe unten) und ist eng mit dem Liebstöckel verwandt. Sie hat eine weißlich-gelbe Doldenblüte und fiedrige Blätter, wie wir sie von der Karotte kennen. Zum Räuchern verwenden Sie das gummiartige Harz, das austritt, wenn man die Pflanze über dem Boden abschneidet. Die Harzbrocken werden getrocknet und bei der Verarbeitung zu Gewürz immer mit 70% Bockshornkleesamen vermahlen. Da viele den Geruch eher als penetrant empfinden, sollten Sie ihn nur als Prise in Mischungen verwenden, um den Duft zu heben – wie eine Prise Salz im Dessert.

Die Pflanze wird bis zu 3 m hoch.

Wirkung und Anwendung

Die Pflanze riecht etwas nach Knoblauch und Zwiebel. Sie wurde bereits in der Antike zur Beruhigung der Nerven verwendet und war als Droge hoch geschätzt. Als Gewürz, sparsam im Gebrauch, regt sie den Appetit an. Geräuchert wird nicht zum „Genuss", sondern wegen der Wirkung. Als Schutz und Reinigungsräucherung soll der Duft „Dämonen" abwehren. Auch hier gibt es eine Parallele zum Knoblauch. Deswegen wurde Asant auch bei Bedarf immer wieder in Mischungen bei Hausräucherungen eingesetzt.

Kulturelle Hintergründe

Asant wurde in der Räucherheilkunde schon bei den alten Griechen aufgrund seiner nervenstärkenden und krampflösenden Wirkung verwendet. Im Ayurveda gilt er als Heilmittel bei Psychosen und Angstneurosen. Im Orient empfehlen Heilkundige eine Räucherung bei starker innerer Aufregung oder bei einem traumatischen Schockzustand. Mit den langen, dünnen Stängeln oder „Stecken" wurden einst sogar Knochenbrüche geschient. Das weiße, zunderähnliche und an einen Schwamm erinnernde Mark hielt früher das Feuer am Glimmen.

Baldrian

Valeriana officinalis

Baldriangewächse · Staude · Europa, Asien · Wurzel, Blüten

Merkmale und Besonderheiten

Der Echte Baldrian besiedelt vorzugsweise feuchte, schattige Standorte wie Uferböschungen an Bächen und Wassergräben. Er wird bis zu 1,5 m hoch. Auch auf feuchten Wiesen und an Waldrändern ist er zu finden. Zum Räuchern verwenden Sie die getrocknete und klein geschnittene Wurzel, die Sie im Herbst ausgraben oder die getrockneten Blüten. Baldrian verträgt sich gut mit Lavendel, Zirbenholz und -nadeln sowie dem Kraut der Passionsblume.

Wirkung und Anwendung

Der Räucherduft besänftigt ein aufge-

Wuchs filigran und leicht

wühltes Innenleben. Er wirkt entspannend auf die Nerven und zeigt an, an welcher Stelle die Energie nicht fließen kann. Baldrian fördert die Intuition, das Erahnen und Träumen. Dabei macht er nicht müde, sondern beruhigt. Bei der Räucherung des ungewöhnlichen Duftes kommen sich Denken und Fühlen näher, tief verborgenes Wissen gelangt an die Oberfläche. Der Duft riecht nicht für jeden gefällig – doch lohnt es sich umso mehr, sich mit ihm zu beschäftigen.

Kulturelle Hintergründe

Der Wortstamm *valeriana* lässt Rückschlüsse ziehen auf den alten mittelhochdeutschen Begriff *valant*, was *Teufel* bedeutet und dem lateinischen *valere* für *gesund sein*. Das weist auf die Unheil abwehrende Wirkung der Pflanze, die im Mittelalter zur Abwehr von Dämonen, Teufeln und Hexen zum Einsatz kam. Baldrian gehört zu den neun verschiedenen Kräutern, die an *Mariä Himmelfahrt* am 15. August in der katholischen Kirche geweiht werden. Früher verwendete man ihn auch für Liebeszauber. Brauchtumsforscher verneinen, dass es mit dem germanischen Lichtgott *Balder* oder *Baldr* einen Zusammenhang gibt, auch wenn dies immer wieder behauptet wird.

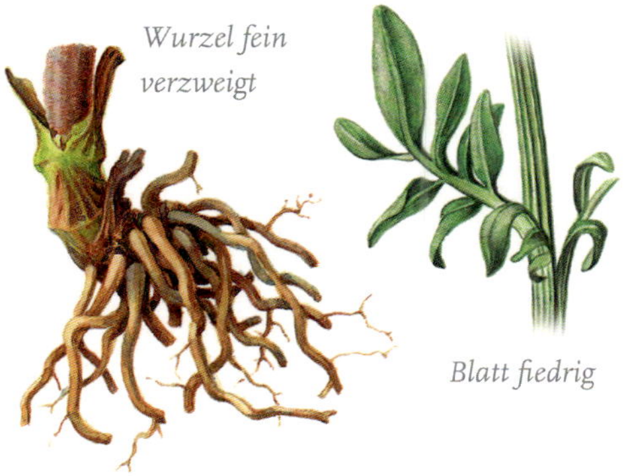

Wurzel fein verzweigt

Blatt fiedrig

Beifuß

Artemisia vulgaris

Korbblütler · Staude · nördliche Erdhalbkugel · Kraut samt Blüten

Merkmale und Besonderheiten

Die einheimische, bis zu 1,5 m hohe wild wachsende Staude liebt nährstoffreiche Sand-, Kies-, und Lehmböden und besiedelt oft nitratreiches Ödland wie Schutthalden, Straßenränder und Bahndämme. Beim Verreiben verströmt die ganze Pflanze einen kräftigen aromatischen Duft. Zum Räuchern verwenden Sie die Blüten und das fein geschnittene, getrocknete Kraut. Das Räuchergut verträgt sich ausgezeichnet mit Diptam, Mastix, Schafgarbe, Salbei, Weihrauch, Thymian, Rosmarin, Fichte und Kiefer.

Wirkung und Anwendung

Die Pflanze wirkt klärend und stärkend, wärmend und entspannend und eignet sich sehr gut für eine Schutz- und Reinigungsräucherung sowie bei Übergangsritualen und Schwellensituationen im Leben. Er hilft, das Selbstbewusstsein zu stärken, verleiht die Kraft, klar zu sehen, ist strukturierend und festigend. Mit seinem blumig-frischen Aroma, das durch harzige, kampfer- und mentholartige Noten ergänzt wird, hat es der Beifuß zur „Mutter aller Kräuter“ und zum „Kraut aller Mütter“ gebracht, das gerade bei spirituellen Handlungen unterstützt.

Blüten unscheinbar

Kulturelle Hintergründe

Archäologen fanden Beifuß in großen Mengen bei den Ausgrabungen der Rentierjäger von Lascaux (etwa 17.000 vor Christus). In allen alten Kulturen spielte er eine wichtige Rolle. In der germanischen Mythologie zählt er zu den „neun heiligen Kräutern“, welche Odin, der mächtige Hauptgott der Germanen, den Menschen schenkte. Im Mittelalter galt er als wirksames Mittel gegen Hexerei. Ein Sträußchen am Dachfirst brachte Schutz bei Blitzschlag, Seuchen und dunklen Mächten. Die *Artemisia*-Arten gehen etymologisch und mythologisch auf die Göttin *Artemis Eileithyia* zurück – eine Frauen- und Heilgöttin, die besonders gebärende Frauen beschützte. Das erklärt, weshalb Beifuß und auch Wermut *(A. absinthium)* nicht in der Schwangerschaft geräuchert werden sollten, da es dann zu Fehlgeburten kommen kann. Zum richtigen Zeitpunkt eingesetzt, entkrampfen die Düfte jedoch und erleichtern die Geburt.

Benzoe

Styrax tonkinensis

Storaxgewächse · Baum · Thailand, Laos · Harz

Merkmale und Besonderheiten

Der Pionierbaum der Regenwaldgebiete wird bis zu 25 m hoch und entwickelt im Alter eine schokoladenbraune Rinde. In der kalten Jahreszeit wirft er fast alle Blätter ab. Das Harz wird durch V-förmiges Einritzen von 6–10 Jahre alten Bäumen gewonnen. Das zuerst austretende, noch weißliche Harz wird später zu ocker- bis rötlich-farbigen, mandelartigen Harzstücken. Diese werden geräuchert. Es gibt zwei verschiedene Arten des Benzoe-Baums: Eine wächst in Thailand, dem alten Siam, die andere auf Sumatra. Das Harz von Benzoe Siam ist süßer und milder als das von Benzoe Sumatra. Es gilt deshalb als feiner und ist teurer. Beide Harze riechen balsamisch süß und vertragen sich in Mischungen gut mit Sandelholz, Zimt, Weihrauch und Zedernholz

Baum wächst in Südostasien

Wirkung und Anwendung

Der Duft ist sehr sinnlich und wird als beruhigend und tröstlich empfunden. Er regt die Phantasie und Inspiration an und eignet sich deshalb sehr gut bei kreativer und künstlerischer Arbeit. Das warme, vanilleähnliche Aroma hält sich lange im Raum und vermittelt ein Gefühl des inneren Friedens, wirkt umhüllend und entspannt tief. Pur geräuchert kann das Harz einen Hustenreiz auslösen. Verwenden Sie es deshalb am besten als kleine Menge in einer Mischung.

Kulturelle Hintergründe

In Indien räuchern die Hindus Benzoe in den Tempeln vor den Statuen und Bildern ihrer Gottheiten. In der Räucherheilkunde kommt sie dort bei Atemwegs- und Hauterkrankungen traditionell zum Einsatz, da sie das Abhusten erleichtert. Die Ägypter nehmen Benzoe gerne für sinnlich-erotische Räuchermischungen. In Europa wurde früher das exotische Harz oftmals zur Desinfektion von Krankenzimmern verräuchert.

Bernstein, Amber, Brennstein, Sonnenstein

Succinum

verschiedene Nadelgehölze · Baum · Nordeuropa · fossiles Harz

Merkmale und Besonderheiten

Bernstein ist das fossile Harz von vor Jahrmillionen im Meer versunkenen Nadelbäumen. Die natürlichen Fundorte sind Strände, hauptsächlich an der Ostsee. Dort werden die Harzbrocken angeschwemmt. Zum Räuchern nehmen Sie

bräunliche Harzbrocken am Strand

kleine Harzsplitter, die äußerst hart sind und gemörsert werden sollten, damit sich der Duft besser entfaltet. Er verträgt sich gut mit Damiana, Weihrauch, Myrrhe und Zimt.

Wirkung und Anwendung
Das Harz ist ein echter Lichtbringer. Mit seinem gespeicherten Sonnenlicht stärkt es die Herzenergie und befreit die Seele. Die archaische Herkunft rührt an das Urvertrauen und bringt uns mit den ureigensten, inneren Kraftquellen in Verbindung. Der Duft ist würzig, herb und kräftig. Er erwärmt seelisch und hellt auf, passt sehr gut zu Heil- und Hausräucherungen und bringt am Arbeitsplatz positive Energie. In Phasen der Neuorientierung hilft Bernstein, den Neubeginn zu unterstützen.

Kulturelle Hintergründe
Schon in der Steinzeit war Bernstein als Schmuckstein sehr beliebt. Spätestens seit dem 3. Jahrtausend vor Christus war er wichtiges Handelsgut der Ostseevölker bis in den Süden Europas. Sein germanischer Name *glasaz* findet sich in dem heutigen Begriff *Glas* wieder. Auch die alten Griechen und Römer erfreuten sich an seinen ungewöhnlichen Eigenschaften. Er ist brennbar und lässt sich elektrisch aufladen. Das Lateinische *succinum* heißt auf griechisch *electrum* und weist auf den Bezug zur Elektrizität. In der Volksheilkunde wurde das Harz vielfach bei Rheuma und bei Hautproblemen angewendet.

Birke
Betula spec.

Birkengewächse · Baum · Europa, Asien, Japan · Rinde, Blattknospen, junge Blätter

Merkmale und Besonderheiten
Die Birken gehören zu den sommergrünen, laubabwerfenden Bäumen und können bis zu 30 m hoch werden. Ihr auffälligstes Merkmal ist die glänzend weiße papierartige Rinde. Die Hänge-Birke *(B. pendula)* wächst als Pionierbaum häufig an trockenen Stellen von Laub- und Nadelwäldern sowie an Waldrändern und in Heidegebieten. Die Moor-Birke *(B. pubescens)* dagegen bevorzugt feuchte Standorte in Mooren und Sümpfen. Zum Räuchern verwenden Sie die äußere, gerbstoffhaltige Rinde und die im Frühjahr getrockneten jungen Blätter. Die Birke verträgt sich gut mit Wacholder und Goldrute.

Wirkung und Anwendung
Falls im Frühjahr noch die Dunkelheit und Schwere des Winters die Seele belastet, dann hilft das Räuchern mit der Frühjahrsbotin Birke. Sie vertreibt die Müdigkeit in den Gliedern und reinigt den Geist von Schwermut, ist aufbauend und belebend. So kann wieder Licht und Leichtigkeit einkehren, Verhärtungen lösen sich und der Stoffwechsel kommt in Schwung. Sie sammeln die jungen Knospen im Frühjahr und trocknen Sie sofort an einem warmen Ort.

Kulturelle Hintergründe
Die Birke ist ein Baum unseres mittel- und nordeuropäischen Kulturkreises. Den Griechen und Römern war sie unbekannt. Die Kelten verehrten in ihr die Göttin *Brigid,* die Lichtbringerin. Sie gehört zu *Lichtmess* und *Imbolc* einfach dazu. Die erste Rune *Beth* bezieht sich auf die Birke. Ihre weiße, wasserundurchlässige Rinde war früher ein beliebtes Material für alle möglichen Kleidungs- und Haushaltsgegenstände. In der Tradition des Maibaums lebt die Verehrung der Birke und das Freudenfest zum Frühlingsanfang bis in unsere heutige Zeit fort. Für die *Fronleichnamsprozession* schmücken die Katholiken die Straßen mit Birkenzweigen.

Blätter hellgrün

Die Hänge-Birke ist ein typischer Pionierbaum.

Boldobaum

Peumus boldus

Monimiagewächse · Strauch · Chile, Europa, Nordafrika · Blätter

Merkmale und Besonderheiten

Der Boldobaum ist ein kleiner, immergrüner Strauch, der auch baumartig wachsen kann und ursprünglich aus Chile kommt. Er hat lederartige, feste Blätter und bevorzugt trockene und sonnige Standorte. Zum Räuchern verwenden Sie die getrockneten, kleingeschnittenen Blätter, die sich gut mit Vetiver, Lorbeer, Rosmarin, Thymian, weißem und schwarzem Copal, Weihrauch, Zeder, Zirbe und Mastix vertragen.

Wirkung und Anwendung

Zusammen mit Zirbe, Lavendel und Baldrian haben die Boldoblätter eine positive Wirkung auf Schlaf und Träume. Der würzige, herbe, zitronige Duft wirkt stresslösend, beruhigend, schlaffördernd, geistig entspannend und wird deswegen gerne in Abendräucherungen eingesetzt. Gemeinsam mit Lorbeer sind die Blätter passend für Los- und Orakelräucherungen. Sie eignen sich – zu gleichen Teilen mit Zeder – auch sehr gut in Dankesräucherungen. Bei Erkrankungen der Atemwege können Sie die Blätter mit einer Prise Benzoe und / oder Tolubalsam räuchern. Das fördert das Abhusten, denn der Rauch löst einen Hustenreiz aus. Eine Räucherung zusammen mit weißem Copal, Pinien- und Kiefernharz nimmt innere Nervosität ohne müde zu machen. Das beschert eine ausgeglichene, präsente Stimmung.

Kulturelle Hintergründe

Boldoblätter haben eine uralte Tradition als Zugabe in Reinigungs- und Schutzräucherungen. Heilkundige machten daraus auch eine Salbe zur Vorbereitung der Geburt oder setzen sie bei Geschlechtskrankheiten ein. In der chilenischen Volksmedizin werden die Blätter bei allerlei Magen-, Darm- und Leberleiden verwendet. Boldoblätter als Tee haben sich bei Verstimmungen des Magen-Darm-Traktes bewährt

Verräuchert werden die ledrigen Blätter.

Copal, schwarzer Copal

vor allem *Bursera microphylla*

Balsambaumgewächse · Baum · Mexiko · Harz

Merkmale und Besonderheiten

Der schwarze Copal lässt sich nicht einer Stammpflanze zuordnen. Es handelt sich um eine Sammelbezeichnung für Harze unterschiedlicher botanischer Herkunft. *Copalli* heißen im mexikanisch-indianischen Sprachgebrauch durchsichtige, feste Harze. Deshalb heißt auch der Weihrauch bei den Azteken *Copal*. Eine

Baum trockener Gebiete

sehr wohlriechende Copalsorte, die als schwarzer Copal bezeichnet wird, stammt vermutlich von *B. microphylla*, einem kleinen Baum mit verdicktem Stamm, der extreme Trockenheit liebt und die Fähigkeit besitzt, Wasser in seinem Stamm zu speichern. Selbst einheimische Händler wissen allerdings oft nicht, von welchen Stammpflanzen die Harze sind. Der schwarze Copal, *Copal negro resin,* wird auch als *Aztekencopal* bezeichnet.

Wirkung und Anwendung

Der *Copal negro* oder *Nachtcopal* ist der „schwarze Jaguar" unter den Copalsorten und zeichnet sich durch einen tiefen, dunklen, balsamischen Duft aus. Er wirkt beruhigend, erdend und stresslösend. Eine Mischung mit Sandelholz, Vanille und Benzoe Siam macht den Duft etwas leichter, entspannt körperlich und eignet sich deswegen als Abendräucherung, die verlangsamt und beruhigt. Als Ahnenräucherung können Sie ihn zusammen mit Beifuß, Wacholder und Drachenblut verräuchern.

Kulturelle Hintergründe

Beim mexikanischen Totenfest *Los Días de Muertos* wird schwarzer Copal in großen Mengen verräuchert, stellt er doch die Verbindung zu den Toten her. Die Mexikaner verbrennen ihn auch zusammen mit den Leichen der Verstorbenen. Die Schutzgeister saßen in der Vorstellung der Mayas in den Copalbäumen. Indianische Heiler nahmen ihn für Mischungen, um damit Kranke in einen Heilschlaf zu versetzten, eine Heilweise, die auch bei den alten Griechen üblich war. Im Traum erhielten die Kranken einen Impuls für ihre Genesung.

Copal, weißer Copal

Protium Copal

Balsambaumgewächse · Baum · Südmexiko, Guatemala · Harz

Merkmale und Besonderheiten

Copal ist kein botanischer Begriff, sondern ein Sammelbegriff für Harze verschiedener Herkunft, die zum Teil äußerst schwierig zuzuordnen sind. Üblicherweise stammen die Harze von balsamhaltigen, laubartigen Sträuchern und Bäumen. Der echte, weiße Copal wird während der Trockenzeit durch Einritzen der Rinde geerntet. Das flüssige Harz gelangt in rinnenartige Behältnisse. Die Bezeichnung und Qualität von *Copal gold* für ein goldgelbes, durchsichtiges Harz ist kritisch zu betrachten, da es oft nichts anderes ist als minderwertiges Kolophonium. *Copal de Puebla* ist dagegen eine äußerst seltene und hochwertige Sorte aus abgelegenen Berggebieten Mexikos. Zum Räuchern verwenden Sie kleine Harzstücke, die manchmal innen noch etwas zäh sind, wenn die Ernte nicht so lange her ist. Sie passen sehr gut zu heimischen Räucherpflanzen wie Rosmarin, Thymian, Birke, Minze, Salbei und Lavendel.

Wirkung und Anwendung

Der weiße Copal gilt unter all den Copalsorten als edelstes und begehrtestes Harz. In den Ursprungsländern wird er als *Gehirn des Himmels* bezeichnet – aufgrund seiner bewusstseinserweiternden Wirkung. Viele schätzen den wunderbar leichten, zitronig-erfrischenden Duft als Alternative zum Weihrauch. Es verdampft sofort und hinterlässt keine Rückstände auf der Kohle – ein echtes Qualitätsmerkmal. Seine klärende, reinigende Kraft macht wach und präsent, stimuliert Konzentration, Kreativität und geistige Klarheit. Nach Christian Rätsch verschmelzen im Duft des Copals Erde und Himmel, die Menschen mit den Göttern und die Schamanen mit anderen Wirklichkeiten.

Kulturelle Hintergründe

Für die Mayas war die fein-ätherische Schwingung optimal für Zeremonien und Rituale – sie war Nahrung der Götter, denen sie opferten, und förderten die Hellsichtigkeit. Noch heute setzen Urschamanen das weiß-gelbe Harz für medizinische, magische und religiöse Räucherzwecke üppig ein und nehmen es für alle Reinigungs- und Segnungsrituale.

Baum mit großen Fiederblättern

Damiana

Turnera diffus

Turneragewächse · Halbstrauch · Mittel- und Südamerika · Blätter

Merkmale und Besonderheiten

Damiana gehört zur Gattung der Safranmalven. Sein Vorkommen reicht vom südlichen Nordamerika bis nach Argentinien. Der kleine, vielverzweigte Strauch wird 1–2 m hoch. Die Blüten sind kurz gestielt und haben eine leuchtend gelbe Farbe. Die Pflanze wirkt zart und ist flauschig behaart. Zum Räuchern verwenden Sie die getrockneten, zerkleinerten Blätter. Das Räuchermaterial verträgt sich gut mit Safran, Labdanum, Zistrose, Zimtblüte, Rose, Styrax, Jasmin, Sandelholz, Guajakharz, und -holz sowie Moschuskörnern.

Blüten leuchtend gelblich

Wirkung und Anwendung

Die Blätter dürfen in keiner euphorisierenden Mischung fehlen, denn sie entfachen die Liebeslust. Der wunderbare, aromatische, sinnlich-warme und leicht süßliche Duft ist sehr angenehm bis betörend und löst Wohlbefinden aus. Er umhüllt die Seele. Die Blätter besitzen darüber hinaus auch einen entkrampfenden und entspannenden Aspekt, der uns bei Nervosität und Überreiztheit helfen kann. Für eine herzöffnende Mischung wählen Sie Damiana, Styrax oder Styraxbaumrinde, Alantwurzel und Rosenblüten zu gleichen Teilen. In der Phytotherapie wird Damiana zur Stärkung in körperlichen und geistigen Schwächephasen eingesetzt. Für diese Wirkung beim Räuchern können Sie es mit Galgant- und Kalmuswurzel sowie mit Meisterwurz und Angelikasamen zu jeweils gleichen Teilen mischen.

Kulturelle Hintergründe

Die Pflanze ist im mittel- und südamerikanischen Raum ein traditionelles Aphrodisiakum, das als Räucherung oder als Tee vor dem Liebesspiel zum Einsatz kommt. Die Mittelamerikaner sind überzeugt, dass sie die sexuelle Aktivität steigert und auch die Empfindsamkeit der Haut anregt. Einem sinnlichen Rausch steht also mit dem duftenden Rauch von Damiana nichts im Weg. In der volkskundlichen Hausapotheke hat es überdies bei Asthma, Atembeschwerden und Erschöpfung einen festen Platz.

Dammar, Katzenaugenharz

vor allem *Agathis dammara*

Araukariengewächse · Baum · Indonesien, Philippinen · Harz

Merkmale und Besonderheiten

Dammar steht für die Harzsorten verschiedener Laubbaumarten. Sie alle wachsen in tropischen, immergrünen

Der Baum sondert helles Harz ab.

Wäldern bis auf 1400 m Höhe und erreichen eine Größe von bis zu 40 m. Früher wurde als Stammpflanze *A. dammara* angegeben, doch ist diese Art mittlerweile bedroht. Deswegen stammt die Handelsware heute von *Shorea wiesneri*, einem malaiisch-indischen Laubbaum. Harz tritt bei Verletzung am Stamm aus und trocknet zu einer gelblichen Substanz. Zum Räuchern verwenden Sie das klare, helle Harz und mörsern die erbsengroßen Stücke. Es verträgt sich gut mit Johanniskraut, Lavendel, Ysop, Holunder, Mädesüß, Angelika, Süßgras, Myrte, Iriswurzel und Patchouli.

Wirkung und Anwendung
Das Harz hat eine erhellende Wirkung, es bingt Licht ins Dunkle der Seele und eignet sich bei Traurigkeit, Schwermut und depressiver Verstimmung. Es fördert die Verbindung mit der feinstofflichen Schwingung höherer Energieebenen, begleitet zusammen mit dem Adlerholz wunderbar Meditationen und mit Sal und Lorbeer Visionsreisen. Mit Sandarak und Königskerze vermischt, löst es spannungsgeladene Zustände in Räumen auf. Der leichte, frische Duft verbreitet eine harmonische und zufriedene Atmosphäre.

Kulturelle Hintergründe
Der Dammarabaum oder die Dammarfichte ist ein wichtiges Handelsgut geworden. Der indonesische Begriff *damar* bedeutet *künstliches Licht*, denn das Harz wurde als Brennstoff für Lampen verwendet. Aufgrund seiner lichtbrechenden Eigenschaften hieß es bei uns auch Katzenaugenharz. Es splittert leicht und tropft nicht, weswegen daraus Fackeln und Räucherstäbchen gemacht wurden.

Drachenblut

Draceana draco, Daemenorops draco

Dracaena: Kanarischer Drachenbaum · Spargelgewächse · Baum · Indonesien · Harz
Daemenorops: Drachenblutpalme, Rattanpalme · Palmengewächse · Liane · Afrika, Asien, Australien · Harz

Merkmale und Besonderheiten
Das Drachenblut-Harz kann von verschiedenen Stammpflanzen stammen. Der kanarische Drachenbaum hat einen dicken Stamm und wird bis zu 20 m hoch. Die Drachenblutpalme dagegen ist eine lianenartig kletternde Pflanze, deren Früchte das im Handel als *Rotangharz* bekannte Drachenblut liefert. Das im Handel übliche feste, rotbraune Harz mit glänzenden Bruchstellen stammt von jenen Drachenblutbäumen, die in Indonesien für diesen Zweck kultiviert und beerntet werden. Beim ebenfalls gebräuchlichen Pulver sollten Sie darauf achten, dass es in Deutschland bei einem seriösen Lieferanten vermahlen und somit nicht verfälscht wurde. Es verträgt sich gut mit Weihrauch, Angelikawurzel, Nelkenfrüchten, Efeu, Mastix (zum Aufhellen der Wirkung), Beifuß, Mistel und Wacholder.

Kanarischer Drachenbaum mit charakteristischer Wuchsform

Wirkung und Anwendung
Das Harz besticht eher durch seine tiefrote Farbe als durch den herb-würzigen Duft, der für viele eine Herausforderung ist. Aufgrund seiner Wirkung ist er allerdings in Ahnen- und Schutzräucherungen nicht wegzudenken. Traditionell kommt Drachenblut in Mischungen für *Allerheiligen* und *Samhain* zum Einsatz. Es verkörpert nicht nur die Verbindung mit den Ahnen, sondern kann auch tiefliegende Blockaden lösen.

Kulturelle Hintergründe
Der lateinische Name *dracaena* bedeutet *weiblicher Drache* oder *Schlange*. Der kanarische Drachenbaum lebte bereits in der Zeit der Saurier. Kein Wunder also, dass sein Harz mit der Ahnenlinie verbindet. Es galt einst als magisches Elixier für Unverwundbarkeit, weshalb sich Siegfried aus der Nibelungensage darin badete.

Fichte

Picea abies

Kieferngewächse · Baum · Europa · Harz, Nadeln, harzige Zapfen

Merkmale und Besonderheiten
In Europa gedeiht das stark harzhaltige Nadelgehölz bis in den hohen Norden und Zentralfrankreich. Die immergrünen und einstämmigen Bäume erreichen bis zu 25 m Höhe. Am Stamm tritt natürlicherweise viel Harz aus, der gut gesammelt werden kann ohne den Baum weiters zu verletzen. Das durch Erhitzung vom Terpentingehalt gereinigte Fichtenharz heißt *Burgunderharz* oder *Resina alba*. Helles und noch klebriges Harz sollten Sie zum Trocknen lagern, sonst sticht der Terpentinanteil beim Verräuchern zu sehr in die Nase. Fichtenharz verträgt sich gut mit vielen heimischen Räucherpflanzen wie Wacholderholz, -nadeln und -beeren, mit Beifuß, Wermut, Eibe, Thuja, Mistel, Efeu, Stechpalme, außerdem mit weißem Copal und Bernstein.

reichlich Harz am Stamm

Wirkung und Anwendung
In Ahnenräucherungen unterstützt es, um alte Verstrickungen zu lösen, die aus vergangenen Generationen bis heute wirken. Dazu können Sie es mit Bartflechte mischen. Es hilft, die innere Mitte zu stärken, sich aufzurichten und sich wieder „besser beieinander“ zu fühlen. Das Harz verströmt einen warmen, waldigen und heimeligen Duft, der etwas Schützendes und gleichzeitig Belebendes hat. Er ist ein typischer *Weihnachts-* und *Raunächte*-Duft und eine Art „Alleskönner“, der gut in stärkende und kräftigende Mischungen passt.

Kulturelle Hintergründe
Eines der letzten germanischen Baumheiligtümer, das im Auftrag Karls des Großen gefällt wurde, war eine riesige, uralte Fichte, genannt *Irminsul*. Welch Kraft lebte wohl in diesem Baum? Früher steckten unsere Vorfahren in der *Walpurgis*-Nacht zum Schutz vor Hexen Fichtenzweige in den Misthaufen. Darin spiegelt sich die alte keltische Verehrung der Fichte als schützender Mutterbaum und Wohnort guter Naturgeister. Als immergrüner Baum verkörperte sie den ewigen Kreislauf des Lebens und zog so als heidnisches Symbol zu *Weihnachten* in das christlich geschmückte Wohnzimmer ein.

Galbanum

Ferula galbaniflua

Doldenblütler · Staude · Syrien, Arabien, Ostindien, Iran · Harz

Merkmale und Besonderheiten
Die Pflanze ähnelt stark dem Fenchel und ist eng verwandt mit Asant. Alle drei sind mehrjährige, sehr ausdauernde und kräftige Staudenpflanzen, die bis zu 3 m hoch werden und gelb-weißliche Dolden-Blütenstände aufweisen. Durch Einritzen in der Nähe der Wurzel tritt Gummiharz aus, das auch *Mutterharz* genannt wird und die Konsistenz eines dicken Milchsaftes besitzt. An der Luft trocknet es ein und entwickelt dabei sein typisches Aroma. Beim Räuchern verwenden Sie das noch knetartige oder bereits ausgehärtete Harz. Es verträgt sich gut mit Sandelholz, Zedernholz, Sandarak und Dammar.

Wirkung und Anwendung
Das *Mutterharz* kam früher bei typischen Frauenleiden zum Einsatz. Schwangere sollten es allerdings aufgrund der abtreibenden Wirkung vermeiden. In Räuche-

rungen hat es den Effekt, auf starke Gefühle ausgleichend zu wirken. Der sehr aromatische, balsamische, süßliche Duft mit einem tiefen Unterton mildert Angstzustände und Stress, steigert die Konzentration, bringt Klarheit in die Gedanken, begünstigt innere Weite und sorgt für Tiefenentspannung. Galbanum bereichert Räuchermischungen, da es die anderen Stoffe verbindet und den Duft intensiviert. Zusammen mit Weihrauch, zu gleichen Teilen gemischt, schafft es eine wunderbare Atmosphäre von Ruhe, Frieden und Geborgenheit.

kräftige Staudenpflanze mit runder Doldenblüte

Kulturelle Hintergründe

In der Bibel ist überliefert, wie Gott Moses die Rezeptur für eine Opfermischung mit Galbanum offenbart, die jedoch nicht für weltliche Zwecke verräuchert werden durfte. Im antiken Ägypten war das Harz luxuriöser Bestandteil von Zeremonien und war Teil der großen Kunst des Einbalsamierens. In Griechenland zu Dioskurides' Zeiten, dem berühmtesten Pharmakologen des Altertums, verräucherten es die Menschen, um Geister und Dämonen zu vertreiben und auch, um seelisch Kranke von ihrem Leid zu befreien. Heute verleiht Galbanum den beiden Parfums Chanel No. 19 und Eau de Campagne ihre geheimnisvolle Note.

Galgant, Thai-Ingwer

Alpinia galanga

Ingwergewächse · Staude · China, Indien, Indonesien · Wurzel

Merkmale und Besonderheiten

Galgant ist eine bis zu 3 m hoch werdende Pflanze. Ihre unterirdisch kriechenden Rhizome bilden einen scharf-würzigen Geschmack aus, der durch eine hohe Konzentration an ätherischen Ölen und Harzen entsteht. Zum Räuchern verwenden Sie die klein geschnittenen oder gemahlenen Wurzeln. Sie vertragen sich gut mit Süßholz, Kalmus, Galbanum, Wacholder, Weihrauch, Ginseng, Salbei, Thymian, Minze, Wermut, Beifuß und Meisterwurz.

Wirkung und Anwendung

Das breite Aromenspektrum mit seinen scharf-würzigen, holzig-kampferigen, eukalyptus- und zimtartigen Noten stärkt, kräftigt und erdet. Damit unterstützt Galgant, dem rotierenden Gedankenkarussell Einhalt zu gebieten. Er regt den inneren Heiler an, schafft ein Gefühl des Vertrauens, des Mutes und der Zuversicht. Bei Erschöpfung und Niedergeschlagenheit hilft es auf die Beine und bringt die Energien im Körper wieder zum Fließen. Eine Galgant-Räucherung stärkt und regt an, aber nicht auf! Der Räucherstoff passt in alle Mischungen, die zum Beispiel nach Krankheit und in Zeiten der Rekonvaleszenz den weiteren Heilungsprozess unterstützen sollen. Galgant soll darüber hinaus auch die sexuelle Leidenschaft beflügeln und wird deswegen gerne in erotisierend wirkenden Mischungen verwendet.

Die Rhizome wachsen waagerecht im Boden.

Kulturelle Hintergründe

In der tibetischen und ayurvedischen Heilkunde hat Galgant bis heute seinen festen Platz – und das seit Jahrtausenden. Auch in der europäischen Antike war er bekannt und ein begehrtes Handelsgut. Vom Himalaja aus gelangte er nach Rom, Griechenland und Mesopotamien. Zu uns kam er erst im Mittelalter und war dann zu Heilzwecken nicht mehr wegzudenken. Auch für die Äbtissin Hildegard von Bingen, die sich vor über 800 Jahren sehr ausgiebig und tiefgründig mit der Naturheilkunde befasste, war die Pflanze ein starkes Heilmittel. Sie kam besonders als magenstärkendes Mittel zum Einsatz – vor allem in Magenschnäpsen – und bei Herzleiden.

Guajak

Guaiacum officinale, G. sanctum

Jochblattgewächse · Baum, Strauch · Südamerika, Karibik · Harz, Holz

Merkmale und Besonderheiten

Der blühende, belaubte Baum, der bis zu 13 m hoch wird, liefert Harz und ein sehr hartes Holz. Wie auch Adlerholz versinkt es im Wasser, da es äußerst harzreich ist. Es wird durch tiefes Einritzen der Rinde gewonnen oder aus dem gefällten Holz. Mittlerweile ist der Baum geschützt.

Baum mit hartem Holz

Zum Räuchern verwenden Sie Harz wie Holz, wobei letzteres extrem hart ist und nicht mehr zerkleinert werden kann. Guajak verträgt sich gut mit Räucherstoffen, die aphrodisierend wirken: Damiana, Safran, Labdanum, Zistrose, Zimtblüte, Rose, Styrax, Jasmin, Sandelholz und Moschuskörnern.

Wirkung und Anwendung

Der sehr aromatische und intensive Duft des Holzes wie Harzes besänftigt aufgewühlte Gefühle, bringt in die eigene Kraft und wirkt vor allem belebend auf den sinnlich-erotischen Bereich. Er regt Intuition wie Instinkt an. Da das Aroma des Holzes einfach beeindruckend ist, werden davon jährlich etwa 20 Tonnen in Kräuterlikören verarbeitet. In geraspeltem Zustand vertreibt es zuverlässig lästige Insekten.

Kulturelle Hintergründe

Aus dem volkstümlichen Namen *Franzosenholz* lassen sich die heilenden und lebensverlängernden Eigenschaften ablesen, die dem Holz im 18. Jahrhundert zugeschrieben wurden. Es wurde nämlich gegen die Geschlechtskrankheit *Syphilis*, auch als *Franzosenkrankheit* bekannt, eingesetzt. Guajak war in rituellen Kulten ein wichtiger Bestandteil für Weihe- und Opferräucherungen, um einen Ausgleich zwischen Geben und Nehmen zu schaffen. Äußerlich kam es bei Brandwunden zum Einsatz. Heute ist es ein homöopathisches Mittel, Giftstoffe auszuleiten.

Guggul, Indische Myrrhe

Commiphora mukul, C. wightii

Balsambaumgewächse · Baum · Indien, Pakistan · Harz

Merkmale und Besonderheiten

Der dornige, strauchartige Baum ähnelt dem Weihrauch- und Myrrhebaum und liebt trockenen und steinigen Untergrund. Guggul wird aufgrund der engen Verwandtschaft mit der Myrrhe auch als *Indische Myrrhe* bezeichnet. Das gelbliche bis braune Harz wird durch das Ein-

strauchartiger Baum in trockenen Gebieten

schneiden oder Einritzen der Rinde gewonnen. Zum Räuchern verwenden Sie es zerkleinert. Es passt gut zu Nelke, Koriander, Kardamom, Benzoe Siam oder Sumatra, Weihrauch, Wacholder, Zimtblüte und Zeder.

Wirkung und Anwendung
Der Duft erinnert an die Myrrhe. Er ist tief, erdig, orientalisch, mit einer vanilligen Note. Typischerweise wird Guggul am Abend geräuchert, bringt er doch die Gedanken des Tages zum Stillstand und schenkt innere Gelassenheit, Ruhe und Entspannung. In der ayurvedischen Medizin kommt das Harz für eine belebende Wirkung zum Einsatz und wirkt dabei auch aufbauend und festigend. Bei Erkältungen und Heuschnupfen bringt es zusammen mit Benzoe, Boldoblättern, Kampfer und Menthol Erleichterung. Die Aura können Sie mit einer Mischung aus Guggul, Weißem Salbei und Alantwurzel reinigen und klären. Um Stechmücken wirkungsvoll zu vertreiben, eignet er sich zusammen mit Lemongras und Lavendel.

Kulturelle Hintergründe
Die Inder, Tibeter und Nepalesen räuchern das Harz bei Ritualen zu spirituellen, magischen und heilenden Zwecken. Die alten Römer fuhren es aus Indien ein. Neuerdings findet es als Appetitzügler, der den Erfolg von Diäten begünstigt, viele Anhänger. In Form von cholesterinsenkenden Kapseln aktiviert die Kraft der Pflanze die Leber.

Holunder, Holler
Sambucus nigra

Geißblattgewächse · Strauch · Europa · Blüten, auch Holz, Rinde und Mark

Merkmale und Besonderheiten
Der Schwarze Holunder ist ein Strauch, der bis zu 10 m hoch wird und an den Zweigen auffallende pustelartige Rindenporen aufweist, die dem Gasaustausch dienen. Die handtellergroßen, weißen, doldigen Blütenstände verströmen im Frühsommer einen betörenden Duft. Der Strauch sucht die Nähe des Menschen. Er wächst gerne an Haus- oder Stallmauern oder in einer vernachlässigten Ecke des Gartens. Zum Räuchern verwenden Sie vor allem die getrockneten Blüten, wenngleich auch Holz, Rinde und das weiche Mark sich dafür eignen. Das Räuchermaterial verträgt sich gut mit Johanniskraut, Kamille, Weihrauch, Dammar und Vetiver.

Der Strauch sucht die Nähe des Menschen.

Wirkung und Anwendung
Räucherungen mit den Blüten helfen, den richtigen Zeitpunkt für ein Vorhaben zu finden. Sie verbreiten eine zuversichtliche, leichte, angenehme Atmosphäre. Der Duft wirkt schützend und heilend. Holunder ist der Schwellenbaum schlechthin und steht zwischen Leben und Tod. Er erzählt uns von den Lebensvorgängen, vom Werden, Reifen und Vergehen – und auch von der Entwicklung über die Inkarnationen hinweg. Aus diesem Grund ist er für Räucherungen bei Übergangsriten, wenn es darum geht, etwas Altes loszulassen, damit eine Neuorientierung möglich wird, besonders gut geeignet.

Kulturelle Hintergründe
Seit ewigen Zeiten ist er ein treuer Begleiter der Menschen, wie die Samen in prähistorischen Ausgrabungsstätten belegen. Auch später, bei den Kelten und Germanen, hatte er eine besondere Rolle inne. Dem Volksglauben nach ist er der Baum der *Frau Holle*, bei den Germanen bekannt als schützende Muttergöttin *Holla*. Es war üblich, unter seinen Zweigen zu opfern. Der Schwellenbaum verbindet seit jeher die Ober- mit der Unterwelt. Ein Hollerbusch am Haus bringt Glück und Segen – weshalb es ein Sakrileg ist, ihn absichtlich zu verletzen oder gar zu fällen.

Johanniskraut, Hartheu

Hypericum perforatum

Johanniskrautgewächse · Staude · Europa, Westasien · Nordafrika · Blüten, Kraut

Merkmale und Besonderheiten

Das Echte Johanniskraut ist eine ausdauernde, krautige und winterharte Pflanze, die bis zu 1 m hoch werden kann. Es blüht zwischen Juni und August und liebt sonnige Standorte. Seine Blätter erscheinen im Gegenlicht betrachtet wie durchlöchert, perforiert. Die ganze Pflanze, besonders die goldgelben Blütenblätter enthält den Hauptwirkstoff Hypericin, der beim Verreiben der gelben Blüten als rötlicher Saft an den Fingern haften bleibt. Das Johanniskraut wächst auf Magerwiesen, Waldlichtungen, an Böschungen, Brachen, Waldrändern und selbst auf Bahnschotter. Es verträgt sich gut mit Mädesüß, Süßgras, Beifuß, Weihrauch, Dammar und Mastix.

aufrechter Wuchs, der Sonne entgegen

Wirkung und Anwendung

Die Pflanze hat auch in die moderne Medizin Einzug gehalten: Ihre stimmungsaufhellende Wirkung bei leichteren Depressionen, Niedergeschlagenheit und Unruhe wird sehr geschätzt. Auch in Räucherungen wird sie zu diesem Zweck eingesetzt, jedoch noch mehr aufgrund ihrer Verbindung mit Licht und Sonne. Die gelben Blütenblättchen verleihen jeder Mischung eine heitere und fröhliche Ausstrahlung, die mit einem würzigkrautigen Duft trübe Gedanken verscheucht. Auch sind sie Bestandteil für atmosphärisch-reinigende Räucherungen, um schwere Energien aufzulösen. Traditionell wurde das Kraut dafür in Haus und Hof geräuchert, auch in den *Raunächten*. Es ist zusammen mit Beifuß einer der wichtigsten Pflanzen der *Sommer-Sonnenwende.*

Kulturelle Hintergründe

Johannes der Täufer, dessen Gedenktag der 24. Juni ist, lieh dem Johanniskraut seinen Namen, der demnach christlichen Ursprungs ist. Die Legende erzählt, dass der durch das Verreiben der Blütenblätter austretende blutrote Saft das Blut des enthaupteten Johannes symbolisiert. Einer anderen Legende nach soll es das Blut Christi sein, deswegen auch der volkskundliche Begriff *Herrgottskraut.* Eine weitere traditionelle Verwendung ist ein Kranz im Haar der jungen Mädchen beim Tanz zur *Sommer-Sonnenwende.*

Kalmus

Acorus calamus

Aronstabgewächse · Sumpfpflanze · Asien, Mittel- und Osteuropa · Wurzel

Merkmale und Besonderheiten

Die ausdauernde, krautige Pflanze lebt im Röhricht und wird etwa 80–100 cm hoch. Ihr daumenstarker Wurzelstock oder Rhizom riecht sehr aromatisch und ist als Gewürz- und Heilmittel weithin bekannt. Zum Räuchern verwenden Sie die getrockneten, klein geschnittenen Wurzeln. Sie vertragen sich gut mit Dammar, Ginkgo, Labdanum, Zypresse, Lemongras, Weihrauch, Zimtblüte sowie Orangen- und Zitronenschalen.

Wirkung und Anwendung

Der vielfältige Duft, der von minziger Frische bis zu würzrig-holzig-zimtiger Schärfe reicht, regt die

sehr kräftiger Wurzelstock

Blütenstand kolbenförmig

Körperenergie des Ätherleibes an und eignet sich deswegen gut in Zeiten der Genesung oder bei allgemeiner körperlicher Erschöpfung. Auch wenn jemand innerlich ausgelaugt und geistig ermattet ist, stärkt die pur geräucherte Wurzel, wirkt aufbauend und schenkt gleichzeitig Ruhe, Ausgeglichenheit und Leichtigkeit. Ihr Duft bringt stagnierende Themen in Fluss und schärft die Wahrnehmungsfähigkeit. Im Himalaja wird er aufgrund seiner geistig belebenden Kräfte geschätzt, auch zur Meditation. Die Ägypter setzen Kalmus als Aphrodisiakum ein. Frauen hilft seine Heilkraft in Sitzbädern bei Beschwerden im Unterleib.

Kulturelle Hintergründe

Die Pflanze ist seit dem Altertum ein beliebtes Räucherwerk. Kalmus fand aus Syrien, Arabien und Indien den Weg zu uns und kam für medizinische und kosmetische Zwecken zum Einsatz. Bei uns wurde Kalmus – genauso wie Galgant – als magenstärkendes Mittel bekannt, und damit als Zusatz in Likören. Christian Rätsch hat sehr Interessantes zutage gefördert: Nordamerikanische Indianer kennen die halluzinogene Wirkung der Wurzel. Im letzten Jahrhundert wurde sie sogar als Ersatz für Weihrauch in Kirchen verbrannt. Und bei den Chinesen galt Kalmus schon seit jeher als eine Pflanze, die Glück verheißt.

Kamille

Matricaria recutita

Korbblütler · einjähriges Kraut · Mittel-, Süd- und Osteuropa · Blüten

Merkmale und Besonderheiten

Die einjährige Echte Kamille wird etwa 50 cm hoch und hat stark gefiederte Blätter. Ihre körbchenförmigen Blütenstände erinnern mit ihren weißen Zungenblüten außen und dem gelben Mittelpunkt aus Röhrenblüten etwas an Gänseblümchen. Die Pflanze wächst wild auf Wiesen, Äckern, Brachen und an Wegrändern. Früher war sie ein ganz typisches Ackerbeikraut, doch finden wir sie heute aufgrund des Einsatzes von Herbiziden leider nur noch selten. Viel häufiger treffen wir auf die Acker-Hundskamille *(Anthemis arvensis)*. Um die beiden sicher voneinander zu unterscheiden, schneiden Sie den aufgewölbten Blütenboden auf: Ist er hohl, so handelt es sich um die Echte Kamille. Zum Räuchern verwenden Sie die getrockneten Blütenköpfe. Das Räuchermaterial verträgt sich gut mit Baldrian, Schafgarbe, Lavendel, Zirbenadeln und -holz sowie dem schwarzen Copal.

Wirkung und Anwendung

Sie gehört zu den ältesten bekannten Heilpflanzen und ist fester Bestandteil von Räucherungen, mit der die Selbstheilungskräfte aktiviert werden. Als wunderbares Mittel gegen Stress entspannt die Kraft der Kamille die Nerven und schenkt eine innere wohlige Ruhe. Außerdem beruhigt sie das Herz und wirkt – zusammen mit Patchouli – bei Ängstlichkeit. Das zarte Aroma umhüllt, schenkt eine gefühlvolle Zuwendung und wirkt ausgleichend und harmonisierend.

Kulturelle Hintergründe

Im Volksglauben gelten die Pflanzen, die zur *Sommer-Sonnenwende* gesammelt werden, als besonders heilkräftig. Früher wurden die Bündel als Dämonen abweisendes Mittel in den Wohnstuben an die Decke gehängt. Der Kräuterheilkundige Hieronymus Bock erklärte sie bereits im 16. Jahrhundert zum Allheilmittel. Auch im alten Ägypten war sie eine heilige Pflanze und war Teil von nahezu allen Arzneimitteln. Der lateinische Name *matricaria* leitet sich von *matrix*, das bedeutet *Gebärmutter*, ab. Hier deutet sich die Verwendung des *Mutterkrautes* Kamille in der Frauenheilkunde an.

Der Blütenboden der Echten Kamille ist hohl.

Kampfer

Cinnamomum camphora

Lorbeergewächse · Baum · Asien · Harzkristall

Merkmale und Besonderheiten
Der Kampferbaum ist immergrün, wird bis zu 30 m hoch und wächst in China, Japan und Taiwan. Alle Pflanzenteile verströmen den typischen starken Geruch, vor allem die Rinde. Der sogenannte Rohkampfer entsteht, wenn während der Herstellung des ätherischen Öls das frische Destillat erkaltet. Durch Zentrifugieren und Abpressen wird dann der Kampfer, das bekannte weiße Pulver, isoliert. Zum Räuchern verwenden Sie genau dieses so genannte Harzkristall. Er verträgt sich gut mit Nelke, Pfeffer-Minze, Thymian, Rosmarin, Wacholderbeeren und -nadeln, Erdrauch und weißem Copal.

Rinde des Baumes mit charakteristischem Geruch

Blatt ledrig, unten flaumig

Wirkung und Anwendung
Der überaus frische, alles durchdringende Duft schenkt wie kaum ein anderer eine klare Atmosphäre im Raum und einen wachen Geist. Bei Erkältung und Heuschnupfen erweist er sich damit als wahres Geschenk, denn er lässt wieder tief Luft holen. Im spirituellen Bereich öffnet Kampfer die Sinne und legt die „Kanäle nach oben" frei. Dichte, schwere Energien haben bei seiner Kraft keine Chance. Er kann eine Art Kick versetzen und den Kampfgeist wecken. Mit Rosmarin, Thymian, Wacholder, Salbei und Pfeffer-Minze entsteht die perfekte Mischung, um wach zu werden. Für Säuglinge und Kleinkinder ist Kampfer aber nicht geeignet.

Kulturelle Hintergründe
Schamanen vesetzen sich mit dem verräucherten Harzkristall in Trance, um eine Seelenreise anzutreten. Die Kraft dieser Pflanze begleitet religiöse Zeremonien und führt tief in meditative Zustände und in die Versenkung.

Kardamom

Ellettaria cardamomum

Ingwergewächse · Staude · Asien, Mittelamerika, Afrika · Samenkapseln

Merkmale und Besonderheiten
Die ausdauernde, krautige Pflanze schiebt aus ihrem dicken Rhizom zahlreiche aufrechte, bis zu 5 m hohe Scheinstämmchen, die aus den Blattscheiden gebildet sind. Die Blätter sind lanzettlich und bis zu 90 cm lang. In den strohartigen, grün-gelblichen Kapselfrüchten sitzen 15–20 der bräunlichen Samen, die das betörende Aroma enthalten und als Gewürz und zum Räuchern verwendet werden. Die getrockneten Kapseln werden ganz oder gemahlen als Gewürz in

Blüte weißlich mit roter Aderung

den Handel gebracht. Kaufen Sie am besten die ganzen Kapseln, die Sie dann frisch mörsern. Kardamom verträgt sich gut mit Labdanum, getrockneten Orangen- und Zitronenschalen, Zimtblüte, Sternanis, Tonkabohne, Weihrauch und Myrrhe.

Wirkung und Anwendung

Das Gewürz duftet für uns ganz typisch nach Weihnachten. In Asien ist es jedoch ein alltäglicher Begleiter beim Essen. Wer Kardamom schon einmal geräuchert hat, möchte den Duft oftmals das ganze Jahr über nicht missen. Für nicht wenige steht es für Glücksgefühle pur. Mit ihm zieht Fröhlichkeit ins Gemüt, er scheint der Seele Flügel zu verleihen und zaubert ein Lächeln ins Gesicht. Seine blumig-warme, an Flieder, Nadelhölzer und Menthol erinnernde Note führt zu den Quellen von Selbstvertrauen und Kreativität und beruhigt dabei auch noch die Nerven. In Mischungen ist er aufgrund seiner vielfältigen Inhaltsstoffe – die auch in Anis, Wacholder, Fenchel, Lorbeer, Salbei und Zimt vorkommen – ein sehr guter Vermittler zwischen verschiedenen Kräutern.

Kulturelle Hintergründe

Die heilkräftige Pflanze gehört zu den am meisten gehandelten Gewürzen – was bereits aus dem 3. Jahrtausend vor Christus überliefert ist. Bei uns zog Kardamom im Mittelalter in die Küchen wie auch in die Hausapotheken als Mittel von unschätzbarem Wert ein. Die Araber trinken bis heute ihren Mokka mit Kardamom gewürzt. Es soll die Bekömmlichkeit steigern – und auch die sexuelle Lust.

Kiefer

Pinus sylvestris

Kieferngewächse · Baum · Nordhalbkugel · Harz, Nadeln, harzhaltige Zapfen

Merkmale und Besonderheiten

Es gibt über 100 Kiefernarten, die zu den immergrünen Nadelgewächsen gehören. Die breit- oder schlankkronigen Bäume haben zu Nadeln geformte Blätter und können bis zu 50 m hoch werden. Manche erreichen ein Alter von über 500 Jahren. Sie stehen einzeln oder auch in Gruppen. In der Blütezeit produzieren sie Pollen in so großen Mengen, dass man von *Schwefelregen* spricht. Wie die Birke ist die Wald-Kiefer eine Pionierpflanze: Die beiden fassten nach der Eiszeit als erste Bäume auf den aufgetauten Böden wieder „Fuß“. Zum Räuchern verwenden Sie das Harz und die Nadeln, auch harzhaltige Zapfen. Die Räucherstoffe vertragen sich gut mit Wacholder, Bernstein, Beifuß, Eiche, Schafgarbe, Zeder und Yerba Santa.

Wirkung und Anwendung

Das Harz wird heute noch zur Gewinnung von Balsam-Terpentinöl verwendet, darüber hinaus auch zu vielen Heilzwecken in Salben und Pflastern bei Hautproblemen eingesetzt. Das ätherische Öl ist in vielen äußerlichen Anwendungen wie bei Muskelschmerzen gebräuchlich. Der Duft ist waldig, süßlich und kräftig und sehr geeignet für Hausräucherungen, wenn Altes zu sehr bedrückt und zu Störungen führt. Die Signatur der Pflanze steht für Zähigkeit, Durchhaltevermögen, Durchsetzungsfähigkeit und im übertragenen Sinn dafür, sich von keinen noch so widrigen Umständen von seinem Ziel abhalten zu lassen.

Kulturelle Hintergründe

Der Name *Kiefer* hängt zusammen mit dem *Kienspan*. Aus harzigem Kiefernholz bestehende Kienspäne waren seit jeher ein übliches Leuchtmittel mit einer langen Brenndauer. *Kolophonium* ist das gereinigte, von einem Großteil des Terpentins befreite Harz. Für Räucherzwecke verwenden Sie ganz unbedingt stets das natürliche, direkt vom Baum gesammelte, alte und abgelagerte Harz.

Baum mit lichtvoller Ausstrahlung

Labdanum

Cistus ladanifer, C. creticus

Zistrosengewächse · Kleinstrauch · gesamter Mittelmeerraum · Harz, oberes Kraut

Merkmale und Besonderheiten

Die strauchartig wachsende Pflanze wird bis zu 1 m hoch und ist dicht beblättert. Sie entwickelt pink- und lilafarbene Blüten. Stängel wie Blätter sind voller Harz und dadurch „klebrig". Das Harz tritt bei hoher Sonneneinstrahlung aus. Zum Räuchern verwenden Sie neben dem Harz auch das aus den oberen Pflanzenteilen bestehende Kraut. Da das Harz sehr klebrig bleibt, empfiehlt es sich, es einzufrieren. Sie können es im kalten Zustand leichter mörsern oder davon kleine Stückchen abbrechen und abreiben. Labdanum verträgt sich gut mit Damiana, Sandelholz, Rosenblüten, Myrrhe, Opopanax, Gua-

Blüte der Lack-Zistrose (C. ladanifer)

Das Blatt der Kretischen Zistrose ist graugrün.

jakharz, Palo Santo, Holunderblüte, Johanniskraut und Mädesüß.

Wirkung und Anwendung

Zistrosen-Harz eignet sich – zusammen mit Styrax, Weihrauch, Myrrhe, Rosenblüten, Sandelholz und Zimtblüten – hervorragend in aphrodisierenden Räuchermischungen. Die Beschreibung des Duftes ist wie eine Ode: balsamisch, ambra-artig, waldhonig-artig, vanillig, blumig, warm, erdig ... Das Kraut ist im Duft identisch, wirkt aber etwas weniger intensiv. Sie können es zu denselben Zwecken verräuchern wie das Harz.

Kulturelle Hintergründe

Im antiken Griechenland sollen einst die Götter im Olymp über die Heilwirkungen von Pflanzen diskutiert haben. Die männlichen Götter setzten sich stark für Labdanum als Heilmittel für die Wunden verletzter Krieger ein – sehr zum Verdruss der Göttinnen, die im Heilkraut ein Schönheitselixier von innen und außen sahen. Eines steht fest: Die wohlhabenden Damen der Antike pflegten ihr Dekolleté gerne mit einer üppig duftenden Creme aus Labdanum. Heute greifen immer mehr Menschen auf die Zistrose zurück: als Erkältungsmittel besonders für Hals und Rachen und als hautverjüngender Auszug in der Naturkosmetik.

Blüte der Kretischen Zistrose (C. creticus)

Lavendel

Lavandula angustifolia

Lippenblütler · Kleinstrauch · Mittelmeerraum · Blüten, Blätter

Merkmale und Besonderheiten

Der 30–50 cm hohe Halbstrauch wurde im 8. Jahrhundert vom Mittelmeerraum in unsere Breiten gebracht. Zunächst ausschließlich in Klostergärten kultiviert, entwickelte er sich bald zu einer beliebten Gartenpflanze. Zum Räuchern verwenden Sie die getrockneten Blüten und Blätter. Der Duft ist so vielfältig, dass er sich mit ganz vielen anderen Räucherstoffen bestens verträgt: mit Rose, Zirbe, Muskateller-Salbei, Alantwurzel, Angelika, Meisterwurz, Birke, Lindenblüten, Weihrauch oder Myrrhe.

Wirkung und Anwendung

Der blumig-würzige Duft erinnert an Bergamotte und Maiglöckchen, gleichzeitig an Nadelbäume und an Thymian. Das intensive Aroma ist bekannt für seine beruhigende, entspannende Wirkung. Es ist eine Wohltat für gereizte Nerven und ein sich immer im Kreis drehendes Kopfka-

Blütenstand mit blauvioletten Einzelblüten

russell. Es hilft, wieder herunterzukommen und sich wieder gelassen zu fühlen. Frische und Klarheit treten ein. Lavendel ist somit der ideale Duft für eine Abendräucherung. Stress und die Hektik des Tages klingen spürbar ab, der Organismus findet in einen erholsamen Schlaf. Aufgrund seiner desinfizierenden und klärenden Wirkung eignet er sich auch ausgezeichnet für reinigende Räucherungen.

Kulturelle Hintergründe

Bereits die alten Perser, Griechen und Römer verbrannten das Kraut in Krankenzimmern, um sie zu reinigen. Das lateinische Wort *lavare*, also *waschen*, dürfte der Ursprung des Namens sein. Unsere Vorfahren liebten den Duft an ihrer frisch gewaschenen Wäsche. Darüber hinaus hilft ein Lavendelsäckchen im Wäscheschrank, Motten und anderes Ungeziefer fernzuhalten. Reinigen, auch in energetischer Form, ist die Spezialität von Lavendel.

Lebensbaum, Thuja

Thuja occidentalis

Zypressengewächse · Baum · Nordamerika, seit 16. Jahrhundert in Europa · Triebspitzen

Merkmale und Besonderheiten

Den immergrünen, bis zu 20 m hohen und schmalen Baum treffen wir häufig in Gärten und Friedhöfen an. Er hat schuppenartige Zweigspitzen, die stark aromatisch riechen und aufgrund des hohen Thujongehaltes giftig sind. Sehr hautempfindliche Menschen sollten vorsichtig sein, denn die Berührung kann gelegentlich zu Hautreizungen führen. Zum Räuchern verwenden Sie die klein geschnittenen Triebspitzen. Sie schneiden diese ab und breiten sie in einer dünnen Schicht an einem schattigen, luftigen Ort zum Trocknen aus. Thuja verträgt sich gut mit Galbanum, Süßgras, Vetiver, Wacholder, Weihrauch, Wermut und Beifuß.

Zweig mit unreifen Zapfen

Wirkung und Anwendung

Der Abendländische Lebensbaum oder der Riesen-Lebensbaum *(T. plicata)* hilft, einen klaren Schnitt zu machen und sich endgültig vom dem zu trennen, was verletzt, stört, behindert und zu seelischen Schmerzen oder inneren Blockaden führt. Damit passt er ausgezeichnet in eine Räucherung für seelische Reinigung. Er ist auch ein guter Begleiter, wenn es an eigener Liebesfähigkeit mangelt und eine Phase des inneren Rückzugs und der anstrengenden Abgrenzung nicht mehr enden möchte. Das waldige, frische, zitronig-würzige und fast etwas nach Kampfer riechende Aroma weckt schlummernde Energie und setzt sie frei.

Kulturelle Hintergründe

Der ausdauernde Lebensbaum wächst langsam und erreicht ein beträchtliches Alter: In Nordamerika gibt es Exemplare, die um die 800 Jahre alt sind. Der ihm innewohnenden Lebenskraft verdankt er seinen Namen. Er ist gleichzeitig ein Sinnbild für den Übergang vom Diesseits ins Jenseits und passt damit ausgezeichnet für eine Ahnenräucherung – zusammen mit Beifuß, Drachenblut, Efeu und Mistel. Immer wieder stehen Lebensbäume am Eingangsportal von Kirchen, am Tor in eine andere Welt. *Thuja* bezieht sich etymologisch auf das griechische Wort *thyein*, was *opfern* und *räuchern* bedeutet. Das Adjektiv *thyoeis* heißt *duftend*.

Lorbeer

Laurus nobilis

Lorbeergewächse · Strauch, Baum · Mittelmeergebiet · Blätter

Merkmale und Besonderheiten
In ihrer Heimat wächst die Pflanze als kräftiger, immergrüner Strauch oder sogar als bis zu 10 m hoher Baum. Die lederartigen Laubblätter duften kräftig aromatisch. Zum Räuchern verwenden Sie klein geschnittene und getrocknete Blätter. Lorbeer verträgt sich gut mit Thymian, Rosmarin, Salbei, Kalmus, Myrrhe und Patchouli.

Wirkung und Anwendung
Als Gewürz- und Heilpflanze ist Lorbeer auch bei uns zu einem wichtigen Bestandteil in allerlei Gerichten geworden. In Räucherungen soll er einen Blick in die Zukunft begünstigen, das Weissagen fördern und nächtliches Traumgeschehen anregen. Der würzige Duft, in dem sich die Aromen von Muskat, Basilikum, Nelke und Kampfer vereinen, schärft die Wahrnehmungsfähigkeit, begleitet den Blick nach innen in das Reich der Seele und hilft dabei, Verborgenes an das Tageslicht des klaren Bewusstseins zu bringen. Bei einer Räucherung in den *Raunächten* oder beim Orakeln ist er eine geradezu magische Unterstützung.

Beere glänzend und bläulich schwarz

Blatt ledrig und duftend

Kulturelle Hintergründe
Der Lorbeer war dem griechischen Lichtgott Apollon geweiht. Da seine erste Liebe, Daphne, während seines Liebeswerbens in einen Lorbeerbaum verwandelt wurde, ziert seitdem ein Lorbeerkranz sein Haupt. Da er auch der Gott der Kämpfenden und Siegenden war, wurde der Lorbeerkranz – bis heute – zum Sinnbild für Größe und Sieg. Unschick ist es deshalb, wenn sich jemand mit „fremden Lorbeeren schmückt". Die Pythia, die orakelnde Seherin aus Delphi, weissagte im Apollotempel auf einem mit Lorbeer geschmückten Hocker und kaute dabei die Blätter dieser heiligen Pflanze.

Der Laubbaum ist immergrün.

Mastix

Pistacia lentiscus

Sumachgewächse · Baum, Strauch · Mittelmeergebiet, Kanaren · Harz

Merkmale und Besonderheiten
Der baumartige Mastixstrauch wird bis zu 6 m hoch und hat gefiederte, immergrüne Blätter. Zur Gewinnung des wertvollen Harzes wird die Rinde angeritzt. Das Harz tritt in kleinen perlen- oder tränenförmigen Kügelchen aus. Jede Pflanze liefert pro Jahr etwa 5 kg Harz. Bereits

Der Strauch wächst in der Macchia.

Blatt gefiedert und immergrün

seit antiker Zeit wird Mastix in einer besonderen Varietät auf der griechischen Insel Chios kultiviert. Von dort stammt das aromatische Harz, das wir zum Räuchern verwenden. Es verträgt sich gut mit Koriander, Lavendel, Adlerholz, Fichtenharz, schwarzem Copal, Drachenblut, Beifuß, Wermut, Holunderblüten, Lindenblüten und Weidenrinde.

Wirkung und Anwendung
Dieses Harz ist in jeder Räucherung ein Sonnen- und Lichtbringer. Er sorgt für einen klaren und wachen Geist und hellt die Stimmung auf. Dunkle, schwermütige Gedanken und als schwer empfundene Krankheitsmuster lösen sich auf. Der süßlich-würzige, harzig-frische, an Zitrusfrüchte erinnernde Duft ist ein guter Ersatz für Weihrauch, wenn man diesen nicht mag. Mastix ist eine wichtige Zutat in der hocharomatischen, balsamisch duftenden Kyphi-Mischung, die nach einem alten ägyptischen Rezept aus 16 Zutaten – Harzen, Gewürzen, Beeren, Wein und Honig – besteht. Pur verräuchert vertreibt er lästige Insekten.

Kulturelle Hintergründe
Mastix ist der Kaugummi der Antike, sorgte er doch schon in den Harems der Osmanen für einen aromatischen Odem. 125 Tonnen des begehrten Harzes gelangten pro Jahr in das Serail zu Konstantinopel. Besonders bekannt ist es als Zutat im griechischen *Rezina*-Wein.

Meisterwurz

Peucedanum ostruthium, Imperatoria ostruthium

Doldenblütler · Staude · Alpen, Pyrenäen · Wurzel

Merkmale und Besonderheiten
Die im Gebirge subalpin wachsende Pflanze wird 30–100 cm hoch, hat einen runden, gerillten, hohlen Stängel mit 3-zählig gefiederten Blättern und entwickelt rosafarbene oder weiße, handtellergroße Doldenblüten. Ihr starkes Aroma weckt die Erinnerung an Sellerie und Möhren. Zum Räuchern verwenden Sie die getrocknete, klein geschnittene Wurzel mit ihrem hohen Anteil an ätherischen Ölen. Sie verträgt sich in einer kraftvollen Mischung gut mit Alant- und Angelikawurzel, zusammen mit Wacholder, Beifuß und Kalmus.

Wuchs aufrecht und kräftig

Wurzel mit ätherischen Ölen

Wirkung und Anwendung
Die Inhaltsstoffe der Wurzel wirken antibakteriell und virenhemmend. Die Meisterwurz ist – gerade in Verbindung mit der starken Engelwurz – für die Reinigung von Räumen ein spürbarer Durchputzer, besonders wenn ein kraftvoller Lichtimpuls gebraucht wird. Sie wirkt antreibend, festigend, inspirierend und belebend, so wie ein echter „Meister“ eben sein sollte. Auch für die Genesung, zum Beispiel in Krankenzimmern, und um die Lebensenergie wieder anzufachen, eignet sie sich hervorragend.

Kulturelle Hintergründe
Die Pflanze war in der Klosterheilkunde als heilkräftiges Mittel sehr bekannt. So hat Hildegard von Bingen sie in Form eines Auszuges in Wein bei Fieber und Grippe empfohlen. Im Mittelalter trug sie auch den Namen *Magistrantia*, was auf den Magister, den Meister anspielte und die meisterhafte Heilwirkung ansprach. Ab dem 16. Jahrhundert wurde die Kraftpflanze auch in Gärten kultiviert. Sie war im Alpenraum früher eine besonders geschätzte Heilerin, die dann leider etwas in Vergessenheit geraten ist. Doch wird sie heute in der Kräutermedizin wieder neu entdeckt.

Pfeffer-Minze

Mentha × piperita

Lippenblütler · Staude · Nordhalbkugel · Blätter

Merkmale und Besonderheiten
Die frostharte, krautige Pflanze wird 60–90 cm hoch, wurzelt flach und vermehrt sich stark durch Ausläufer. Das aromatische und wuchernde Kraut besitzt den typischen vierkantigen Stängel. Die kreuzgegenständigen Blätter mit dem starken Geruch machen die Pfeffer-Minze fast unverwechselbar. Das Vorkommen erstreckt sich auf die gesamte Nordhalbkugel, wobei etwas feuchtere Standorte bevorzugt werden. Zum Räuchern verwenden Sie die getrockneten, zerkleinerten Blätter. Die Pfeffer-Minze verträgt sich gut mit Dost (Majoran), Weihrauch, Thymian, Rosmarin, Beifuß, Wermut, Wacholder, Weihrauch und Angelikawurzel.

Wirkung und Anwendung
Der frische, erdig-minzige, als kühlend empfundene Duft kommt dann zum Einsatz, wenn trübe, dichte Energien vom Körper und aus Räumen verschwinden sollen. Er macht den Kopf frei, sorgt für bessere Konzentration, inspiriert, bringt einen in die Gänge und verpasst auf diese Weise einen Schubs in Richtung „etwas anpacken und tun“. Diese Minze passt sehr gut bei Hausräucherungen. Bei Erkältungen und dicker Nase bringt sie – zusammen mit Kampfer und Menthol – Erleichterung.

Kulturelle Hintergründe
Ihren Gattungsnamen verdanken die Minzen der Nymphe *Minthe*, die die Göttin Persephone der Mythe nach einst in eine Minze verwandelte. Im Altertum war die Pfeffer-Minze der Vorläufer von Riechsalz, also ein Nothelfer bei einem Ohnmachtsanfall. Dabei kamen auch die Ross-, die Wasser- sowie die Ähren-Minze zum Einsatz. Vermutlich sind das auch die Stammarten der aus einer Kreuzung entstandenen Pfeffer-Minze. Bekannt ist diese auch *Grüne Minze* genannte Kreuzung erst seit dem 17. Jahrhundert. Heute findet sie auch aufgrund der Fülle an Sorten häufig Verwendung in Kräutersträußen, Duftkissen, Aromabädern oder als Zutat für spritzige Cocktails. Karl der Große war sich der heilkräftigen Wirkung der Minzen-Arten bewusst. Er schrieb ihren Anbau durch eine kaiserliche Verordnung vor!

Der aufrechte Stängel ist vierkantig.

Mistel

Viscum album

Mistelgewächse · Kleinstrauch, auf Bäumen lebend · weltweit · Blätter

Merkmale und Besonderheiten
Die immergrüne Mistel ist ein kugelförmiger Kleinstrauch, der mit dem Holz bestimmter Wirtspflanzen verbunden ist und von dort Nährstoffe bezieht. Ihre grünen Blätter sind zweijährig und versorgen die Pflanze durch eigene Fotosynthese mit Energie aus dem Sonnenlicht. Die Samen sind von einem schleimigen Fruchtfleisch umgeben und werden von Vögeln verbreitet. Zum Räuchern verwenden Sie die Blätter. Die Mistel verträgt sich gut mit Eichenrinde, Birke, Dammar, Zaubernuss, Mastix, Weihrauch, Alantwurzel und Meisterwurz.

Wirkung und Anwendung
Die Signatur macht deutlich, dass diese magische Pflanze in der Zwischenwelt beheimatet ist – sie lebt zwischen Himmel und Erde. Dadurch eignet sie sich für Räucherungen in Schwellensituationen oder bei biografischen Übergängen.

Der sehr krautige, eher unscheinbare Duft ist ein guter Begleiter, wenn man die Qualität der Jahreskreisfeste im Winterhalbjahr und in den *Raunächten* kennenlernen möchte. Er passt gut bei Räucherungen, in denen Segen und Schutz im Mittelpunkt stehen.

Kulturelle Hintergründe

In der germanischen Mythologie ist die Mistel das einzige Wesen, das keinen Eid geschworen hatte, den Lichtgott Baldur nicht zu schädigen. Deswegen konnte der von fast allen Göttern heiß geliebte Gott von Loki durch einen aus der Mistel geschnitzten Pfeil getötet werden. Sie war eine heilige Pflanze der keltischen Druiden, die sie rituell mit einer goldenen Sichel ausschließlich zu ganz bestimmten Zeitpunkten ernteten. Auf Anregung des großen Pflanzenkenners Rudolf Steiner wurde das magische Kraut zu einem bedeutenden Krebsheilmittel.

Sprossachsen mit den Blüten gabelig verzweigt

Samen in weißlicher und schleimiger Beere verpackt

Myrrhe

Commiphora myrrha

Balsambaumgewächse · strauchförmiger Baum · Kenia, Äthiopien, Somalia · Harz

Merkmale und Besonderheiten

Der strauchförmige Baum hat einen kurzen Stamm und kann bis zu 4 m hoch werden. Seine Äste sind dornig. Er liebt trockene Gebiete mit möglichst wenig Niederschlag. Nach Verletzung oder Anritzen sondert sich aus seiner Rinde ein flüssiges Harz ab, das als gereinigte Granen oder in größeren, naturbelassenen Stücken in den Handel kommt. Zum Räuchern verwenden Sie die trockenen, zerkleinerten Harzbrocken. Myrrhe verträgt sich gut mit Weihrauch, Sandelholz, Tolubalsam, Labdanum, Rosen-, Johanniskraut- und Holunderblüten.

Stamm mit dem begehrten Harz

kleine Blüten mit becherförmigem Grund

Wirkung und Anwendung

Das Harz betört durch einen herben, erdigen Duft, der an Wald und Pilze erinnert. Es steht für Erde, Körper, Gefühl und Weiblichkeit, führt in die Tiefe und kann durch eine auch als bitter empfundende Note aufrütteln. Myrrhe eignet sich für eine beruhigende, den Geist in die Stille führende und zentrierende Abendräucherung. Die tiefe Schwingung verlangsamt und entschleunigt spürbar und löst die Aufgeregtheit und Hektik des Tages auf. Zusammen mit schwarzem Copal, Lavendel und Zirbe bereitet sie ausgezeichnet auf einen erholsamen Schlaf vor.

Kulturelle Hintergründe

Myrrhe war eines der Geschenke der drei Weisen für das neu geborene Jesuskind. Sinnbildlich steht sie – aufgrund ihres bitteren Geschmacks – für den Leidensweg Jesu. Das Harz ist bereits seit biblischer Zeit als großes Heilmittel bekannt und wurde für Salben und zur Einbalsamierung von Toten eingesetzt. In der griechischen Mythologie verwandelt sich *Smyrna* – der griechische Name für Myrrhe –, nachdem sie von ihrem Vater geschwängert wurde, bei der Geburt ihres Sohnes Adonis in einen Myrrhenbaum.

Myrte, Brautmyrte

Myrtus communis

Myrtengewächse · Strauch · Mittelmeerraum · Blüten, Blätter

Merkmale und Besonderheiten

Der reich verzweigte, immergrüne Strauch wächst aufrecht buschig bis leicht überhängend und wird bis zu 5 m hoch. Die kleinen weißen Blüten zeigen sich zwischen April und Oktober. Er ist bei uns als mediterrane Kübelpflanze bekannt, die jedoch frostfrei überwintert werden muss. Zum Räuchern verwenden Sie die Blüten und die ebenso fein duftenden Blätter. Myrte passt gut zu Labdanum, Myrrhe, Mastix, Rosenblüten, Jasminblüten, Mädesüß, Holunderblüten, Ysop und Zitronen-Melisse.

Der Strauch wächst auf steinigen Böden.

Wirkung und Anwendung

Der frische, leicht eukalyptusartig, jedoch süßliche Duft macht den Geist wach und klar und unterstützt ein positives Körperempfinden. Besonders Mädchen, deren Körper sich in der Entwicklung zur Frau befinden, tut eine Räucherung sehr gut. Myrte kommt außerdem bei Meditationen und allen Situationen zum Einsatz, in denen Ruhe und gleichzeitig Aufmerksamkeit erwünscht sind. Sie macht sich beim Räuchern zusammen mit Myrrhe gut bei allen Themen rund um Weiblichkeit, Körper und Gefühl.

Blüten weiß und duftend

Kulturelle Hintergründe

Die Pflanze ist seit der griechischen Antike Sinnbild für die Liebe, die ewig ist und über den Tod hinausgeht. Brautkränze waren einst aus Myrte geflochten und standen für Jugend, Schönheit und vor allem Jungfräulichkeit. Adams letzte Geste beim Verlassen des Paradieses soll das Abbrechen eines Myrtenzweiges gewesen sein, um sich immer an den Duft des Paradieses zu erinnern.

Narde, Indische Narde

Nardostachys jatamansi, N. grandiflora

Geißblattgewächse · Staude · Himalaja · Wurzel

Merkmale und Besonderheiten

Die Narde kommt aus dem Himalaja und wird bis zu 60 cm hoch. Sie blüht rosa und hat einen holzigen unterirdischen Sproß, Rhizom genannt, der den intensiv-erdigen Duft schenkt. Aufgrund unkontrollierter Wildsammlung gehört sie mittlerweile zu den vom Aussterben bedrohten Pflanzen und darf deswegen beispielsweise aus Nepal nicht mehr als Rohware exportiert werden. Neuerdings gibt es Versuche, die Pflanze zu kultivieren. Als Ersatz eignet sich die Amerikanische Narde *(Aralia racemosa)*. Zum Räuchern können Sie also genausogut das Rhizom dieser Narde verwenden, wobei die Indische als wirkungsvoller gilt. Beide vertragen sich gut mit Zirbenholz, Lavendel, Myrrhe und Opopanax.

Wirkung und Anwendung

Der herbe Duft geht einher mit einer erdigen und doch weich-holzigen Grundnote. Er entspannt, entkrampft, beruhigt, fördert die Gelassenheit und wirkt bewusstseinserweiternd. Narde kann den Eindruck vermitteln, dass sich innerlich etwas auflöst und einen gleichzeitig wie ein Schild umhüllt, welches vor zu viel Reizüberflutung schützt. Beim Sterbeprozess erleichtert es der Seele den Austritt aus dem physischen Körper. In einer Mischung mit Baldrianwurzel, Zirbenholz und Zirbennadeln, Lavendel und Myrrhe trägt die Narde zu einem erholsamen Schlaf bei.

Staude mit breiten Blättern

Kulturelle Hintergründe

In der Antike war der Duft ausschließlich Königen, Priestern und Eingeweihten vorbehalten. Laut biblischer Überlieferung wurden dem Jesus Christus die Füße mit Nardenöl gesalbt – eine Geste höchster Wertschätzung, war es doch damals schon unglaublich kostbar. Im alten Ägypten verwendeten es die Isis-Priesterinnen, um die innige Hingabe an das Göttliche zu unterstützen. Im Ayurveda gilt die Narde als stärkendes Mittel für das Nervensystem.

Opopanax

vor allem *Commiphora erythraea*

Balsambaumgewächse · Baum · Somalia, Kenia · Harz

Merkmale und Besonderheiten

Das echte Opopanax wird auch *Gummiwurz* genannt und stammt von *Commiphora*-Arten. Der tropische Baum kann bis zu 5 m hoch werden und hat an den stark verzweigten Ästen Dornen. Es ist jedoch nicht ganz so einfach, das Harz einer bestimmten Pflanzengattung zuzuordnen, da unter diesem Begriff ähnliche Harze recht verschiedener Pflanzen gehandelt werden. Am gebräuchlichsten ist das Harz der Opopanax- oder Bisabol-Myrrhe. Zum Räuchern pulverisieren Sie es leicht. Es verträgt sich gut mit Beifuß, Drachenblut, Angelikasamen und -wurzeln, Weihrauch, Dammar sowie Sandarak.

Wirkung und Anwendung

Der balsamische, orientalisch anmutende, erdige-warme Duft wirkt beruhigend, erdend, zentrierend und festigend. Er bringt Ausgleich und Harmonie in die Seele und auch in Räume und fördert die Intuition. Sein tiefes Aroma wirkt entschleunigend, begünstigt die Innenschau und bringt dem Geist Ruhe. Im Alltag eignet es sich auch für eine Raumreinigung, zur Desinfektion oder aufgrund des Wohlgeruchs einfach so „nebenbei". Sie können mit Opopanax die klassische Myrrhe, die auch *süße Myrrhe* heißt, gut ersetzen.

Kulturelle Hintergründe

Der ägyptischen Mythologie nach wurde dem Sonnengott Ra morgens Weihrauch, mittags Myrrhe oder Opopanax und abends die köstliche Räuchermischung Kyphi geopfert. In Nordafrika kommt Opopanax-Harz bis heute für rituelle und medizinische Zwecke zum Einsatz.

stark verzweigte Äste mit Dornen

Palo Santo

vor allem *Bursera graveolens*

Balsambaumgewächse · Baum · Südamerika · Holz, Harz

Merkmale und Besonderheiten
Palo Santo bezeichnet keine botanische Art, sondern ist ein Sammelbegriff für verschiedene, sehr aromatisch duftende Hölzer, die die Indianer *Heiliges Holz* oder *Heiliger Stock* nennen. Üblicherweise wird damit ein strauchartiger kleiner Baum bezeichnet, der mit jenen Bäumen verwandt ist, die für Copal-Harze beerntet werden. Zum Räuchern nehmen Sie das Holz – im Handel als Chips oder in größeren Stücken erhältlich – oder das seltene Harz. Letzteres wird auch unter dem Allgemeinbegriff *Copal* gehandelt. Es verträgt sich gut mit Rosenblüten

Wirkung und Anwendung
Den an Kokos, Weihrauch, Vanille und Mandel erinnernden Duft empfindet manch einer als animalisch und als erotische Phantasien anregend. Das harzreiche Holz ist ein klassischer Räucherstoff für Kulte und für Zeremonien, beispielsweise für Reinigungsrituale oder in Schwitzhütten. Es passt auch sehr gut in eine Dankesräucherung, um für das Leben oder für die Natur zu danken und erzeugt ein schönes, verbindendes Gruppengefühl. Größere Holzstücke glimmen Sie an einer Stelle an und schwenken sie dann im Raum.

Kulturelle Hintergründe
Südamerikanische Schamanen räuchern Palo Santo traditionell in Ritualen für eine erweiterte Wahrnehmungsfähigkeit. Die Erntebäume sind keine Bewohner des typischen feuchten Regenwaldes, sondern wachsen eher in trockenen Gebieten des Regenwaldes. Umso mehr sind sie ein beliebtes Bau- und Brennholz, was auch mit zum Raubbau führt und die Art gefährdet.

Der Baum liefert Räucherholz und -harz.

Patchouli

Pogostemon patchouli, P. cablin

Lippenblütler · Kleinstrauch · Asien · Blätter

Merkmale und Besonderheiten
Der mehrjährige Kleinstrauch mit den hübschen weiß-violetten Blüten wächst bis zu 1 m hoch. Der vielen aus Parfüms bekannte Duft wird aus dem indischen und javanischen Patchouli hergestellt. Zum Räuchern verwenden Sie die kleingeschnittenen, zerbröselt wirkenden Blätter. Patchouli verträgt sich gut mit Vetiver, Sandelholz, Guggul, Weihrauch, Opopanax und Myrrhe.

Wirkung und Anwendung
Viele verbinden den Duft mit den Hippies aus den 1960ern, die ihn bei uns über die Räucherstäbchen bekannt machten. Er ist sehr erdig, schwer und gleichzeitig süß-orientalisch und wird gerne in einer sinnlich-balsamischen Räuchermischung – zusammen mit Zimtrinde oder Zimtblüte, Labdanum, Damiana und einer Prise Safran – geräuchert. Wer den Duft mag, den versetzt er in eine sinnli-

che Stimmung, die gleichzeitig erdet und zentriert. Darüber hinaus eignet er sich gut, um innerer Enge und Ängsten auf die Spur zu kommen, diese zu lösen und wieder einen Zustand von Zufriedenheit und Ausgeglichenheit zu empfinden. Die Inder räuchern die Pflanze gerne, um materielles Glück und Wohlstand anzuziehen.

kleiner Strauch mit breiten Blättern

Kulturelle Hintergründe
Teil von indischen Feuerbestattungsritualen ist es, die Blätter in großen Mengen zu verbrennen, damit der Rauch die Seele der Verstorbenen auf ihrer Reise ins Jenseits begleite. Auch zur Abwehr von Insekten und Kleidermilben kommt Patchouli seit langer Zeit zum Einsatz. Das mag auch der Grund sein, weshalb bei uns Läden mit indischer Ware gerne extrem intensiv danach riechen. Seit seiner „Entdeckung" in Indien und China parfümiert der Duft zahllose europäische Körper, Kleider und Räume. Patchouli ist in der Parfümindustrie ein wichtiger Bestandteil, und zwar als Fixativ für andere Duftstoffe.

Rose

Rosa × damascena

Rosengewächse · Strauch · weltweit, außer in sehr kalten Regionen · Blüten

Merkmale und Besonderheiten
Für die vielfältigen Rosengewächse sind fünfzählige Blüten in den unterschiedlichsten Farben typisch. Zum Räuchern verwenden Sie am besten die getrockneten Blätter der dunkelroten Damaszener-Rose (Foto). Sie können jedoch auch andere, gut duftende Rosenarten aus dem heimischen Garten beernten, sofern diese ungespritzt sind: etwa die Hunds- oder Kartoffel-Rose.

Hunds-Rose mit weißlich-rosafarbenen Blütenblättern

Rose verträgt sich gut mit Adlerholz, Lavendel, Mädesüß, Holunderblüten, Sandelholz, Myrrhe, Labdanum und Styrax.

Wirkung und Anwendung
Der fein-blumige, fast balsamische Duft von Rosenblüten spricht unmittelbar die Sinne an, öffnet für die Liebe und alles Schöne. Er berührt das Herz, stimmt friedlich, vermittelt Geborgenheit und Wärme und ist aufgrund der erotisierend-sinnlichen Wirkung bei vielen beliebt. Rosen aller Farb- und Duftrichtungen verleihen einer Mischung sowohl einen betörenden Duft als auch optische Opulenz. Eine Mischung aus Weihrauch und Rose hilft dabei, Herzensthemen mit der Kraft des Verstandes anzuschauen.

sanft duftende Blüte der Kartoffel-Rose

Kulturelle Hintergründe
Keine andere Blüte steht seit dem Altertum so für Liebe, Schönheit und Freude wie die Rose. Gleichzeitig ist sie – aufgrund der Dornen und schnell verblühenden Kronblätter – Sinnbild für Schmerz, Vergänglichkeit und Tod. In der Mythologie ist sie das Abbild der Morgenröte auf Erden. Im Moralischen versinnbildlicht sie die Vollkommenheit, die sich jedoch nur durch die Überwindung der dornigen Widerstände im eigenen Inneren erreichen lässt. Die Schönheit der Rose schmückt zahlreiche Gottheiten: Aphrodite, Eros, Dionysos und die Freya der Germanen, für die die Pflanze auch mit dem Tod in Verbindung stand.

Rosmarin

Rosmarinus officinalis

Lippenblütler · Kleinstrauch · Mittelmeerraum, Deutschland · Blätter

Merkmale und Besonderheiten
Der immergrüne Kleinstrauch ist buschig verzweigt und hat hellblaue bis rosa-weißliche Blüten. Er liebt sonnige und trockene Standorte und wird bei uns als Zier- und Gewürzpflanze vermutlich seit dem Mittelalter kultiviert. Zum Räuchern verwenden Sie die kleingeschnittenen, schmalen Blätter. Rosmarin passt gut zu Salbei, Thymian, Wacholderholz, -nadeln und -beeren sowie zu Fichtenharz, Weihrauch, Zedernspitzen, Eukalyptus und Kampfer.

Wirkung und Anwendung
Die Spanne der Duftnoten reicht von blumig-floral bis zu kampferig-mentholig-eukalyptusartig mit einem Hauch von Orange und Zitrone. Diese Fülle an Aromen macht Rosmarin fast zu einem „Alleskönner“. Rauch und Duft haben eine desinfizierende Wirkung, weshalb unsere Vorfahren damit früher die Dämonen von Krankheit und Erschöpfung vertrieben. Mischen Sie diese Aromapflanze für eine Hausräucherung oder für einen frischen Start in den Tag mit dem oben genannten Räucherwerk. Das wirkt antreibend und hat Feuerkraft in sich. Zusammen mit Minze und Thymian führt Rosmarin zu Tatendrang und schafft Bereitschaft zum Tun und Handeln.

Kulturelle Hintergründe
Das lateinische *ros marinus* bedeutet *Tau des Meeres* oder *Meerwasser*. Eine etymologische Erklärung gibt es nicht – dafür die romantische Begründung, dass der gerne in Küstennähe wachsende Kleinstrauch über Nacht Tau in seinen Blüten sammelt. Sein griechischer Name geht auf *libanotis*, das heißt *Weihrauch*, zurück und erklärt, weshalb Rosmarin bei kultischen Zwecken auch anstelle von Weihrauch angewendet wurde. Auch eine Verbindung zur Myrte, griechisch *rhops mýrrinos*, gibt es, wurden die Kräfte beider Pflanzen doch zu ähnlichen Heilzwecken genutzt. Erst im 16. Jahrhundert hat der Myrtenkranz den Rosmarin als Brautschmuck in Deutschland verdrängt.

immergrüner Kleinstrauch

Blattrand nach unten umgerollt

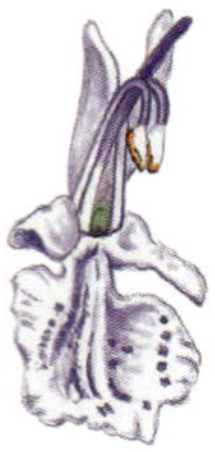

Blüte zart lilafarben

Sal

Shorea robusta

Flügelfruchtgewächse · Baum · Indien · Harz

Merkmale und Besonderheiten
Der bis zu 35 m hohe Salbaum wird bis zu 100 Jahre alt und zeichnet sich durch ein überaus hartes, harzreiches Holz aus. Im Norden Indiens bildet er ganze Wälder. Er liebt das Licht – und einen Waldbrand können alte Bäume unbeschadet überstehen. Zum Räuchern verwenden Sie das hell- bis dunkelbraune Harz, das in reichhaltigen Tropfen – manchmal sogar in Form von Stalaktiten – aus der Rinde tritt. Sie mörsern es. Sal verträgt sich gut mit Weihrauch, Muskatnuss, Sandelholz, Myrrhe, Opopanax und Palo Santo.

Wirkung und Anwendung
Das Harz ist ein typisches schamanisches Räucherwerk, das hilft, mit der Seele in andere Welten zu reisen. „Kenner“ bezeichnen es als überaus berauschend. Wenn Sie bestimmte Themen tief erforschen möchten und dafür einen

hohen Grad an Konzentration halten müssen, können Sie mit dem sehr aromatischen, intensiven, angenehmen Duft arbeiten. Der auch *tibetischer Weihrauch* genannte Harzduft ist ein guter Begleiter bei Heilzeremonien und wirkt innerlich ausgleichend. Zusammen mit Lorbeer unterstützt er beim Orakeln für den Blick in die Zukunft und beim Schauen von Visionen.

Der Baum wächst waldbildend.

Kulturelle Hintergründe

Einer indischen Sage nach hat die Königin Maya ihren Sohn Siddharta Gautama, den späteren Buddha, unter einem Salbaum geboren. Ebenso wird erzählt, er wäre unter einem Salbaum gestorben. Hier scheint mythisch eine enge Verbindung des Baumes zur Erleuchtung und Hellsichtigkeit des Buddha auf. Im indischen Bundesland Jharkhand spielt er bei Festen eine bedeutende Rolle. Der Festname *Sarhul* bedeutet *Anbetung des Salbaumes* und steht für die Verehrung der Natur insgesamt. Der heilige Baum gilt auch als Sitz der Göttin Sama, die das Volk vor Naturkatastrophen schützt.

Salbei

Salvia apiana

Lippenblütler · Staude · Nordamerika · Blätter

Merkmale und Besonderheiten

Der Weiße Salbei ist eine immergrüne, mehrjährige und ausdauernde Pflanze, die eine Wuchshöhe von bis zu 1 m erreicht. Die hocharomatischen, lanzettlichen Laubblätter sind 4–8 cm lang und wirken aufgrund der feinen, angedrückten Blatthaare weiß-silbrig. Der bevorzugte Standort ist sonnig, im Winter trocken. Die würzige Duftpflanze gedeiht auch in unseren Gefilden, benötigt jedoch eine frostfreie Überwinterungsmöglichkeit. Zum Räuchern verwenden Sie die festen Blätter, die Sie vorne an der Blattspitze anzünden können. Salbei passt gut zu Weihrauch, weißem Copal, Beifuß, Wermut und Lavendel.

Wirkung und Anwendung

Der Weiße Salbei ist der „Raumreiniger mit Blitzwirkung". Er eignet sich wunderbar, um schnell wieder eine erfrischte, leichte, klare, reine Energie zu bekommen – ist also perfekt in belasteten Räumen wie Behandlungs-, Kranken-, Schulzimmern, Konferenzräumen oder Räumen mit viel Publikumsverkehr. Auch zum Reinigen des Körperumfeldes, der Aura, eignet er sich ganz hervorragend. Er neutralisiert das, was nicht zu einem gehört, und schenkt der Seele ein Gefühl von „frisch geduscht". Den heimischen Echten Salbei *(Salvia officinalis)* können Sie ebenso zu reinigenden Zwecken einsetzen. Er unterstützt jedoch eher dabei, sich abzugrenzen. Eine Mischung aus beiden Salbeiarten je zu gleichen Teilen hilft, neue Themen oder Situationen willkommen zu heißen, sich von Altem zu trennen und dabei klar und authentisch bei den persönlichen Bedürfnissen zu bleiben – im Klartext: keine Einmischung dulden und den eigenen Weg gehen!

Blätter der Staude lanzettlich

Kulturelle Hintergründe

Die Pflanze gehört zum wichtigsten Räucherwerk der amerikanischen Ureinwohner. Häufige Verwendung findet Weißer Salbei in Form der beliebten *Smudge Sticks*, die vorne angezündet werden und dann durchglimmen. Es kommt häufig zu Verwechslungen mit dem Steppen-Beifuß, einer *Artemisia*-Art, die *sagebrush* genannt wird und fälschlicherweise oft mit „Salbeistrauch" übersetzt wird.

Sandarak, Berberthuja

Tetraclinis articulata, Callitris quadrivalvis, Cupressus articulata

Zypressengewächse · Baum · Marokko, Algerien, Tunesien · Harz

Merkmale und Besonderheiten
Der Baum wächst langsam und wird 6–8 m hoch. Mit den schuppenförmigen Blättern ähnelt er den Zypressen. Das zum Räuchern verwendete Harz wird aus der Rinde ausgeschwitzt oder durch Anritzen gewonnen. Sandarak passt gut zu Kamille, Minze, Johanniskraut, Koriander, Lebensbaum, Wacholder und Zeder.

Wirkung und Anwendung
Das Harz verdankt seinen Bekanntheitsgrad hauptsächlich seiner reinigenden Wirkung auf die Atemwege. Zusammen mit Boldoblättern und einer Prise Benzoe *Siam* und Kampfer erleichtert der frisch-fruchtige und gleichzeitig unaufdringliche Duft das freie Durchatmen. Es löst dabei krankmachende Schwingungsmuster auf und hat eine entkrampfende, lösende Wirkung, die mit Gelassenheit und Gleichmut einhergeht. Wer beispielsweise Weihrauch nicht mag, kann diesen gut mit Sandarak ersetzen.

Wuchs zypressenartig

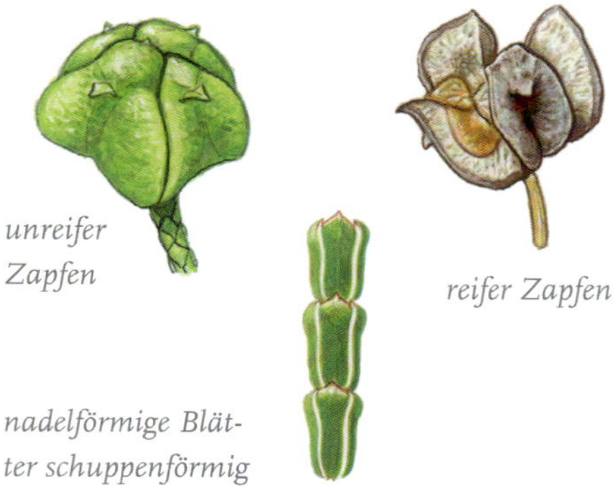

unreifer Zapfen

reifer Zapfen

nadelförmige Blätter schuppenförmig

Kulturelle Hintergründe
Sandarak besänftigt in Afrika, seiner Heimat, die Götter. Die Nordafrikaner riefen diese im Rahmen von Zeremonien an, um Schutz und Fruchtbarkeit zu erbitten sowie eine reichhaltige Ernte. Beim Kauf gilt es aufzupassen: Das Harz von Wacholder und Zypressen wird oft fälschlicherweise als Sandarak bezeichnet. Ein als *pine gum* bezeichnetes Harz einer verwandten Schmuckzypresse stammt aus Australien. Es ist an den größeren Stücken zu erkennen. Sie können es wie Sandarak einsetzen, wenngleich dieses Harz wesentlich teurer ist.

Sandelholz

Santalum album

Sandelgewächse · Baum · Indien, Südasien · Holz

Merkmale und Besonderheiten
Das echte, das Weiße Sandelholz stammt von einem immergrünen, halbschmarotzenden Baum. Er ist über das Wurzelwerk mit einer Wirtspflanze verbunden und muss etwa 50 Jahre leben, bis man ernten kann. Das rote Sandelholz *(Pterocarpus santalinus)* ist schwächer im Duft und hauptsächlich als Färbemittel in Gebrauch. Zum Räuchern verwenden Sie das kleingeraspelte Holz, *Chips* genannt,

Der Baum gedeiht in Trockenwäldern.

oder den sehr luxuriösen Holzstaub, der *ballon dust* heißt. Er fällt bei der Herstellung des ätherischen Öls an. Sandelholz verträgt sich gut mit Vanille, Benzoe, Myrrhe, Labdanum, Zimtblüte, Mädesüß und Holunder.

Wirkung und Anwendung

Der unverwechselbare Duft stimmt positiv und heiter. Er gleicht aus und lässt Stress und Anspannung abfallen. Schlechte Energien lassen sich abschütteln, Entspannung kann eintreten. Die warme, weiche, samtige, pudrig-süße und holzige Note wirkt euphorisierend und erotisierend. Sie verbindet die Kraft des Wurzel- mit jener des Kronenchakras: Man fühlt sich gut geerdet und gleichzeitig nach „oben" verbunden. Das Räucherwerk kommt bei Kopfschmerzen, seelischer Erschöpfung und bei den Folgen aus übermäßiger Kopfarbeit zum Einsatz – ist also genau das, was viele heute brauchen.

Kulturelle Hintergründe

Die Inder räuchern das Holz traditionell bei spirituellen Anlässen, um besser in die Meditation und in das Gebet einzutauchen. Im Ayurveda ist es ein vielseitiges Heilmittel, beispielsweise bei Entzündungen der Haut. In der Bibel wird es unter dem alten Namen *Aloes* erwähnt, nicht zu verwechseln mit *Aloe vera*. Heute ist der Bestand des Sandelbaumes bedroht, weshalb auch gefälschte Räucherware im Umlauf ist.

Blütenstand mit roten Blüten

Storax, Styrax

vor allem *Styrax officinalis*

Storaxbaumgewächse · Baum · Ostasien, Südamerika, Mexiko · Rinde

Merkmale und Besonderheiten

Die Gattung *Styrax* umfasst 120 bis 150 Arten, die fast alle ein sehr wohlriechendes Harz produzieren. Es sind immergrüne Bäume mit Wuchshöhen von bis zu 7 m, die kleine, weiße, aromatisch duftende Blüten entwickeln. Die einfachen Laubblätter sind behaart, seltener glatt. Früher stammte Styrax vom Orientalischen Amberbaum *(Liquidambar orientalis)* aus Kleinasien und Syrien, der zwischenzeitlich aber fast ausgerottet ist. Die heute erhältliche Ware, als Honduras-Styrax bezeichnet, stammt von *L. styraciflua*, dem hoch wachsenden Amerikanischen Amberbaum aus dem südlichen Nordamerika und Mittelamerika. Zum Räuchern verwenden Sie entweder die braune, harzhaltige Rinde des Echten Storaxbaumes oder die als Storax oder Styrax bekannten, mit ätherischen Ölen getränkten Holzkohleblättchen.

Wirkung und Anwendung

Der süßliche und weiche Duft breitet sich wie eine milde Decke der Sorglosigkeit und Herzenswärme aus und lässt tiefenentspannt in den Schlaf gleiten. Er hilft dabei, Stress und Nervosität aufzulösen und fördert die intuitive und kreative Stimme. In herzöffnenden Mischungen oder beim Abräuchern von Personen darf Styrax – zusammen mit der aromatischen Alantwurzel – nicht fehlen. Er vereinigt das klare Denken mit der Energie des Herzens. Die Mischung mit Sandelholz, Rosenblüten, Damiana, Safran und Myrrhe lässt jede Frau in erotischen Momenten zur „Königin der Nacht" werden.

große Blätter, bis zu 20 cm lang

Kulturelle Hintergründe

Im alten Ägypten symbolisierte Styrax das Wesen der Sonne und war dem rechten Auge des Gottes Horus gewidmet, das für die Sonne stand. Es steht auch mit Hekate, der mächtigen Göttin des Lebens, der Erde, des Wachstums und des Todes, in Verbindung. Ihr zu Ehren wurde die Pflanze verräuchert. Den verwirrten Seelen brachte sie Licht und Klarheit und verband Logik mit Bauchgefühl. Das Echte Styrax oder Storax von *L. orientalis* kommt nur noch für den pharmazeutischen Gebrauch oder auch zur Herstellung von Parfüm in den Handel und ist extrem teuer.

Süßgras, Mariengras

Hierochloe odorata

Süßgräser · Gras · weltweit · Blätter

Merkmale und Besonderheiten

Die große Familie der Süßgräser umfasst auch besonders duftende Arten wie das Mariengras, das häufig allgemein als Süßgras bezeichnet wird. Es ist weltweit auf der Nordhalbkugel vom Mittelmeer bis in die Arktis verbreitet. Die Pflanze wird 30–60 cm hoch und bildet lange Ausläufer. Auf mageren Wiesen wächst das Ruchgras *(Anthoxanthum odorata)*. Es verleiht getrocknetem Heu seinen betörenden, an Waldmeister erinnernden Duft.

Wirkung und Anwendung

Der intensive, warme, weiche und vanillige Duft ruft die unterschiedlichsten Assoziationen hervor: von gebrannten Mandeln auf dem Jahrmarkt, Marzipan und Weihnachsgebäck bis hin zur Waldmeisterbowle. Er nimmt wirklich alle Menschen für sich ein und wird als *Kraut der Harmonie* bezeichnet. Sein Vermögen ist es, die Stimmung zu heben, sich wie ein schützender Mantel um einen zu legen und dabei auch noch das Herz zu öffnen. Traditionell werden die getrockneten Gräser zu praktischen Zöpfen geflochten und dunkel aufbewahrt. Sie können einen solchen Zopf entweder an einem Ende anzünden oder mit der Schere 3–4 cm lange Stückchen abschneiden, die sie auf das Stövchen legen.

Kulturelle Hintergründe

In Nordamerika ist das Mariengras in allen Räucherzeremonien der Ureinwohner anzutreffen, zieht es doch alle guten Geister und Begleiter an. Es kommt in Schwitzhütten, bei Reinigungsritualen und auch bei der Visionssuche zum Einsatz. Außerdrem stärkt es die weiblichen Urkräfte. In Polen verleiht es dem Nationalgetränk Zubrowka ein charakteristisches Aroma im Wodka.

Ruchgras mit länglicher Ährenrispe; häufig

Mariengras mit breiten, lockeren Ährchen; selten

Thymian

Thymus vulgaris

Lippenblütler · kriechender Halbstrauch · Mittelmeerraum · Stiel mit Blättern

Merkmale und Besonderheiten

Der kleine, ausdauernde Halbstrauch mit den immergrünen Lederblättern wird bei uns seit dem Mittelalter als Gartenpflanze kultiviert. Auf Feld und Wiese wächst der heimische wilde Thymian, der Quendel *(T. pulegioides)*, der sich ebenfalls als „Kriechpionier" mit bis über 30 cm langen Ausläufern verbreitet. Die kleinen Blätter sind oval, die Blüten rosafarben. Zum Räuchern ernten Sie vor der Blüte die Stiele samt Blättchen. Echter Thymian wie auch Quendel vertragen sich gut mit Rosmarin, Minze, Wacholderbeeren, Eukalyptus sowie getrockneten (biologischen) Zitronenschalen.

Wirkung und Anwendung

Der große Bekanntheitsgrad der Pflanze kommt von der Heilwirkung bei Infekten – und der Verwendung als beliebtes Küchenkraut. Der Inhaltsstoff Thymol ist für die herausragende Heilkraft verant-

Echter Thymian – ein stark verzweigter Halbstrauch

wortlich. Bei Entzug von Wasser, also im getrockneten Zustand, wird der Duft noch viel aromatischer und eignet sich für Räuchermischungen sehr gut. Thymian stärkt die Ich-Kräfte und sorgt für ein gesundes Selbstbewusstein, für Mut und Tatkraft. Für Kinder, die labil und schüchtern sind, ist es also gut, wenn sie den Duft regelmäßig genießen.

Stängel vierkantig

Blüte weißlich bis rosafarben

Kulturelle Hintergründe
Der griechische Name *thymos* bezieht sich auf *Geist* und *Mut* – die ursprüngliche Bedeutung war jedoch *Rauch* sowie *ein Rauchopfer darbringen*. Die alten Römer wussten, dass Thymian Fäulnis verhindern kann. Aus diesem Grund streuten sie das Kraut der längeren Haltbarkeit wegen in ihre Getreidevorräte. Zu uns kam der Echte Thymian vermutlich erst im Mittelalter.

Tolu, Tolubalsam

Myroxylon balsamum

Schmetterlingsblütler · Baum · Süd- und Mittelamerika · Harz

Merkmale und Besonderheiten
Der bis zu 25 m hohe Tolu- oder Balsambaum hat ledrige Blätter und eine ausladende, rundliche Krone. Für den Handel wird die Rinde an vielen Stellen V-förmig eingeritzt. Das austretende Harz sammelt sich in Gefäßen oder in auf dem Boden liegenden Blättern. Dieser rohe Balsam wird sodann eingeschmolzen. Auf diese Weise entsteht ein hartes, brüchiges, bräunliches bis rotbraunes Harz, der Räucherstoff. Es verträgt sich gut mit Palo Santo, Adlerholz, weißem und schwarzem Copal, Vanille, Patchouli, Myrrhe und Alantwurzel.

aufrechter Wuchs mit ausladender Krone

Wirkung und Anwendung:
Traditionell findet der Balsam bei Erkrankungen der Atemwege Verwendung, da er den Auswurf fördert und antimikrobielle Eigenschaften besitzt. In der Parfümindustrie dient er als Fixativ, das heißt, er verbindet andere Stoffe gut miteinander und hebt das Gesamtaroma. Das macht er auch mit Räucherwerk. Sein seidig-süßer, weicher, samtiger und doch eindringlicher Duft mit der orientalisch-vanilligen Note sorgt für sofortige Entspannung im Kopf- und Nackenbereich. Er wirkt beruhigend, ausgleichend, harmonisierend, erdend und stärkend. Außerdem unterstützt er Heilungs- und Segnungszeremonien.

Kulturelle Hintergründe
Tolu-Harz erhielt seinen Namen von der kolumbianischen Stadt Tolu. Aus ihrem Hafen wurde es einst verschifft und erlangte als Zusatzstoff für Hustenmittel größere Bedeutung. Perubalsam *(Myroxylon balsamum* var. *pereirae)* und Tolubalsam (*M. b.* var. *balsamum, M. b.* var. *genuinum)* sind nicht identisch, auch wenn beide zwar von der gleichen Baumart stammen, wenngleich von unterschiedlichen Varietäten. Beide kommen in der Kosmetik-und Nahrungsmittelindustrie zum Einsatz.

Tonkabohne

Dipteryx odorata

Schmetterlingsblütler · Baum · nördliches Südamerika, südliche Karibik · Samen

Merkmale und Besonderheiten

Der Tonkabaum wächst vor allem in den tropischen Regenwäldern Brasiliens, Kolumbiens und Venezuelas. Er wird bis zu 30 m hoch. Sein Zweitname ist *Cumaru* und deutet auf die hohe Konzentration von Cumarin hin, dem er sein betörendes Aroma verdankt. In den Früchten verbergen sich die Samen, die eigentlichen Tonkabohnen mit ihrer mandelartigen Form und schokoladenbraunen Farbe. Diese Bohnen verwenden Sie. Sie sind allerdings äußerst hart und müssen gemörsert oder auf einer Muskatreibe fein gerieben werden. Tonka verträgt sich gut mit Holunderblüten, Johanniskraut, Lavendel, Rosenblüten, Königskerze, Sandelholz, schwarzem Copal, Myrrhe und Opopanax.

Wirkung und Anwendung

Die Tonkabohne betört mit einem Duft nach Waldmeister, Vanille und Zimt. Zusammen mit Sandelholz, Damiana, Rosenblüten, Jasminblüten, Alantwurzel und Styrax entsteht eine wunderbare Mischung für balsamische Abendräucherungen oder für romantische Stunden zu zweit. Der Duft wirkt außerdem beruhigend, erdend und harmonisierend. Für eine ultimative „Glücksmischung" bringen Sie Tonka mit Koriander, Süßgras und nach Bedarf noch etwas Zimtblüte zusammen.

Kulturelle Hintergründe

Die Tonkabohne wurde von den Europäern im 18. Jahrhundert entdeckt. Den Weg in unsere Stuben fand sie aber erst in den vergangenen Jahren. Richtig im Trend ist sie, seit sie für kulinarische Genüsse zum Einsatz kommt und mittlerweile sogar im Eis ihre erotisierenden Eigenschaften zur Geltung bringt. Im Ursprungsland gilt sie als Talisman für Erfolg und Glück: Wer eine Tonkabohne in der Hosentasche oder in der Geldbörse trägt, dem sei das Glück hold.

Der Tonkabaum wird heute kultiviert.

Vanille

Vanilla planifolia

Orchideen · Kletterpflanze · Mexiko, Mittelamerika · Schoten

Merkmale und Besonderheiten

Die Pflanze schlingt sich mit ihren dünnen Luftwurzeln an kräftigeren Stützbäumen hoch – ähnlich einer Liane. Aufgrund ihres einzigartigen Duftes sind die bis zu 30 cm langen Kapselfrüchte, die Schoten, sehr begehrt. Für den Gebrauch müssen sie einem aufwändigen Trocknungs- und Fermentationsprozess unterzogen werden. Zum Räuchern verwenden Sie die klein geschnittenen Vanilleschoten. Sie vertragen sich gut mit Rosenblüten, Damiana, Styrax, Sandelholz, Mädesüß, Lindenblüten, Johanniskraut, Königskerze und Alantwurzel.

Wirkung und Anwendung

Der Duft setzt sich aus über 100 Aromastoffen zusammen und lässt sich nur schwer in Worte fassen. Er besänftigt, gleicht aus und beruhigt, er „glättet die Wogen" von Ärger und Frust und nimmt überhitzten Gefühlen die Spitzen. Vanille

immergrüne Kletterpflanze mit traubenförmigem Blütenstand

ist ein Universalduft, den nahezu alle Menschen mögen, denn die Muttermilch riecht etwas nach Vanille. Dadurch vermittelt er wie kein anderer mütterliche Geborgenheit, Vertrauen, Nähe, Schutz und das Gefühl von Genährt-Sein. Zusammen mit Gänseblümchen und Kamille können Sie sich eine wunderbare „Geborgenheits-Mischung“ herstellen.

Kulturelle Hintergründe

In der Volksmedizin wird Vanille zur Beruhigung der Nerven und als Aphrodisiakum eingesetzt. Auf Letzteres deutet der etymologische Ursprung des Namens hin, nämlich das spanische *vaina* oder *vainilla*, was *Scheide* oder *Kapsel* bedeutet. Das meint auch das Lateinische *vagina*. Der mittelamerikanische Ursprung des Wortes *Vanille* dagegen geht in eine andere Richtung und heißt *wohlriechender Ast*. Zurückzuführen ist das darauf, dass die Azteken ihre Opferstätten mit Vanille beräucherten, um einen „unangenehmen“ Geruch zu vermeiden.

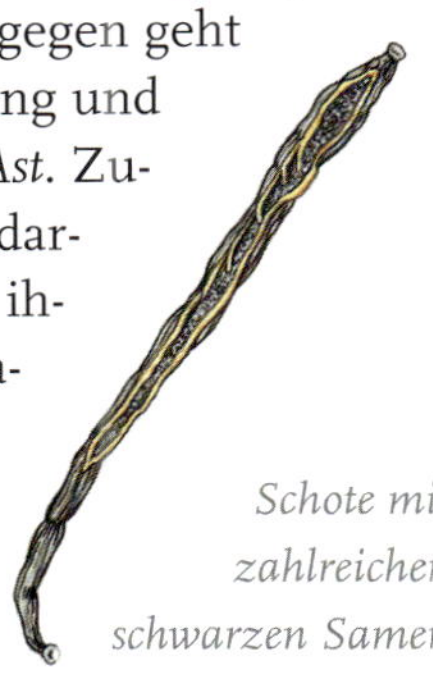

Schote mit zahlreichen schwarzen Samen

Vetiver

Vetiveria zizanoides

Süßgräser · Gras · Asien, Indien, Mittelamerika · Wurzel

Merkmale und Besonderheiten

Vetiver ist ein Gras mit einem äußerst dichten Wurzelgeflecht und wird deshalb oft dort angebaut, wo die Landschaft von Bodenerosion bedroht wird. Zum Räuchern verwenden Sie die getrockneten Wurzeln, die Sie je nach Beschaffenheit noch reinigen und klein schneiden müssen. Sie vertragen sich gut mit Sandelholz, Benzoe Siam, getrockneten Orangenschalen, Weihrauch, Kalmus, Galgant und Süßgras.

Wirkung und Anwendung

Sobald sich der sehr holzige, schwere, erdige Duft des Vetivers ausbreitet, wird seine Wirkung deutlich: Er verlangsamt und man hat das Gefühl, sich tief zu verwurzeln. Auch beruhigt er ein sich ständig drehendes Gedankenkarussell und schafft gleichzeitig eine freundliche, heitere Stimmung im Raum. Die Signatur deutet an, dass Vetiver alles zusammenhält und dort zentriert, wo man sich verzettelt und alles auseinanderzudriften droht. Die Pflanze hilft dann dabei, sich von unten nach oben zu erneuern, nämlich von den Füßen über das Herz zum Kopf. Der duftende Rauch ist – zusammen mit Lavendel, Zitronengras, Eukalyptusrinde und Eukalyptusblättern – ein ideales Mittel zur Abwehr von Insekten.

Wuchs horstartig, mit dichtem Wurzelgeflecht

Kulturelle Hintergründe

Vetiver ist ein für die Parfümherstellung wichtiger Stoff, denn die rauchigen und erdigen Komponenten des Öls wandeln sich im Herstellungsprozess zu holzigbalsamischen, fast eleganten Duftnoten. In den Urprungsländern kommt es in vielfältiger Weise zum Einsatz: unter anderem auch für Matten und Decken, die nicht von Insekten befallen werden.

Wacholder

Juniperus communis

Zypressengewächse · strauchartiger Baum · Europa, Nordasien, Nordchina, Nordamerika, Nordafrika · Triebspitzen, Holz, Beeren

Merkmale und Besonderheiten

Der zylinderförmig wachsende Strauch oder Baum erreicht eine Höhe von bis zu 5 m. Die blaugrünen Blätter sind spitz, stechend und nadelartig. Die blauschwarzen Beeren benötigen zwei bis drei Jahre, um zu reifen. Wacholder prägt das typische Landschaftsbild der Lüneburger Heide und der Schwäbischen Alb. Zum Räuchern verwenden Sie die Triebspitzen, das Holz und die Beeren. Der Duft verträgt sich gut mit Kampfer, Menthol, Bernstein, Salbei, Zeder, Rosmarin, Thymian und weißem Copal.

Wirkung und Anwendung

Der fruchtige, süßlich-würzige Duft kann am besten den leicht angequetschten Beeren entlockt werden. Seine Inhaltstoffe kommen auch in Piniennadeln, im Majoran und Lorbeer vor. Sie reichern jede Räucherung an, die wachmachen soll – der Name *Wacholder* oder *Weckholder* ist bereits Programm. Er darf in keiner Haus- und Stallräucherung fehlen, da seine reinigende Kraft für eine neutrale, erfrischte Atmosphäre sorgt und als schwer und dicht empfundene Energien auflöst. Seine keimtötenden und antiviralen Eigenschaften wurden besonders in Zeiten der Pest geschätzt, um sich vor Ansteckung zu schützen.

Kulturelle Hintergründe

Im Volksgauben herrschte die Überzeugung, dass die Zweige mit den starren und stechenden Nadeln Teufel, Hexen und andere böse Geister abwehren. Ein Wacholdersträußchen am Hut symbolisierte magischen Abwehrzauber gegen den Teufel. Die in den *Frauendreißgern* gesammelten Beeren wurden gerne zu Schnaps – wie Gin – gebrannt und kamen als Gegengift bei bösem Zauber zum Einsatz. In zahlreichen Traditionen und verschiedenen Regionen kam dem Wacholder immer eine antidämonische, einen bösen Zauber bannende Wirkung zu.

immergrüner kleiner Baum mit säulenartigem Wuchs

Weihrauch, Olibanum

Boswellia sacra, B. serrata, B. carteri, B. frereana

Balsambaumgewächse · strauchartiger Baum · Oman, Jemen, Somalia, Eritrea, Sudan, Indien · Harz

Merkmale und Besonderheiten

Der kleine, stark verzweigte Baum gedeiht ausschließlich in Gebieten größter Trockenheit. Der Echte Weihrauch erreicht eine Wuchshöhe von 5 m und hat eine papierartige Borke. Die kleinen sternförmigen Blüten haben fünf Kronblätter von weiß-gelber Farbe. Das Harz wird durch Einschneiden der Rinde gewonnen und war einst ein äußerst kostbares Handelsgut. Danach benannt ist die sagenumwobene Weihrauchstraße, einer der wichtigsten Handelswege der Antike. Übererntung und das Abfressen von Kamelen gefährdet mittlerweile den Bestand. Mit Plantagen versucht man, dem gerecht zu werden. Zum Räuchern verwenden Sie das helle bis gelbliche Harz. Eine Seltenheit ist der grüne Weihrauch: Seine Harzklümpchen bewegen sich farblich von Türkis bis Meeresgrün.

Wirkung und Anwendung
Weihrauch wurde bereits im Altertum aufgrund seiner stimmungsaufhellenden und euphorisierenden Wirkung geschätzt. Er ist ein fantastisches Anti-Stressmittel, das die Seele entspannt, reinigt und klärt sowie trübsinnige Gedanken auflöst. Nach einer intensiven Räucherung fühlen sich manche „wie neu geboren". Das wertvolle Harz gewinnt – innerlich eingenommen – zunehmend an Bedeutung in der Medizin: bei Morbus Crohn, Rheuma und anderen Krankheiten. Äußerlich aufgetragen hilft es bei Hautproblemen.

Kulturelle Hintergründe
Bei kultischen Handlungen wie Speise- und Rauchopfern wurde das Harz früher sehr großzügig verwendet. Der Duft stand immer in Verbindung mit der Erscheinung des Göttlichen. Im alten Rom gab es keine Zeremonie, die nicht von üppigem Weihrauchduft begleitet war. Heute kennen ihn viele hauptsächlich durch den Gebrauch in der katholischen Liturgie. Dort kommt allerdings oftmals nur gefärbter und synthetisch parfümierter „Kirchenweihrauch" zum Einsatz.

kleiner, stark verzweigter Baum, wächst in trockenen Gebieten

Wermut

Artemisia absinthium

Korbblütler · Staude · Europa, Nord- und Südamerika · obere Pflanzenteile

Merkmale und Besonderheiten
Die halbstrauchartige Staude wird bis zu 120 cm hoch und verholzt am Grund. Mithilfe des kräftigen Wurzelsystems verträgt sie trockene Standorte gut. Als Schutz gegen Sonneneinstrahlung sind die Blätter feinfilzig behaart, was ihnen ein graugrünes Aussehen verleiht. Der Gehalt an ätherischen Ölen lässt sie stark aromatisch duften. Zum Räuchern nehmen Sie die oberen, kleingeschnittenen Pflanzenteile. Der Duft verträgt sich gut mit Asant, Kalmus, Pfeffer-Minze, Schafgarbe, Beifuß, Weihrauch und Galgant.

Wirkung und Anwendung
Bereits im Altertum kam Wermut bei Niedergeschlagenheit und Erschöpfung zum Einsatz. Er bringt Motivation und schenkt neue Kräfte, auch wenn die Widerstände recht groß scheinen. Auch ist er einer der beliebtesten Räucherkräuter und hat einen Stammplatz nicht nur in unserer heimischen Räucherkultur, sondern beispielsweise auch in der indianischen. Sein aromatischer Duft lässt keinen unberührt. Er öffnet die Seele und bringt wieder in Schwung, wenn man sich erstarrt oder träge fühlt, führt zu neuer Lebensfreude. Auch in Zeiten des Loslassens und des Abschiednehmens ist der Duft des Wermuts ein wunderbarer, sanfter Begleiter. Zusammen mit weißem Copal wirkt er bewusstseinserweiternd, was beim klaren Denken unterstützt.

Einzelblüte unscheinbar und kurz gestielt

Kulturelle Hintergründe
Der Inhaltsstoff Thujon machte Absinth in der Künstlerszene des ausgehenden 19. Jahrhunderts berühmt. Ob van Gogh, Manet, Toulouse-Lautrec oder Baudelaire – sie alle waren der rauschhaften Wirkung des Getränkes verfallen. Im Griechischen bedeutet *artemia* soviel wie *Gesundheit* oder *frisch und gesund sein*. Die mythologische Namensgeberin ist die griechischen Göttin *Artemis*, die Göttin der Jagd, des Waldes sowie der gebärenden Frauen.

ausdauernde Staude mit tief gespaltenen Blattspreiten

Zeder

Cedrus deodara, C. atlantica

Kieferngewächse · Baum · Himalaja *(C. deodara)*, Atlasgebirge *(C. atlantica)* · Harz, Rinde, Holz, Triebspitzen

Merkmale und Besonderheiten

Die Gattung *Cedrus* umfasst verschiedene Arten von stattlichen, immergrünen Bäumen, die eine breite Krone ausbilden und hunderte von Jahren alt werden können. Sie benötigen viel Sonnenlicht, aber kaum Regen. Die dunkelgrünen, nadelförmigen Blätter bleiben bis zu sechs Jahre am Baum, bevor sie abfallen. Die Himalaja-Zeder wächst im westlichen Bereich des Gebirgszuges, die Atlas-Zeder in Marokko und die berühmte Libanon-Zeder nur noch vereinzelt im Libanon, in Syrien und in der Osttürkei. Zum Räuchern verwenden Sie das Harz, die Rinde, das Holz und die Triebspitzen. Der Duft verträgt sich gut mit Lavendel, Benzoe, Myrrhe und Sandelholz

Wirkung und Anwendung

Die Inhaltsstoffe wirken stark antiseptisch und pilztötend. Der Duft vertreibt Insekten und Ungeziefer, weshalb er ideal ist für eine Haus- und Reinigungsräucherung – auf körperlicher wie seelischer Ebene. Die balsamisch warme Waldnote fördert die Aufnahme von Sauerstoff im Gehirn und unterstützt das klare Denken. Sie entspannt bei seelischer Belastung, stimmt mutig und zuversichtlich. Zeder ist ein Duft für Visionäre!

Kulturelle Hintergründe

Die Zeder ist der Baum, der in der Bibel am häufigsten erwähnt wird. Sie ist der Baum der Könige, majestätisch und stattlich. König Salomon verwendete das Holz für den Bau seines berühmten Tempels. Im Altertum wurde Zeder ständig verräuchert, um die Räume zu reinigen und vor schädlichen Einflüssen zu bewahren. Im alten Ägypten war sie ein heiliger Baum, hielt sich doch der Gott Osiris dort auf. Das Öl war eine wichtige Zutat für die Mumifizierung der Pharaonen.

Die imposante Atlas-Zeder wächst auch gut bei uns.

Zimt

Cinnamomum verum

Lorbeergewächse · Baum · Sri Lanka · Rinde, Blüten

Merkmale und Besonderheiten

Der Echte Zimtbaum ist ein kleiner, immergrüner Baum, der bis zu 18 m hoch wird. Vor allem in der inneren Rinde sammelt sich in besonderen Zellen das ätherische Öl. Zur Ernte werden von Ästen geschälte Rindenstücke für eine Nacht in Tücher eingeschlagen, um sie leicht zu fermentieren. Zum Räuchern verwenden Sie die Ceylon-Zimtrinde oder die noch aromatischeren Blüten, beide gemörsert. Der Duft verträgt sich gut mit Sandelholz, Rosenblüten, Myrrhe, Opopanax, Styrax, Labdanum, schwarzem Copal, Guajak sowie Galbanum.

Wirkung und Anwendung

Der Duft betört mit einer süß-würzigen, warm-holzigen, hyazinthig-geheimnisvollen Note, die Wärme, Schutz, Umhüllung und Vertrauen ausstrahlt. Erotischen Mischungen gibt er den entscheidenden Aromakick. Er wirkt zudem entkrampfend, entspannend, beruhigend und kann – zusammen mit Patchouli – bei Angstzuständen geräuchert werden. Auch steigert er nachweislich die Aufmerksamkeit und Konzentration. In einer balsamisch-sinnlichen Abendräucherung entsteht gemeinsam mit Sandelholz, Rosenblüten und einer Prise Myrrhe eine betörende Komposition.

Kulturelle Hintergründe

In Indien kommt die Pflanze nicht nur als blutdrucksenkendes Heilmittel, sondern auch zur Verhütung zum Einsatz. Sogar die Blätter werden gehandelt, dabei aber unter dem Namen *indische Lorbeerblätter*. Cassia-Zimt, auch *chinesischer Zimt* genannt, ist eine minderwertigere Qualität, die allerdings am häufigsten als Gewürz in den Handel kommt. Die bessere Qualität ist der Ceylon-Zimt.

Der Zimtbaum wird vielerorten in den Tropen kultiviert.

Zirbe, Arve

Pinus cembra

Kieferngewächse · Baum · Alpen, Karpaten · geraspeltes Holz, Nadeln

Merkmale und Besonderheiten

Die Zirbe oder Zirbelkiefer, auch Arbe oder Arve genannt, wird bis zu tausend Jahre alt. Sie wird an die 25 m hoch und ist überaus dicht benadelt. Wir finden Zirben hauptsächlich in Höhen zwischen 1800 und 2500 Metern in den kontinentalen Zentralalpen. Im schweizerischen Unterengadin gibt es den größten zusammenhängenden Bestand. Auch in Österreich ist der Baum weit verbreitet. Zum Räuchern eignen sich das in kleine Späne geraspelte Holz und die Nadeln. Der Duft verträgt sich gut mit der getrockneten Schale der Zitrone, mit Wacholder, Lemongras, Angelikawurzel und -samen, Birkenblättern, Myrte, Eukalyptusrinde und -blättern, Baldrian sowie Lavendel.

Wirkung und Anwendung

Die Zirbe ist nachweislich das sanfte „Valium“ unter den Räucherstoffen. Es fördert das Ein- und Durchschlafen, besonders in Verbindung mit Baldrian und Lavendel, und hilft so dem Organismus, gut auszuschlafen. Der Duft unterstützt auch bei Schwäche, Mut- und Kraftlosigkeit und sorgt mit seiner aufbauenden Wirkung für innere Festigkeit. Das Holz erlebt in den vergangenen Jahren einen wahren Aufschwung, da Mobiliar die Entspannung fördert und eine gute Schlafhilfe ist. Der waldig-holzige Duft besitzt außerdem eine Heilwirkung bei Erkrankungen der Atemwege. Die Einreibung mit dem ätherischen Öl wirkt stärkend und fördert die Durchblutung.

Kulturelle Hintergründe

Die *Königin der Alpen*, wie die Zirbe auch genannt wird, wurde 2011 als „Baum des Jahres“ geehrt. In alten Bauernhäusern in Österreich oder der Schweiz findet man heute noch Stuben und Gasthäuser, die komplett mit diesem Holz ausgestattet sind. Es hat immer für einen guten Duft gesorgt und soll sogar das diplomatische Verhandeln unterstützt haben.

Die Zirbe trotzt den unwirtlichsten Bedingungen.

Zu guter Letzt

RÄUCHERWERK IM JAHRESKREIS

Die Grundmischung für alle Jahreskreis-Räucherungen besteht aus
(1) Weihrauch / Dammar / Sandarak,
(2) Fichtennadeln / -harz und
(3) Mastix / Alantwurzel.
Wählen Sie jeweils unter den Stoffen. Als Ersatz für Weihrauch nehmen Sie zum Beispiel Dammar oder Sandarak. Darüber hinaus gibt es speziell für die jeweilige jahreszeitliche Qualität besonders geeignete Räucherstoffe. Die Anzahl dieser Räucherstoffe nimmt über die vier Feste in der hellen und dunklen Jahreszeit zu – so wie jeweils das Licht bzw. die Dunkelheit zunehmen:

Imbolc, Lichtmess: Bernstein · ***Frühlings-Tag-und-Nacht-Gleiche:*** Myrrhe, Schlüsselblume / Veilchen / Gänseblümchen · ***Beltane, Walpurgis:*** Zistrosenkraut / Labdanum, Myrte, Rosenblüten · ***Sommer-Sonnenwende:*** Beifuß, Johanniskraut / Mädesüß, Königskerze, Mariengras, Lavendelblüten

Lughnasad, Lammas: Weißer Salbei / Echter Salbei · ***Herbst-Tag-und-Nacht-Gleiche:*** Myrrhe, Wacholderbeeren / -holz · ***Samhain:*** Beifuß, Drachenblut, Opopanax · ***Winter-Sonnenwende:*** Mistel, Angelikasamen, Lebensbaum (Thuja), Alantwurzel

Fühlen Sie sich in der Zusammenstellung der Mischung stets frei. Sie können natürlich immer auch Ihre eigenen Kräuter aus dem Garten oder vom Waldspaziergang nutzen und diese nach Verfügbarkeit und Intuition in Ihre Mischung geben. Beachten Sie dabei: Von Kräutern, Gewürzen und Hölzern nehmen Sie jeweils 1 Teil, von den Harzen nur ¼ Teil. Mörsern und verreiben Sie alles gut miteinander.

Kleine Räucherkunde

Räuchern mit der Kohle: Sie brauchen eine feuerfeste Räucherschale, Räucherkohle, Sand (aber kein Vogelsand!), am besten auch eine spezielle Räucherzange zum Festhalten der Kohle, einen Mörser zum Zerkleinern der Harze und Samen, eine Feder zum Fächeln des Rauches und natürlich Räucherwerk. Die Schale füllen Sie zur Hälfte oder zu Dreiviertel mit dem Sand. Dann packen Sie eine Räucherkohle mit der Zange und zünden sie über einer Kerze an. Die Kohle ist selbstzündend, so dass schnell ein Funke durchzieht. Sie stellen die angezündete Kohle senkrecht in den Sand, damit sie besser durchglüht.
Erst wenn die Kohle außen komplett etwas gräulich oder weißlich ist, legen Sie sie mit der Zange flach in den Sand. Jetzt können Sie das gemörserte und zerkleinerte Räucherwerk auflegen. Eine Messerspitze davon reicht oft aus. Mithilfe der Feder fächeln Sie den Rauch, damit er sich im Raum gut verteilt. Je nach gewünschter Duft- und Rauchstärke legen Sie weiteres Räucherwerk auf.

Räuchern mit dem Stövchen: Sie benötigen dafür noch Teelichter. Zünden Sie ein Teelicht an und stellen Sie es in das Stövchen. Danach legen Sie das Sieb auf, auf dem Sie die Räucherware platzieren. Beim Auflegen von Harzen ist es empfehlenswert, etwas Sand über das Sieb zu streuen, damit das Metallgeflecht nicht zu stark verklebt. Auch bei sehr zartem Räucherwerk wie Blüten dämpft der Sand die Hitze und es verbrennt nichts. Der Duft entwickelt sich auf diese Weise langsam und fein.

Ausführliche Räucheranleitungen sowie Rezepte für spezielle Mischungen finden Sie in dem Buch *Räuchern mit heimischen Pflanzen.* Sie können auch eine E-Mail an *info@labdanum.de* mit dem Betreff „Räucheranleitung" schreiben – dann erhalten Sie kostenlos als PDF eine übersichtliche Anleitung und einen Leitfaden zu einer Basis-Hausräucherung.

Interessante Quellen zum Weiterlesen

Artedea: *Altes Wissen, neue Frauenkraft,* www.artedea.de, e-book 2014

Bader, Marlis: *Naturrituale zur Lebensbegleitung,* AT 2014

Beiser, Rudi: *13 magische Heilpflanzen,* Kosmos 2014

Bernstein, Frank: *Ludi publici,* Franz Steiner Verlag 1998

Birkhan, Helmut: *Kelten,* Verlag der österreichischen Akademie der Wissenschaften 1999

Derungs, Kurt (Hrsg.): *Kelten, Kulte, Göttinnen,* edition amalia 2013

Fischer-Rizzi, Susanne: *Medizin der Erde,* AT 2010

Fischer-Rizzi, Susanne: *Mit der Wildnis verbunden,* Kosmos 2007

Fuchs, Christine: *Räuchern in Winterzeit und Raunächten,* Kosmos 2012

Fuchs, Christine: *Räuchern mit heimischen Pflanzen,* Kosmos 2011

GEO Epoche: *Die Germanen,* Gruner & Jahr 2008

GEO Epoche: *Die Kelten,* Gruner & Jahr 2011

Harari, Yuval Noah: *Eine kurze Geschichte der Menschheit,* Pantheon 2015

Hunter, Jeremy: *Heilige Feste,* Nicolai 2002

Immoos, Franz: *Farben: Wahrnehmung, Assoziation, Psychoenergetik,* www.franz.immoos.eu 2009

Kaiser, Martina: *Der Jahreskreis,* Aurum 2005

Kügler, Joachim (Hrsg.): *Die Macht der Nase,* Verlag Katholisches Bibelwerk GmbH 2000

Le Roux, Francoise & Christian-J. Guyonvarc'h: *Die hohen Feste der Kelten,* Arun 2008

Lingg, Adelheid: *Das Heilpflanzenjahr,* Kosmos 2015

Maier, Bernhard: *Die Religion der Germanen,* C.H. Beck 2003

Müller, Reinhard: *Jahwe als Wettergott,* Walter De Gruyter 2008

Oloff, Günther: *Düfte – Signale der Gefühlswelt,* Wiley-VCH 2004

Paracelsus: *Gesammelte Schriften – Studienausgabe in 5 Bänden,* Schwabe-Verlag 2010

Pfeifer, Michael: *Der Weihrauch – Geschichte, Bedeutung, Verwendung,* Friedrich Pustet 2008

Puhle, Annekatrin & Jürgen Trott-Tschepe & Birgit Möller: *Heilpflanzen für die Gesundheit. 333 Pflanzen – neues und überliefertes Heilwissen. Pflanzenheilkunde, Homöopathie und Aromakunde,* Kosmos 2015

Puhle, Annekatrin: *Mit Goethe durch die Welt der Geister,* Reichl-Verlag 2005

Puhle, Annekatrin: *Zwerge – Begegnungen und Erlebnisse mit dem kleinen Volk,* Aquamarin 2010

Rätsch, Christian: *Naturverehrung und Heilkunst,* B. Martin Verlag 1996

Rätsch, Christian: *Atem des Drachen,* AT 2006

Rätsch, Christian: *Walpurgisnacht,* AT 2007

Rensing, Britta: *Der Glaube an die Göttin und den Gott,* Dissertation 2006

Schiller, Friedrich: *Über die ästhetische Erziehung des Menschen in einer Reihe von Briefen,* Freies Geistesleben 2009

Seghezzi, Ursula: *Macht Geschichte Sinn?,* van Eck 2012

Simrock, Karl (Übersetzer): *Das Nibelungenlied,* Anaconda 2008

Simrock, Karl (Übersetzer): *Die Edda – Nordische Götter- und Heldensagen,* Nikol 2014

Spreckelsen, Tilman (Nacherzähler): *Kalevala – Eine Sage aus dem Norden,* Galiani 2014

Steiner, Rudolf: *Erde und Naturreiche – 10 Vorträge,* Freies Geistesleben 2008

Steiner, Rudolf: *Philosophie der Freiheit,* Rudolf Steiner Verlag 2011

Steiner, Rudolf: *Wie erlangt man Erkenntnisse der höheren Welten?,* Rudolf Steiner Verlag 2014

Storl, Wolf-Dieter: *Ich bin ein Teil des Waldes,* Kosmos 2015

Storl, Wolf-Dieter: *Naturrituale,* AT 2006

Vierzig, Siegfried: *Von der Höhle zur Kirche,* Europäischer Verlag der Wissenschaften 1998

von Bingen, Hildegard: *Wisse die Wege – Liber Scivias,* Beuroner Kunstverlag 2012

von Goethe, Johann Wolfgang: *Farbenlehre – 5 Bände,* Freies Geistesleben 1997

von Neményi, Géza: *Götter, Mythen, Jahresfeste,* Kersken-Canbaz-Verlag 2004

Wollner, Fred: *Räucherwerk und Ritual,* Eigenverlag 1996

Naturführer für das sichere Bestimmen:

Bachofer, Mark & Joachim Mayer: *Der Kosmos-Baumführer,* Kosmos 2015

Beiser, Rudi: *Tee aus Kräutern und Früchten,* Kosmos 2015

Beiser, Rudi: *Unsere essbaren Wildpflanzen,* Kosmos 2014

Golte-Bechtle, Marianne & Roland Spohn & Margot Spohn: *Was blüht denn da?,* Kosmos 2015

Stumpf, Ursula: *Unsere Heilkräuter,* Kosmos 2012

Stumpf, Ursula: *Heilpflanzen und ihre giftigen Doppelgänger,* Kosmos 2014

Empfehlenswerte Seiten und Orte

www.labdanum.de Die Räuchermanufaktur: Ausbildung, Kurse, Sortiment im Online-Shop

www.dasgartenhaus.eu Außergewöhnliche Gärtnerei: naturnah, mystisch, kreativ

www.kudra.net Naturbewusstsein, Seminare, Exkursionen, Rituale, Naturheilpraxis

www.heilpflanzenschule.de Freiburger Heilpflanzenschule, Phytotherapie-Ausbildungen

www.birgit-straka.de Heilpflanzen-Ausbildungen, Baumessenzen, Naturheilpraxis

www.aromapflege.com Aromatherapie-Ausbildungen, ätherische Öle

www.wildwexl.de Naturaufstellungen, Windhornbau, Exkursionen, Rituale

www.naturtraeume.net Seminare zu Naturerfahrungen, auch für Kinder

Herzlichen Dank!

An Sabine Fartash, Archäologin an der *Universität Augsburg,* geht mein größtes Dankeschön für umfangreiche Recherchearbeiten, permanente Diskussionsbereitschaft und der geteilten Freude am Thema. Dank Sabine stand mir neues und ungewöhnliches Material für dieses Buch zur Verfügung. Sabine Pohl, meiner langjährigen Freundin, danke ich für das Mitdenken und viele wertvolle Impulse! Ein großes Danke an die, die mir in meiner Räuchermanufaktur den Freiraum für das Schreiben ermöglicht haben: Hilde und Franz, meine Eltern, Jürgen Schmieder, Mann und perfekter Unterstützer in allen Themen und Projekten, der Praktikant der GWW, Herr Gemander. Roberto Bulgrin und Andrea Maucher, meinen Fotografen, danke ich für großartige Einsatzbereitschaft, auch wenn es zeitlich eng wurde. Ein weiteres herzliches Dankeschön geht an Dr. Stefan Raps, dem Lektor dieses Buches, für Austausch und richtungsweisende Ideen. Und natürlich ein herzliches Danke an die seelischen und geistigen Begleiter/innen in meinem weiteren persönlichen Umfeld bei diesem Projekt!

Register

Bildnachweis

Mit 198 Farbfotos: 89 Farbfotos wurden von Roberto Bulgrin für dieses Buch aufgenommen (Seite 2, 4 oben, 5, 6/7, 8, 9, 10, 14, 15, 17, 19, 22 beide, 24 beide, 26, 27, 31, 32, 34, 35 beide, 36 beide, 37, 38, 39, 40/41, 42, 45 unten rechts, 46, 47, 48, 49, 50, 52/53, 54 unten rechts, 58, 59 beide, 60, 61, 65, 67, 71 unten links, 72, 73, 74/75, 77, 79, 81, 83, 84/85, 88, 89 beide, 90, 92 alle, 93 unten rechts, 94, 96 beide, 98, 99, 100, 101, 102, 103, 104, 108 beide, 109, 110, 111, 112, 113 beide, 114, 117, 119, 121, 122, 123 alle, 124/125); außerdem: 1 Foto von Conrad Amber (Seite 21), 2 Farbfotos von Rose Hajdu (Seite 11 rechts, 25), 100 von Andrea Maucher (Seite 4 unten, 11 links, 12, 13, 16 beide, 18, 20, 23, 28 beide, 30, 33, 44, 45 oben links, 51, 54 oben links, 55, 57, 64 oben rechts, 66, 69, 70, 76 unten, 78 beide, 80, 82, 86 beide, 87, 91, 93 unten links, 97, 106, 107, 116 beide, 118 beide, 120, alle Fotos zu den Räucherstoffen von 126–165, 176); 6 Farbfotos von Mirabai Sommerfeld (Seite 56, 62/63, 64 oben links, 68, 71 unten rechts, 76 oben)

Mit 87 Farbzeichnungen: 40 von Paschalis Dougalis (Seite 126 links, 128 links, 130 beide, 131 rechts, 132 beide, 133, 134 beide, 135, 136, 137 links, 138 beide, 139, 142 links, 143, 146 unten links und unten rechts, 149 unten rechts, 150 unten, 151 beide, 152, 153 links, 155 beide, 156 unten links und unten rechts, 158 links, 159 unten rechts, 160, 161 oben links und rechts, 162, 163 links, 164, 165 beide), 9 von Marianne Golte-Bechtle (Seite 127 Mitte, 128 rechts, 129 Mitte, 140 links, 141 links, 145 links, 149 unten Mitte, 154 links, 159 oben links), 5 von Sigrid Haag (Seite 126 rechts, 129 rechts, 131 links, 141 rechts, 153 Mitte), 10 von Reinhild Hofmann (Seite 144 oben und unten rechts, 145 rechts, 146 oben links und oben rechts, 147 Mitte, 148, 153 rechts, 158 rechts, 163 Mitte, 3 von Gerhard Kohnle (Seite 127 links, 129 links, 147 rechts) und 20 von Roland Spohn (Seite 127 rechts, 137 rechts, 140 rechts, 142 Mitte und rechts 144 unten links, 147 links, 149 unten links und oben rechts, 150 oben, 154 Mitte und rechts, 156 oben links und Mitte und rechts, 157 beide, 159 unten links und unten Mitte, 161 unten links, 163 rechts)

Impressum

Umschlaggestaltung von Katrin Kleinschrot unter Verwendung von 4 Farbfotos von Roberto Bulgrin.

Mit 202 Farbfotos und 87 Farbzeichnungen

Für die in diesem Buch beschriebenen Rezepte und Methoden übernehmen Autorin und Verlag keine Haftung. Weder Autorin noch Verlag haften für Schäden, die aus der Anwendung der im Buch vorgestellten Hinweise und Ratschläge entstehen könnten. Bei gesundheitlichen Störungen sprechen Sie sich mit Ihrem Arzt oder Heilpraktiker ab. Die vorgestellten Methoden bieten keinen Ersatz für eine therapeutische oder medizinische Behandlung.

Unser gesamtes Programm finden Sie unter **kosmos.de.**
Über Neuigkeiten informieren Sie regelmäßig unsere Newsletter, einfach anmelden unter **kosmos.de/newsletter.**

Gedruckt auf chlorfrei gebleichtem Papier

ISBN 978-3-440-14571-5
Projektleitung und Redaktion: Dr. Stefan Raps
Gestaltungskonzept: Andrea Burk, solutioncube Reutlingen
Gestaltung und Satz: Katrin Kleinschrot, Stuttgart
Produktion: Markus Schärtlein
Printed in Germany / Imprimé en Allemagne

FSC www.fsc.org
MIX
Papier aus verantwortungsvollen Quellen
FSC® C004592

Christine Fuchs (* 1963)

Nach dem BWL-Studium war ich knapp 20 Jahre in der Automobilindustrie im Bereich Organisationsentwicklung und Qualifizierung von Führungskräften tätig. Vor einigen Jahren lernte ich dann die Räucher- und Heilpflanzenkunde kennen. Vom uralten Brauch des Räucherns war ich auf Anhieb so fasziniert, dass ich mein sicheres Dasein als Angestellte gegen die Selbstständigkeit mit einer eigenen Räuchermanufaktur eintauschte. Mein Anliegen ist es, über das Räuchern eine Brücke zu bilden zwischen dem traditionellen Heilwissen alter Kulturen und den seelischen und geistigen Anforderungen unserer Zeit. Mit meiner Firma LAB.DANUM in Magstadt in der Nähe von Stuttgart vertreibe ich hochwertige Räuchermischungen nach eigenen Rezepturen und zum Teil aus eigener Herstellung. Mir ist es wichtig, stilvolles Räucherzubehör anzubieten und dabei überwiegend mit Töpfereien aus der Region zusammenzuarbeiten. Ich erweitere dieses Angebot ständig. Mit dem Abfüllen der Mischung und der Herstellung sämtlicher Holz-Räucherkisten habe ich eine ortsansässige Werkstatt beauftragt. Dort sind Menschen mit psychischen Erkrankungen und Behinderungen beschäftigt, die an der Arbeit mit feinen Düften viel Freude haben.

www.labdanum.de

Die Fotografen

Roberto Bulgrin (* 1968)
Ich lebe und arbeite seit 1995 als freischaffender Fotograf in Stuttgart. Überwiegend bin ich für journalistische Aufträge tätig. Weitere Schwerpunkte meiner künstlerischen Arbeit liegen im kulturellen Bereich: Theater, Musik, darstellende Kunst. Bei allen drei Buchprojekten von Christine Fuchs habe ich versucht, mit großem Engagement für das Räuchern und einer sensiblen Ader für stilvolle Fotos die Motive auf besondere Art und Weise in Szene zu setzen.

www.roberto-bulgrin.de

Andrea Maucher (* 1969)
Ich beschäftige mich professionell mit Farbberatung und Stil, speziell auch mit Porträtaufnahmen inklusive Stylingtipps. Die Auswahl der Farben zu den jeweiligen Jahreskreisfesten für unseren Kulturkreis habe ich anhand der von der Natur vorgegeben jahreszeitlichen Farbentwicklung ausgearbeitet. Ich lebe in der Nähe von München und bin überregional tätig.

www.farbundstilreich.de